Hugo Reinhart

Einer von denen war ich

Erinnerungen aus dem Tagebuch eines
Siebzehnjährigen als Soldat im Zweiten Weltkrieg
und der anschließenden Kriegsgefangenschaft.

Impressum:

Autor:
Hugo Reinhart
Am Forsthaus 5
36115 Hilders
Telefon: (06681) 353
E-Mail: rhoenart@web.de

Titelbild: Hugo Reinhart
Gestaltung und Satz: Marc Abromowicz

ISBN 978-3-00-042000-9

Hugo Reinhart

Der freischaffende Kunstmaler und Buchautor Hugo Reinhart wurde 1927 im osthessischen Hilders in der Rhön geboren, wo er bis heute noch lebt und arbeitet. Nach seinem Besuch der Volksschule erlernte er im elterlichen Betrieb das Metzgerhandwerk, bis 1944 die Einberufung des damals 17-jährigen zum Kriegseinsatz und die daran anschließende Kriegsgefangenschaft in Frankreich folgte. Erst 1948 kam er als Spätheimkehrer in seine Heimat zurück.

Im Betrieb seiner Eltern ging er wieder dem erlernten Beruf des Metzgers nach, bevor er ab dem Jahr 1953 als selbständiger Kaufmann tätig war und sich ein kleines Versandhandelsunternehmen aufbaute.

1974 wurde die Malerei zu Reinharts Hobby, welchem er schon damals mit unermüdlichem Einsatz nachging. Als er dann im Jahr 1987 seine kaufmännische Tätigkeit beendete, wurde die bisherige Freizeitbeschäftigung der Landschaftsmalerei zu einer zweiten Lebensaufgabe, mit der er einen hohen regionalen Bekanntheitsgrad erlangte.

2012 stößt Reinhart bei Recherchen über seinen Kriegseinsatz im brandenburgischen Oderbruch, kurz vor den Toren Berlins, auf einen Kriegsbericht über die Kämpfe um die Kriegsfestung „Klessin". Er selbst war an diesen Kämpfen beteiligt gewesen. Aufgerüttelt durch diesen Bericht, nahm er sein altes Kriegstagebuch und schrieb in seinem 85. Lebensjahr das Buch „Einer von denen war ich – Meine Erinnerungen an den Zweiten Weltkrieg" und bringt es zur Veröffentlichung.

Inhaltsverzeichnis

Vorwort

Es war am 10. März 1945. Jener unheilvolle Tag, an dem uns die Russen in Klessin, im südlichen Oderbruch, vernichten wollten. Klessin, ein Gut mit einem kleinen Schloss, das bereits völlig zerstört war und nördlich davon ein paar Häusern der Gutsarbeiter, ein Weiler unweit der Oder. Hitler hatte es in seinem verzweifelten Endkampf als Festung erklärt. Von uns wurde sie mit letzter Kraft gegen eine riesige Übermacht verteidigt!

In Erinnerung an die Erlebnisse jenes Tages gab ich in die Suchmaschine Google das Suchwort „Klessin 1945" ein. Viele Seiten wurden mir geliefert. Darunter ein Bericht aus *www.lexikon-der-wehrmacht.de*, von dem ich hier einen Auszug wiedergebe:

„ *... Zu Märzbeginn, nach dem Verlust von Wuhden, konzentrierten sich die sowjetischen Angriffe wieder auf Klessin. Nach 18-tägigem Gefecht, Klessin war bereits zum ersten Mal eingekreist, gelang einer Kompanie des Infanterie-Regiments der Kriegsschule Wetzlar (Grenadier-Regiment 1237) der Durchbruch entlang der Straße von Podelzig. ...*" *

Ich war einer von denen! Alte Erinnerungen an jene Tage wurden mir ins Bewusstsein gerufen. Nachdem ich dann noch den Internetbericht einer großen deutschen Zeitschrift über die letzten Tage von Klessin gelesen hatte, in dem unter anderem über die Kämpfe unserer Kompanie berichtet wurde, kam in mir der Wunsch auf, meine eigenen Erinnerungen aus dieser Hitler-Festung aufzuschreiben. Für mich, damals siebzehnjährig, waren sie schrecklich.

Der Titel dieses Buches „Einer von denen war ich" ergab sich aus obigen Berichten. Anschließend, als ich meine Aufzeichnungen über meine Erlebnisse während der Kämpfe in Klessin hinter mich gebracht hatte, drängte man mich, doch alle Erlebnisse aus meiner Soldatenzeit und der anschließenden Kriegsgefangenschaft aufzuschreiben. Ich suchte mein altes Tagebuch, ein einfaches Heft, aus meinem Bücherschrank, das dort über Jahrzehnte unbeachtet gelegen hatte. In diesem habe ich damals in kurzen Sätzen mein Erlebtes festgehalten. Aus den Aufzeichnungen daraus ist nun dieses Buch entstanden. Gelegentlich werden in diesem harte, ungehobelte Ausdrücke wiedergegeben. Es sind Wortbildungen aus der Landsersprache, die Ausdrucksweise der Landser, einem zusammengewürfelten, rauen Männerhaufen deutscher Soldaten aus jener Zeit.

Alle Einzelheiten des Erlebten zurück in mein Gedächtnis zu rufen, war nicht immer leicht. Manches war aus meinem Bewusstsein verschwunden. Es gab Teile des Erlebten, die komplett verschollen waren. Mit einer Technik, die ich vor Jahren erlernt hatte, versuchte ich diese zurückzuholen. Ich musste sie im Geiste neu durchleben. Das war nicht besonders angenehm! Viel Zeit ist dabei verstrichen. Aber es fehlen immer noch Teile des Erlebten in Klessin, die von meinem Unbewussten nicht freigegeben werden. Nur ganz schwache Erinnerungen daran spüre ich versteckt in meinem Hinterkopf. Von diesen habe ich nicht berichtet.

---

* **Richtigstellung:** Es war nicht das Grenadier-Regiment 1237, sondern das Fahnenjunker-Grenadier-Regiment 1242, dem der Durchbruch gelang.

7

Danksage

Mein besonderer Dank gilt meiner lieben Ehefrau Liesel, die in der Zeit der Entstehung dieses Buches oft auf mich verzichten musste und dies mit einer sehr bescheidenen Gelassenheit ertragen hat.

Aufrichtigen Dank sage ich meinem Enkel Marc Abromowicz, dessen Lebensgefährtin Silvia Henning und meinem Enkel Holger Baumbach. Sie waren die treibenden Kräfte, die mich immer wieder dazu ermutigt haben, diese Erlebnisse aufzuschreiben. Auch waren sie es, die mich tatkräftig bis zum Schluss des Buches mit ihrer Hilfe bei meiner Arbeit unterstützten. Marc war es, der mir den Umgang mit dem Computer beigebracht hat und ich mir dadurch viele Stunden mühsamer Arbeit ersparte. In Not stand er mir immer willig und hilfreich zur Seite.

Und dann ist da noch jemand, dem heute mein ganz persönlicher Dank gilt. Es ist jener Teil in mir, der mich auf allen meinen Wegen begleitet hat. Er war immer da und hat mich sicher durch Dick oder Dünn geführt. Ihm konnte ich immer vertrauen! Auch dann, als diese Wege schwer und für mich unverständlich waren. Ich bin dabei gewachsen! Ihm habe ich mich vor dem Einsatz in Klessin anvertraut und ich wusste, dass ich den Weg zurück nach Hause finde! Sicher hat er mich durch größte Gefahren geführt und meine Bitte in der größten Not erfüllt. Ihm sage ich heute ein ganz besonderes DANKESCHÖN!!! Es ist dieser stille Teil in mir, den ich meinen ganz persönlichen Gott nenne!

Anmahnung

Dieser Bericht will nicht den Krieg verherrlichen, sondern klagt an. Er will eine Mahnung sein und das Verständnis von Krieg und dem daraus resultierenden Leid den jetzigen Generationen näher bringen! Er will Anklage sein für diejenigen, die diesen Wahnsinn heraufbeschworen und den Opfergang der vielen Millionen Menschen zu verantworten haben. Es sind die Aufzeichnungen und Erlebnisse sowie späten Erinnerungen eines jungen Soldaten am Ende des Zweiten Weltkrieges und seiner anschließenden, langen Gefangenschaft mit einigen Fluchtversuchen. Es ist das Schicksal eines Einzelnen von Millionen ähnlicher Schicksale dieser Zeit.

Einberufen zur Wehrmacht

Reif gemacht für das Schlachtfeld

Es ist der 18. September 1944. Mann oh Mann, haben die es eilig. Drei Tage bin ich jetzt daheim, nun wollen die mich schon wieder haben. Am 15. September bin ich aus dem Reichsarbeitsdienst (RAD) entlassen worden und schon heute habe ich den Einberufungsbefehl zur Wehrmacht erhalten. Er kam per Einschreiben. Ein Freifahrtschein liegt gleich bei, wir werden abgeholt, steht hier. Die Wehrmacht braucht Soldaten! „Ja, Hitler braucht Kanonenfutter!!!" sagt mein Vater. Meine Mutter antwortet darauf: „Albin sei still, die holen dich noch einmal!" Am 1. Oktober muss ich mich in Siegen beim Grenadier-Regiment 57 melden. Zwölf Tage sind das noch und die sind wirklich schnell vorbei.

Heute, am 1. Oktober, morgens um 7 Uhr geht die Fahrt mit dem Zug von Hilders, über Fulda und Gießen, nach Siegen. Gegen 10 Uhr bin ich angekommen. Mit meinem kleinen Koffer stehe ich auf dem Bahnsteig. Ich stehe nicht alleine. Viele junge Leute mit Koffer oder auch einem festen Karton, der durch eine Schnur mit Trageschlaufe zusammengehalten wird, haben mit mir den Zug aus Fulda verlassen. Ein großgewachsener Unteroffizier, er überragt uns alle, fällt sofort auf. Er hebt seinen rechten Arm und meldet sich zu Wort: „Alle, die den Einberufungsbefehl zum Grenadier-Regiment 57 erhalten haben, hier sammeln!", ruft er uns in einem scharfen Kommandoton zu. Wir sind über siebzig Mann, müssen antreten und marschieren hinauf zum Heidenberg in die Kaserne. Diese liegt hoch über der Stadt. Siegen liegt uns zu Füßen, unten im Tal.

Ein Ausbildungs-Bataillon der Panzergrenadiere sind wir. Wir werden in drei Kompanien eingeteilt und unsere Kompanie muss antreten. Nach Körpergröße sortiert, werden wir in drei Züge und mehrere

Gruppen aufgeteilt. Nun erfolgt die Einweisung in einen Kasernen-block und jede Gruppe mit 10 Mann erhält eine Stube zugewiesen. Gleich darauf hat uns der militärische Drill erreicht. Auf dem Gang ertönt der schrille Pfiff einer Trillerpfeife und sofort darauf in einem scharfen Befehlston das Kommando: „Heraustreten zum Einkleiden!". Im Kasernenhof wird angetreten und wir marschieren zur Kammer. Als erstes erhält jeder eine Zeltplane. Es geht an einem langen Tresen vorbei. Wir werden von den Kammerbullen kurz beäugt und erhalten unsere komplette Ausrüstung von der Gasmaske über Uniform mit Unterwäsche und vom Bettzeug bis zum Stahlhelm.

Die Uniformjacken für den Dienst stammen noch aus Kaiser Wilhelm's Zeiten. Meine Stiefel sitzen eng an meinen Füßen. Ich habe Schwierig-keiten beim Anziehen derselben. Strümpfe gibt es nicht, stattdessen Fußlappen. Das Anlegen und das richtige Falten dieser wird uns in einer Unterrichtsstunde gleich am ersten Tag beigebracht. Auch die richtige Fußpflege sowie einiges andere wird sofort gelernt. Unsere eigenen Klamotten müssen wir im Koffer gesammelt abgeben. Dieser wird mit unserer Heimatanschrift versehen aufbewahrt. Müde krieche ich am Abend in einem langen Nachthemd ins Bett. Zapfenstreich.

Morgens um sechs, ich bin noch in tiefem Schlaf, ertönt auf dem Flur diese schreckliche Trillerpfeife und das Kommando „Aufstehen!". Ich brauche einige Sekunden, um zu begreifen wo ich bin. Dann bin ich mit einem Sprung aus dem Bett und es geht ab in den großen Waschraum. Kaltes Wasser fließt aus einem dicken Wasserhahn über meinen Körper und macht mich frisch. Auch die Füße kommen zur Abhärtung unter das eiskalte Wasser. Es geht zurück in die Stube zum Anziehen. Die Fußlappen werden wie gelernt angelegt. Beim Anziehen der Knobel-becher (Stiefel) habe ich Schwierigkeiten. Ich fasse diese mit beiden Händen an zwei Schlaufen, die rechts und links am Schaft angebracht sind, ziehe und trete solange mit der Stiefelspitze an den Türrahmen bis die Füße im Stiefel sitzen. Es kostet mich Zeit, diese ist knapp. Andere sind schneller. Die Kaffeeholer kommen mit dickem Malzkaffee in einer großen Aluminiumkanne, dazu gibt es dunkles Kommisbrot, das wir mit Margarine und Marmelade bestreichen. Wir sitzen um unseren großen Tisch auf unseren Schemeln in der Stube und trinken den Kaffee. Die Betten und der Spind werden gebaut. Stube, Waschraum und Scheißhäuser (ist die gängige Soldatensprache für Toiletten) werden gereinigt. Der UvD erscheint zur Stubenabnahme. Dann heißt es „Heraustreten zum Dienst".

Das ganze Bataillon ist im Karo angetreten. Die Kompanieführer machen dem Bataillons-Kommandeur ihre Vollzähligkeitsmeldung und die Kompanien beginnen mit Ihrem Dienst. Das Marschieren im Gleichschritt wird geübt. „Links, links, links zwei drei vier, links, links, links zwei drei vier" ertönt die Stimme des Ausbilders. Dann das Kommando „Linksschwenk Marsch", ... oder „Rechtsschwenk Marsch". So hallt es über den Exerzierplatz. Die einzelnen Züge marschieren und üben getrennt. Kommt einer aus dem Gleichschritt, heißt es „Laufen, Marsch, Marsch!", dann „Hinlegen, Liegestütze!". Der Zugführer oder Gruppenführer steht da und zählt. Bei jeder Zahl machen wir einen Liegestütz. Oft bis es nicht mehr geht. So werden wir den ganzen Vormittag hin und her gescheucht. Auch den Paradeschritt müssen wir üben, obwohl wir diesen bestimmt nicht mehr brauchen.

Das ganze Bataillon im Karo angetreten

Mein Stahlhelm ist viel zu groß und rutscht mir ständig ins Gesicht. Selbst das engere Anziehen des Ledereinsatzes im Helm hilft nichts. Ich gehe zur Kammer und trage strammstehend, mit an die Hosennaht angelegten Händen, mein Anliegen vor. „Der Stahlhelm passt" werde ich von einem Kammerbullen angeschrien, dann das laute Kommando „Raus!!!". Ich gehe mit meinem Stahlhelm zurück. In der Gruppe angetreten kommt das Kommando „Stillgestanden". Mein Stahlhelm rutscht wieder bis über meine Augenbrauen ins Gesicht. Der Unteroffizier brüllt mich an: „Nimm den Kopf hoch du Verbrecher!". Ich beschreibe ihm, wie sich diese Sache verhält. Er lässt sich von mir den Stahlhelm geben, klemmt sich diesen unter den Arm, marschiert an der Gruppe vorbei in die Kammer und kommt mit einem passenden Helm zurück.

Ich bin froh, dass es Mittag wird. Müde geht es die Treppe hoch in unsere Stube. Doch wir haben keine Ruhe. Schon ertönt wieder diese Trillerpfeife vom UvD und es wird angetreten zum Mittagessen in der Kantine. Nach der Mittagspause empfangen wir unsere Waffen. Ich erhalte eines von den neuen Schnellfeuergewehren mit einem 10-Schuss-Magazin. Danach haben wir Unterricht. Wir lernen unsere Waffen kennen.

So vergehen die Tage. Wir sind in unserer Stube. Der Gruppenführer, ein Unteroffizier, erklärt uns das Sturmgewehr. Mit dem Schaft hat er es auf den Tisch gestellt, der Lauf zeigt senkrecht nach oben. Er hat ein leeres Magazin eingelegt, sein Zeigefinger liegt am Abzug. Er erklärt uns den Anschlag vom Abzug, dann drückt er diesen durch. Ein lauter Knall in unserer Stube! In der Kammer des Sturmgewehrs hatte sich noch eine Patrone befunden, die in die Zimmerdecke eingeschlagen ist. Vor Schreck wird er leichenblass. Sein Blick geht nach oben zur Decke und schon ist er im Sturmschritt aus dem Raum verschwunden. Erleichtert kommt er aus dem Zimmer über uns zurück. Die Kugel hat die Decke nicht durchschlagen, es ist nichts passiert. Er hatte die Waffe zur Vorführung in der Waffenkammer empfangen. Bei einer Schießübung wurde diese Waffe aber nicht vorschriftsmäßig entleert. Da hat er, und wir natürlich auch, nochmal Glück im Unglück gehabt.

Der Dienst in der Ausbildung ist hart. Wir werden gejagt und geschliffen, wo es nur geht. In diesen drei Monaten der Grundausbildung werden wir reif gemacht für das Schlachtfeld. In einer seiner guten Stunden sagt uns unser Unteroffizier, der übrigens ein alter Hase mit Front-erfahrung ist und einige Verwundungen erlitten hat, dass das so seine Richtigkeit hat. Im Fronteinsatz würden wir ihm dankbar sein für diesen Drill. Unweit von dem Ort Trupbach haben wir unseren Übungsplatz. An einem alten, ausgedienten Panzer wird uns das Erstürmen und Knacken eines solchen beigebracht. Wir schießen mit der Panzerfaust auf Attrappen, kriechen mit voller Ausrüstung durch das Gelände und spielen Krieg. Kalte November- und Dezembernächte verbringen wir in Erdlöchern oder Ginsterhütten, die wir aufgebaut haben.

Nach fünf Wochen Dienst fragt mich mein Unteroffizier, ob ich auf seiner Stube Putzer machen will. Selbstverständlich sage ich ja. Er bringt mich in sein Zimmer. Ein schöner Raum, es stehen drei Betten darin. Hier sind die Gruppenführer aus unserem Zug untergebracht. Jetzt brauche ich am Vormittag nicht mehr zum Außendienst. Ein Vorteil für mich!

Die warme Verpflegung in der Kaserne ist schlecht. Es gibt Pellkartoffeln, die wir an der Essensausgabe in unserer Kopfbedeckung, unserem Schiffchen, empfangen oder eine Gemüsesuppe und immer wieder diesen Eintopf. Wenn es einmal Fleisch gibt, dann sind das regelmäßig Klopse, die stark nach Kartoffeln schmecken.

Wir werden in Waggons verladen und es geht nach Schwarzenborn auf einen Truppenübungsplatz. In der Nacht ist unser Zug für einige Stunden auf der Station „Götzenhof" abgestellt, nicht weit von meiner Heimat. Einer von uns ist aus Götzenhof. Er hat es nicht weit und darf für kurze Zeit nach Hause. Es ist schon Abend, als wir in Schwarzenborn ankommen. Hier liegt Schnee. Wir werden in Baracken eingewiesen. Ein großer Kanonenofen steht in der Bude, aber dieser ist eiskalt, denn es gibt kein Brennmaterial. Wir schwirren in die Nacht auf der Suche nach Brennbarem, aber zu finden ist nichts. Schon viele haben hier vor uns nach Holz gesucht. Ich denke, dass ich der Einzige bin, der nichts findet. Daher suche ich in der Dunkelheit fleißig weiter. Endlich, nach über einer Stunde stoße ich auf einen ansehnlichen Ast. Jetzt habe ich in der dunklen Nacht meine Mühe bis ich zurückfinde. Angekommen, stelle ich fest, dass ich der Einzige bin, der Brennholz gefunden hat. Für ein paar Stunden haben wir eine warme Stube!

Wir nehmen an einem Manöver teil und spielen wieder einmal Krieg. Unsere Kompanie gehört zum Feind und wurde, wie sich das gehört, zum Schluss besiegt. Mit anderen Soldaten unserer Gruppe wurde ich gefangen genommen und abgeführt. Nach 10 Tagen geht es zurück nach Siegen. Am 16. Dezember hatte hier ein großer Luftangriff stattgefunden, von dem wir Gott sei Dank nichts mitbekommen haben. Eine Luftmine ist in unseren Nachbarblock eingeschlagen und hat die Stirnseite von diesem zerstört. Ein Drittel von dem Bau fehlt, nur noch Trümmer.

Weihnachten 1944 verbringen wir bescheiden in unserer Stube. Unsere Grundausbildung geht zu Ende, und der Dienst wird ruhiger. Der Januar ist kalt. Die Amerikaner rücken an der Westfront näher und wir hören schon in der Ferne den Geschützdonner.

In Panik verfallen

Es ist der 1. Februar 1945. Der Dienst ist vorbei und wir sind abends auf unserer Stube. Gegen 19 Uhr ertönt wieder einmal die Sirene. Fliegeralarm! Wir müssen wie üblich mit unserer vollen Ausrüstung in den Keller und liegen hier auf langen Holzpritschen, die zu je zwei Stück übereinander aufgebaut sind. Ich liege bequem, den Stahlhelm als

Kopfpolster in den Nacken geschoben, in einer langen Reihe neben den Kameraden auf der Pritsche und genieße die erzwungene Ruhe. Vom Zugführer werde ich aufgerufen. Ich muss die Vollständigkeitsmeldung der Kompanie zum Bataillonsgebäude überbringen. Na toll! Im Freien angekommen ist es hell, die Nacht wie von Lampen beleuchtet. Der Himmel über der ganzen Stadt unten im Tal ist erhellt. In Massen stehen Lichter am Himmel, die eigentlich nicht nach unten gleiten. Die Luft ist erfüllt von einem unheimlich lauten Motorengeräusch aus Flugzeugmotoren. Über mir, aus Westen kommend, fliegen viele Pulks feindlicher Bomber über die Kaserne zur Stadt. Mein Blick geht nach oben. Riesengroß sind die Bomber über mir. Ganz nah! Sie fliegen so tief, dass ich einen Bordschützen in einer Heckkanzel am Rumpfende eines dieser großen, viermotorigen Flugzeuge erkennen kann.

Schon fallen die ersten Bomben in der Stadt. Ich bekomme Angst! Meine Meldung, die ich abgeben muss, habe ich vergessen. In Panik verfallen, fange ich an zu rennen und flüchte in südlicher Richtung. Eine ziemlich hohe Mauer habe ich, ich weiß nicht wie, leicht und mühelos überwunden und lande in der Artilleriekaserne auf dem Heidenberg. Die Flucht geht weiter talwärts. Im Tal angekommen, fallen auch hier einige Bomben. Ich werfe mich unter einen großen Baum, umschlinge mit meinen Armen den Stamm und spüre das Beben der Erde. Die Erde mit dem Baum und mir ist in Aufruhr und wird in Sekundenbruchteilen hin und her bewegt. Ich werde einige Male von der Erde abgehoben und schwebe für kurze Zeit in der Luft. Dann ist es vorbei. Es fallen keine Bomben mehr.

Mein Körper zittert vor Angst wie Espenlaub. Ich bleibe noch einige Zeit liegen. Nach und nach beruhige ich mich. Nun fällt mir plötzlich meine Meldung ein. Es kommen mir starke Bedenken. Ich habe Fahnenflucht begangen! Feigheit vor dem Feind! Das wird sehr schwer bestraft. Ich erhebe mich, gehe bedrückt, langsam, schweren Herzens bergauf zur Kaserne. Jetzt geht es mir dreckig, denke ich. Oben angekommen, ist die Kaserne leer. Alle Einheiten sind in das zerbombte Siegen zum Hilfseinsatz ausgerückt. Ein Oberfeldwebel, der einige versprengte Soldaten aufgesammelt hat, kommt mir entgegen und mit ihm geht es bergab in die Stadt. Hier sieht es schlimm aus. Überall Brände durch Brandbomben, zerstörte Hausreihen, Tote und Verletzte werden geborgen. Eine junge Frau hält ein kleines, lebloses Kind im Arm. Sie steht auf einer mit Trümmern übersäten Straße und ruft laut immerzu: „Wach auf, wach auf, du sollst aufwachen!". Ihr Mantel ist seitlich aufgerissen, Blut fließt aus ihrem Bein, ihre Augen blicken starr und hilflos auf das Kind.

Ich komme aus dem Keller eines zerbombten Hauses. Beide Arme mit vollen Einmachgläsern beladen, gehe ich auf der Haustreppe abwärts. Wer kommt mir da von unten entgegen? Ein Schulkollege, Ernst Zinn, aus Hilders! Wir haben den gleichen Beruf erlernt und hatten vor gut einem Jahr zusammen ein Erlebnis bei einem Luftangriff in Fulda. Die Freude ist groß. Auch er ist auf dem Heidenberg, aber bei der Artillerie. Wir wollen uns einmal treffen. Noch einige Tage sind wir in Siegen im Einsatz. In dem Durcheinander nach dem Fliegerangriff ist es nicht aufgefallen, dass ich meine Meldung nicht abgegeben habe. Da habe ich großes Glück gehabt!

Einsatz an der Front

Marschbefehl Oder-Front

Mit allen ausgebildeten Kameraden aus unserem Zug erhalten wir am 5. Februar einen Marschbefehl nach Wetzlar zur Spilburg. Hier, auf der Kriegsschule, wird am 6. Februar ein Regiment aufgestellt. Es besteht aus zwei Bataillonen und 2 Kompanien und ist das Fahnenjunker-Grenadier-Regiment 1242. Zusammengestellt ist es aus Fahnenjunkern der Kriegsschule, jungen Soldaten der Wehrmacht und einer kleinen Gruppe vom Volkssturm. Es folgt wieder die Einteilung in Kompanien und Einweisung in Stuben. Wir Soldaten beschnuppern uns und lernen uns kennen. Wieder sind einige aus dem Landkreis Fulda dabei. Ich lerne einen aus Wuppertal kennen. Er heißt Walter und wir verstehen uns gut.

Abends geht die Türe auf, es kommt ein Feldwebel herein. Er ist noch nicht alt und stellt sich uns als unser Gruppenführer vor. Es ist ein Fahnenjunker der Kriegsschule und sein Name ist Amrhein, Wilhelm ist der Vorname. Zum Kennenlernen führen wir lockere Gespräche. Er sucht einen MG-Schützen I und einen stellvertretenden Gruppenführer. Mein Kamerad aus Wuppertal und ich kommen in Frage. Das Streichholz entscheidet. Walter wird MG-Schütze I und ich Stellvertreter des Gruppenführers. Wir drei werden gute Kameraden und pflegen eine Freundschaft, wobei wir zwei jedoch nie vergessen, dass er unser Chef ist. Jeder ist für den Anderen da.

Wir erhalten unsere Waffen. Schon nach einigen Tagen werden wir in Waggons verladen, und ein langer Zug setzt sich in Bewegung. Die Fahrt geht nach Osten. Am 15. Februar sind wir in Trebnitz, im Märkischen Land, angekommen und werden ausgeladen. Wir marschieren die ganze Nacht mit Tornister, unserer vollen Ausrüstung und schleppen Munition und Panzerfäuste. Ich weiß nicht wohin es geht. Wir marschieren schon Stunden, die Ausrüstung und Panzerfaust auf der Schulter drücken, alle Glieder schmerzen. An einer Straßengabelung machen wir eine Pause. Dort, wo wir stehen, hauen wir uns hin und ruhen. Niemand verliert ein Wort und schon nach kurzer Zeit geht es weiter. Gegen Mittag kommen wir in einem Dorf an, den Namen kenne ich nicht. Keine Menschenseele ist hier zu sehen, die Häuser sind leer, der Ort wurde bereits evakuiert. Hier werden wir gruppenweise in die Häuser eingewiesen. Wir sind hundemüde, hauen uns irgendwo auf den Boden und schlafen. Betten habe ich in diesem Haus nicht gesehen. Die Hausbesitzer haben viel mitgenommen.

Küchenbulle auf Zeit

Wir bleiben hier, richten uns ein und haben einen lockeren Dienst. Die Front ist weiter im Osten, den Donner der Kanonen hören wir nur schwach. Wir führen kleinere Geländeübungen durch, gehen auf Patrouille und haben Waffenübungen. An einem Nachmittag kommt unser Kompanieführer, Oberleutnant Schöne, zu unserer Gruppe, ruft mich auf und sagt: „Du warst doch im RAD in der Küche?" Ich bestätige es ihm. „Unser Koch ist krank." Er braucht einen neuen Küchenbullen und ich muss mitkommen. Unterwegs zur Feldküche sagt er noch, dass wir eine herrenlose Kuh eingefangen haben, die ich schlachten soll.

Wir kommen zur Feldküche, die am Ortseingang auf einer Wiese aufgestellt ist. Neben der Feldküche ist ein offenes Zelt, in dem ein Tisch und andere Teile untergebracht sind. Auch der Verpflegungswagen, ein Pferdegespann, ist zusätzlich mit einer Plane abgedeckt. Die Kuh ist an einen Obstbaum angebunden. „So, das ist jetzt dein Revier", sagt der Oberleutnant zu mir. Als erstes müssen wir die Kuh schlachten. Dieses Handwerk kenne ich. Vor meiner Einberufung war ich bereits zwei Jahre in einer Fleischerlehre. Ich nehme den Kopf der Kuh in den rechten Arm, drehe diesen zur Seite damit die Kuh richtig fällt. Der

Chef zieht seine Pistole und fragt mich wohin er Zielen soll. Ich zeige ihm die Stelle am Kopf. Der Schuss fällt, ich drehe den Kopf etwas nach und die Kuh ist richtig gefallen. Nun liegt sie mit gestreckten Beinen auf der Seite in der Wiese. Mit einem Schlachtermesser aus der Küche schneide ich ihr, so wie ich es gelernt habe, in einem langen Schnitt den Hals auf und öffne die Schlagader, damit das Blut aus dem toten Körper auslaufen kann. Wir können es nicht auffangen, die Erde wird mit Blut getränkt, welches gerinnt. Jetzt heißt es, die Kuh auf den Rücken drehen, damit ich diese enthäuten kann. Zu zweit drehen wir sie auf den Rücken. Rechts und links schieben wir zwei große Holzscheite unter, damit die Kuh auf dem Rücken liegen bleibt. Nun beginne ich mit dem Enthäuten. Der Oberleutnant ermuntert mich und sagt: „Das schaffst du schon", dann ist er verschwunden. Ich bin allein und habe kein richtiges Werkzeug. Ich brauche ganz schön lange, bis ich die Kuh enthäutet habe. Nun schneide ich die Bauchdecke der Kuh auf und entnehme die Innereien. Diese werden, wie Kopf und Beine, die ich an den Knien abgetrennt habe, weggeworfen. Es fehlt auch eine Knochensäge. Das Aufteilen der Kuh im Liegen, mit nur einer Holzaxt, geht schlecht und ist nicht fachgerecht. Die Zeit vergeht und ich bin froh, dass ich gegen Mitternacht fertig bin.

Nach kurzem Schlaf muss ich auch schon die Feldküche für den Malzkaffee mit Wasser auffüllen und anheizen. Jetzt heißt es das Fleisch aufteilen, Teile davon in kleine mundgerechte Stücke schneiden und in dem Kessel der Feldküche vorkochen. Dann kommt der Inhalt eines großen Papiersackes mit einem Gemisch aus getrocknetem Gemüse, Karotten, Erbsen, Bohnen und Kartoffelstückchen hinzu. Das Ganze wird unter Umrühren zu einem kräftigen Eintopf aufgekocht und am Mittag in die Kochgeschirre der Essenholer verteilt.

Seit sechs Tagen ist das jetzt meine Beschäftigung. Der Kompanieführer kommt zu mir an die Feldküche und sagt mir, dass der Koch wieder gesund ist und ich zurück zur Gruppe muss. Beiläufig sagt er mir noch, dass unser Koch ein Volkssturmmann und älterer Familienvater ist und ich doch einsehen würde, dass er ihm den Vorrang in der Küche geben muss. Ich sehe das gerne ein und bin froh, dass ich zurück zur Gruppe kann. Kenne ich doch das ständige Gemecker der Landser über den eintönigen Fraß aus der Feldküche.

Abschuss eines Jagdfliegers

Mit unserer Gruppe sind wir im Gelände auf Patrouille. Wir laufen über einen großen, kahlen Acker, vor uns ein schmaler, kleiner Wald. Plötzlich hören wir aus nördlicher Richtung Motorengeräusche von Flugzeugen, die schnell lauter werden. Schon kommt ein ganzer Pulk russischer Jagdflieger ganz niedrig über der Erde schnell auf uns zugeflogen. Ich schätze sie auf fünfzehn Flieger. Wir rennen in Richtung Wäldchen, das wir nicht erreichen. Die Kameraden hauen sich in die Furchen des Ackers. Ohne jede Überlegung, ganz spontan springe ich weiter zu unserem MG-Schützen II, der im Dreck liegt und das scharf geladene MG hat. Ich ergreife die Waffe und rufe: „Walter". Die Blicke von Walter und mir treffen sich kurz. Walter hat verstanden und ist schon auf den Beinen. Schnell reiche ich ihm die Waffe, ich drehe mich um und schon spüre ich diese auf meiner linken Schulter. Fest auf dem Acker stehend ergreife ich automatisch den Riemen von dem MG, drücke diesen mit dem Unterarm nach unten, damit das MG auf meiner Schulter festen Halt hat. Walter kniet hinter mir und schon fällt die erste Salve. Ich sehe die Leuchtspurgeschosse, die sich ihren Weg suchen und ein Jagdflugzeug in der Tragfläche und im Rumpf treffen. Schon sind die Jagdflieger an uns vorbeigeflogen und wir verfolgen sie mit unseren Blicken. Das ganze Geschehen spielt sich in Sekunden ab, zum Denken bleibt uns da keine Zeit. Die Flugzeuge fliegen ohne uns anzugreifen noch ungefähr einen Kilometer weiter in ihrer Richtung und schwenken dann nach Osten ein. Jetzt kippt der von uns angeschossene Jäger über die linke Tragfläche ab und stürzt zu Boden. „Hurra!" schreit die ganze Meute auf. Wir haben einen abgeschossen! Zurück bei der Kompanie meldet unser Gruppenführer den Abschuss. Unser Oberleutnant Schöne belobigt uns, betont aber gleichzeitig, dass wir nicht zu leichtsinnig und mutig sein sollen.

Nahkämpfe in Klessin

In den letzten Februartagen heißt es wieder Aufbruch. Wir Landser wissen nicht wohin es geht. Es ist ein langer, beschwerlicher Marsch durch die Nacht mit aller Ausrüstung. Wir sind in unserem Einsatzgebiet, den Seelower Höhen, angekommen. Von den Höhen haben wir einen freien Blick über das Oderbruch. Links voraus auf einem Damm, die Bahnlinie nach Küstrin. Hier ist es noch friedlich, aber der Gefechtslärm der Kämpfe an der Front ist näher gekommen. Was erwartet uns?

Nun liegen wir mit unserer Kompanie an einem steil abfallenden Hang auf den Seelower Höhen in Bereitschaft. An diesem Hang bauen wir Schützengräben und Unterstände. Dann, in den ersten Märztagen, kommt der Einsatzbefehl nach Klessin, Abmarsch am Vormittag. Wir marschieren in südlicher Richtung. An der Westseite eines hohen Bahndammes der Strecke Frankfurt/Oder – Eberswalde verbringen wir die Nacht wie Maulwürfe in Höhlen, die wir mit unseren Feldspaten im Bahndamm ausgehoben haben. Am kommenden Tag lagern wir hier. Am Vormittag lässt unser Kompanieführer, Oberleutnant Schöne, die Kompanie sammeln. Er teilt uns mit, dass uns ein schwieriger Einsatz bevorsteht und fordert uns auf, einen Brief an unsere Angehörigen zu schreiben. Gegen 16 Uhr marschieren wir Richtung Podelzig, das wir nach Einbruch der Nacht erreichen. Jetzt wird es ernst. Dieser Abschnitt, die schmale Straße zu dem Gut Klessin, wird vom Gegner eingesehen und in diesen Tagen weitgehend von ihm beherrscht.

Völlige Dunkelheit! Die Kompanie geht entlang der Straße vor. Leise, bemüht alle Geräusche zu vermeiden, kommen wir langsam voran. Der Durchbruch gelingt ohne Verluste. Der erste und zweite Zug beziehen im Gut mit Schloss Stellung und löst eine Einheit der Division

„Großdeutschland" ab, die den Gutshof bisher verteidigt hat. Wir im dritten Zug liegen noch in Bereitschaft, östlich der Kreuzung an der Straße Klessin – Wuhden. Dunkle Nacht! Wir sind neu hier, es ist kalt, wir haben keinen Überblick. Angst beschleicht mich. Unsere Stellung im Gut verläuft nur 12 m von dem feindlichen Graben entfernt, der auf der anderen Seite der Straße liegt, welche hier in einen Hohlweg mündet.

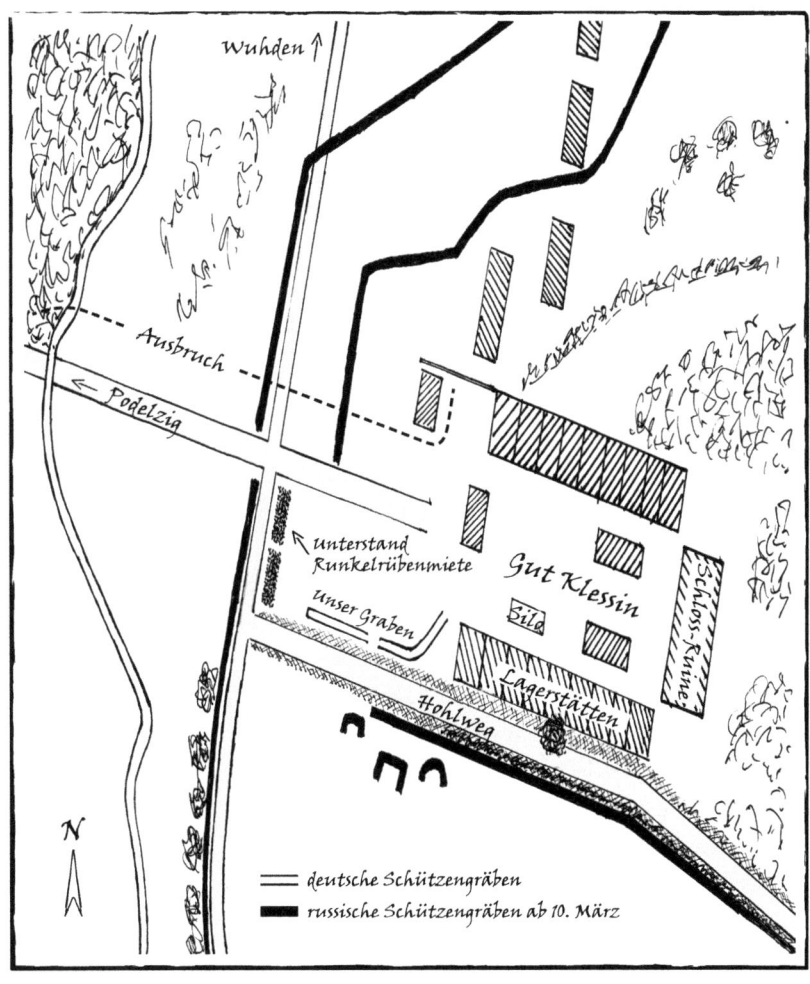

Wir sind noch nicht lange angekommen. Der Russe hat den Stellungswechsel mitbekommen und ist in der Nähe des Schlosses in unsere Stellung eingebrochen. Wir haben den ersten Toten. Es ist ein Fahnenjunker-Feldwebel. Ein Sanitäter und ich bekommen den Befehl, den gefallenen Kameraden zurückzuholen. Entlang der zerschossenen Mauerreste einer langgestreckten Hausanlage, es sind Lagerstätten des Gutes, bewegen wir uns vorwärts. Wir legen den toten Kameraden auf eine Zeltplane und schaffen ihn kriechend zurück. Ich bin 17 Jahre alt und habe bisher noch keinen Toten angefasst. In mir besteht eine gewisse innere Abwehr. Ich entledigte mich meiner Handschuhe, mit denen ich den Toten angefasst habe.

Kurz darauf wird unsere Gruppe in eine kleine Grabenanlage auf den Reitweiner-Sporn bei Klessin verlegt. Ein Soldat der abgelösten Einheit weist uns ein. Aus Richtung Klessin hören wir Panzergeräusche, Geschütz- und Maschinengewehrfeuer. Im Dunkel der Nacht bemerken wir Gestalten, die sich eilig, von Westen kommend, den Hang aufwärts in unsere Richtung bewegen. Sind es Russen oder unsere Leute? Wir wissen es nicht. Es sind drei Mann. Von unserem Gruppenführer, bekomme ich den Befehl, die Parole abzufragen. Als sie einige Meter südlich von uns auf unserer Höhe sind, springe ich aus dem Graben und rufe „Parole". Die Parole kommt zurück. Ich bin erleichtert. Es ist eine Panzerabwehr-Gruppe mit einem „Ofenrohr", einer tragbaren Panzerabwehrwaffe. Sie haben den Auftrag, die durchgebrochenen Panzer abzuwehren. Nach Tagesanbruch erkunden wir die Lage. Tief unten am Fuß des Hanges, an den steilen Hang angelehnt, befindet sich ein kleiner Unterstand, aus dem Rauch aus einem Ofenrohr aufsteigt. Sonst nichts. Es ist das Schlupfloch der Panzerabwehrgruppe. Gegen Mittag werden wir abgelöst und kommen zurück in unsere alte Stellung. Eine ausgebaute, abgesicherte Runkelrübenmiete ist unser Unterstand, in dem wir die Nacht verbringen.

Am nächsten Vormittag muss ich eine Meldung vom Kompanieführer zur Nachbarkompanie überbringen, die südlich von uns, Richtung

Lebus, in einer langgezogenen Grabenanlage Stellung bezogen hat. Ich muss die russische Stellung umgehen, welche an dem schon beschriebenen Hohlweg verläuft. Mit meiner kompletten Ausrüstung robbe und krieche ich um die Stellung der Russen herum. Dann laufe ich so schnell ich kann in östlicher Richtung über einen großen, ebenen Acker zur Grabenanlage der Nachbarkompanie. Dort angekommen, bleibe ich über dem Schützengraben stehen und will meine Meldung abgeben. „Mensch, willst du abgeknallt werden? Die Scharfschützen haben dich im Visier!" ruft mir einer zu. Ein Sprung, schnell bin ich unten im Graben und habe meine Meldung übergeben. Ich muss wieder zurück. Doch das ist nicht so einfach. Von einem Granatwerfer werde ich aus der feindlichen Stellung am Hohlweg beschossen. Doch ich habe Glück, alles geht gut.

Ein später, trüber Nachmittag. Mit unserer Gruppe liegen wir in einem Schützengraben am Hohlweg. Wir haben die Aufgabe, als Stoßtrupp auf der gegenüber liegenden Straßenseite in die russische Stellung einzudringen, um einige Gefangene zu machen. Sechzehn Uhr. Motorengeräusch. Am Himmel ein einzelnes Flugzeug, eine Ju 87 auch Stuka genannt. Es ist eines von uns! Ich richte meinen Blick nach oben und sehe, wie der Sturzkampfbomber mit eingeschalteter Sirene im Sturzflug auf uns zukommt. Er löst eine einzige Bombe aus. Volle Deckung, da die Bombe uns gefährlich nahe kommt. Sie schlägt rechts von uns auf der gegnerischen Seite ein. Die Detonation ist noch nicht verhallt, schon kommt von unserem Gruppenführer das Kommando „Los!!!". Die Kameraden springen aus der Deckung und verschwinden im Hohlweg. Im Sturmschritt schaffen sie die gegenüber liegende Böschung. Kurze Feuerstöße, und schon sind sie im gegnerischen Graben verschwunden. Noch ein Feuerstoß aus einer Maschinenpistole, dann ist Ruhe.

Ich habe die Aufgabe unsere Gruppe zu sichern, und bleibe als einziger in unserer Stellung zurück. Weder nach rechts noch nach links habe ich eine Verbindung zu anderen Gruppen unserer Kompanie. Nichts ist zu hören und nichts zu sehen von den Kameraden im russischen Graben. Ich bin allein! Eine unheimliche trügerische Stille beherrscht die früh einsetzende, leichte Dämmerung. Wo sind die Kameraden geblieben? Was ist mit ihnen geschehen? Wurden sie vom Feind überwältigt? Das sind meine Gedanken, die mich voller Angst verharren lassen. Die Zeit vergeht, ich kann nichts von ihnen wahrnehmen. Dann endlich! Aus östlicher Richtung kommen sie auf dem Hohlweg zurück. Sie haben keine Verluste. Ich bin erleichtert. Die kommende Nacht verläuft ruhig.

Am nächsten Tag, es ist Nachmittag zwischen 14 und 15 Uhr, liegen wir wieder bei unserem Unterstand der Runkelrübenmiete in Reserve. Aus östlicher Richtung sind die Russen in Schlosshöhe in unsere Stellung eingedrungen. Sie rücken innerhalb der langgestreckten Mauerreste der Wirtschaftsgebäude vor, die am Hohlweg liegen und haben bereits die Hälfte dieser Anlage besetzt.

Unsere Gruppe bekommt den Befehl zum Gegenangriff. Wir bewegen uns im Hof des Gutes in Richtung Gegner. Aus der Stellung der Russen, gegenüber des Hohlwegs, werden wir mit Granatwerfern beschossen. Deckung suchend springe ich in eine leere, in die Erde eingelassene, betonierte Siloanlage. Neben mir im Silo, dicht an die Silowand angelehnt, mein Freund, der Gruppenführer. Er hat eine bedrückende Vorahnung und weiß, dass ihm etwas zustoßen wird. Aus seiner Rocktasche zieht er die Anschrift seiner Verlobten und gibt sie mir mit den Worten: „Falls ich falle, schreibst Du meiner Verlobten". Ich sehe ihn an und nicke nur mit dem Kopf.

Mein Sturmgewehr habe ich am Deckungsrand abgelegt. Als ich es jetzt, beim Verlassen der Deckung ergreife, bemerke ich, dass die Schlossführung von einem Granatsplitter durchschlagen ist. Mit meinem Bajonett versuchte ich, das nach innen durchgeschlagene Metallteil herauszudrücken. In der Eile gelingt es mir nicht, die Waffe ist unbrauchbar. Und das kurz vor dem Gegenangriff! Beim Vorgehen innerhalb der zerstörten Wirtschaftsgebäude beschaffte ich mir in

Zeitnot ein Sturmgewehr von einem Volkssturmmann, der unserer Gruppe zugeteilt ist. Ich sage ihm, dass er hinter mir zurückbleiben soll. Der ältere, etwas fürsorgliche Mann willigt sofort ein und gibt mir seine Waffe. Kurz darauf sehe ich beim Vorgehen ein Schnellfeuergewehr auf dem Boden liegen. Ich zeige darauf und er nimmt es an sich. Jetzt hat er wieder eine Waffe, aber nur einige Schuss Munition dafür im Magazin.

Raum um Raum gehen wir vor, uns voran der Gruppenführer. Er ist gerade durch einen Durchgang im nächsten Raum verschwunden, da höre ich einen Schuss und einen Aufschrei. Es ist unser Gruppenführer. Eilig hat die Gruppe rechts des Durchgangs Deckung gesucht. Mit dem Sturmgewehr im Hüftanschlag stehe ich im zurück liegenden Türbogen. Schnell, unbewusst, ohne jede Überlegung, springe ich nach vorne und gebe einen Feuerstoß aus dem Sturmgewehr ab. Der Raum ist leer. Kein Russe, auch mein Freund, der Gruppenführer, ist nicht zu sehen. Links ist ein Ausgang zum Hof. Ich laufe hinaus. Da sehe ich ihn, den rechten Arm nach oben gestreckt, eilig nach hinten laufen. Im gleichen Moment höre ich von hinten den Zugführer laut rufen: „Reinhart übernimmt das Kommando!".

Als stellvertretender Gruppenführer übernehme ich die Gruppe. Was ist zu tun? Wie entscheide ich jetzt, wie sollen wir weiter vorgehen? Das sind Gedanken, die mir in Sekundenschnelle durch den Kopf schießen. Dass ich einmal die Gruppe übernehmen muss, daran habe ich nie gedacht. Ich bin noch im Hof, da kommt schon einer von unserer Gruppe, streckt seine Hand vor, zeigt seinen Daumen und sagt: „Ich bin verwundet, kann ich zurückgehen?" Neben dem Daumennagel hat er einen kleinen Kratzer von ca. einem Zentimeter Länge. Ich kann ihn verstehen, er hat Angst um sein Leben. Aber das haben wir alle. Ich sage nur, dass er hier bleiben muss.

Plötzlich sehen wir vier Russen im Hof, die aber gleich hinter dem Wirtschaftsgebäude nach rechts zum Hohlweg verschwunden sind. Wir gehen weiter vor, dabei wird Walter, unser MG-Schütze I verwundet. Die Russen haben die Flucht ergriffen. Wir haben sie aus dem Gut vertrieben.

Von der Gruppe, die das Gebäude sicherte und hier ihre Stellung hatte, ist nur noch einer da. Er hat einen Kopfschuss. Schwer verwundet steht er vor einer zerschossenen Hauswand, den Stahlhelm leicht verschoben auf dem Kopf, die Augen weit aufgerissen, starr ins Leere blickend, aus Mund und Nase dringt starker Schaum. Die Beine leicht gespreizt, fest mit der Erde verbunden, steht er da. Ein dumpfer, laut knurrender Dauerton dringt aus seiner Kehle. Ein Bild, das ich im Vorbeirennen nur kurz aufnehmen kann, das aber unvergesslich in mir haften geblieben ist. Wir haben keine Zeit uns um ihn zu kümmern. Später habe ich ihn nicht mehr gesehen. Einige seiner Kameraden liegen tot herum, die anderen wurden vom Feind gefangen genommen.

Nun haben wir hier die Stellung in dem langgestreckten, zerstörten Wirtschaftgebäude bezogen und sichern diese. Wir sind nur noch acht Mann und haben einen Abschnitt von über 70 Meter zu sichern. Nur jeder zweite oder dritte Raum ist besetzt. Allein der Hohlweg trennt uns vom Russen. Die Nacht bricht herein. Wir sind vorsichtig. Von Raum zu Raum gehe ich unsere Stellung ab und wer liegt hinter einem Mauerrest auf dem Boden und schläft? Es ist unser Kamerad mit dem Daumen.

Gegen Mitternacht kommt ein deutscher Panzer, der uns Essen in das fast eingeschlossene Gut bringt. Einer geht mit acht Kochgeschirren Essen holen. Als er zurückkommt, hat der Gegner Geräusche aus unserer Stellung wahrgenommen und beschießt uns mit einem Maschinengewehr. Leuchtspurgeschosse fliegen über unsere Köpfe, prallen an der rückseitigen Backsteinwand ab und schwirren durch den Raum. Verletzt wird niemand. Dann wird es still, die restliche Nacht verläuft ruhig.

In dem Raum, in dem ich liege, ist mehr als eine Tonne Feldfrucht auf dem Boden gelagert, die irgendwann Feuer gefangen hat und im Inneren vor sich hinglimmt. Die Nacht ist kalt. In den frühen Morgenstunden habe ich auf der Rückseite des Fruchthaufens Deckung gesucht, um mich aufzuwärmen. Nach einiger Zeit bemerke ich, dass sich mein Mantel klebrig anfühlt. Ich verlasse den Fruchthaufen. Es dauert nicht lange und mein Mantel wird steif wie ein Brett. Für mich ist er unbrauchbar geworden. Im Hof habe ich am Vortag einen Mantel von einem Reichsarbeitsdienst-Mann gesehen, der herrenlos auf der Erde lag, den hole ich mir jetzt.

Heftige Emotionen haben sich in mir aufgebaut. Bei unserem Gegenangriff habe ich meine zwei Freunde verloren. Beide wurden Sie verwundet! In der Nacht hatte ich ständig das Bild von dem Kameraden mit dem Kopfschuss vor Augen. Die toten Kameraden, die in den einzelnen Räumen lagen, beschäftigen mich. Es waren junge Kerle, alle in meinem Alter. Wir haben sie in den Hof getragen und dort mit einer Zeltplane abgedeckt. Was ist mit den Kameraden geschehen, die verschwunden sind? Von den Russen mitgenommen! Ein Gefühl des Hasses auf den Feind jenseits des Hohlweges hat sich in meinem Kopf eingenistet. Hass, Trauer, Mitleid, Hilflosigkeit und eine gehörige Portion Angst beherrschen mich gleichzeitig. Jeder von uns kann der Nächste sein. Hier geht es wirklich grauenhaft zu. Unser Chef hatte recht mit dem „Schwierigen Einsatz"! Schon geht es wieder los. Das feindliche MG von heute Nacht schießt auf den gleichen Mauerrest wie in der letzten Nacht. Die von der Backsteinwand abprallenden Geschosse schwirren durch die Luft. Doch von uns befindet sich zurzeit niemand dort. Ich suche Deckung in der westlichen Ecke, hinter den Mauerresten des östlichen Nebenraumes, und mache eine Entdeckung: Mein Blick fällt auf die Außenmauer. Es ist eine Backsteinmauer. Fein säuberlich ist hier ein einzelner Backstein in der Höhe von einem Meter aus der Mauer ausgebrochen worden und erlaubt einen Blick über den Hohlweg zur russischen Stellung.

Die Russen haben das MG-Feuer eingestellt. In gebückter Haltung gehe ich die fünf Schritte zu diesem Durchblick und lege den Lauf meines Sturmgewehres seitlich in der schmalen Öffnung auf. In Deckung, vom Gegner nicht einsehbar hinter den Resten der Backsteinwand, geht mein Blick in östliche Richtung über den Hohlweg und fällt auf eine ziemlich steile Böschung, die oben mit Hecken bepflanzt ist. Ich bin noch nicht lange in dieser Stellung. Plötzlich, siebzig Meter voraus, kommt ein russischer Soldat von unten aus dem nicht sichtbaren Abschnitt des Hohlweges in schneller Bewegung die Böschung hinauf. Vor seiner Brust, an einem Riemen, eine Maschinenpistole, auf dem Rücken aufgeschnallt trägt er einen großen Essenskanister. Ein Essenholer, registriere ich kurz! Auf allen Vieren, mit Händen und Füßen, bewegt er sich schnell die Böschung hinauf. Reflexartig, zum überlegen bleibt mir keine Zeit, schiebe ich den Lauf meines Sturmgewehres durch den Spalt nach vorne, ziele dabei kurz auf diesen Gegner und gebe einen kurzen Feuerstoß ab. Für eine Sekunde streckt der russische Soldat seinen Körper, steht jetzt aufrecht auf den Füßen, wirft seine Arme hoch, fällt von der Last seines Kanisters gezogen rückwärts die Böschung hinunter und ist meinem Blick entschwunden. Ich bin erstaunt! Ungläubig registriere ich, dass ich ihn getroffen habe! Ist er tot, frage ich mich? Ich weiß es nicht!

Zum Überlegen bleibt mir keine Zeit. Schon fängt das russische Maschinengewehr mit neuen Feuersalven wieder an zu schießen. Dieses mal auf den Spalt im Mauerwerk. Hinter dem Mauerrest kauernd spüre ich die Aufschläge der Geschosse auf die Mauer. Einige Kugeln der Feuersalven pfeifen durch den Spalt, andere fliegen über den Mauerrest hinweg Richtung Innenhof. Ich lasse mich auf den Betonboden fallen und krieche schleunigst in meine Ecke. Noch einige Male lassen uns heute die Russen spüren, dass sie an diesem Tag nichts zu Essen bekommen.

Am frühen Nachmittag heftiges MG-Feuer aus nordwestlicher Richtung innerhalb des Gutes. Der Russe versucht jetzt von dieser Seite in das Gut einzudringen, aber es ist ihm nicht gelungen. Ein Soldat wird schwer verwundet. Sein lauter, tiefer Schmerzschrei ist lange weit über das Gut von Freund und Feind zu hören. Er klingt wie das Brüllen eines schwer verletzten Stiers. Dieser Laut ist erschütternd und dringt durch Mark und Bein. Dann wird es still. Alle, die dieses Brüllen gehört haben, sind beeindruckt. Eine große, unheimliche Stille liegt jetzt über dem Gut Klessin. Ein russischer Soldat war es, der im Niemandsland von seinen Kameraden zurückgelassen wurde. Er ist seiner Verletzung erlegen.

Die Nacht ist angebrochen. Vollständige Dunkelheit! Es ist zwischen 21 und 22 Uhr. Ich gehe die Stellung unserer Gruppe ab. Wir sind gerade zu zweit in einem Raum. Vor uns, im Hohlweg, glauben wir Geräusche zu hören. Ich werfe eine Eierhandgranate in Richtung Hohlweg, beachte in der Dunkelheit jedoch nicht einen großen Baum, der vor dem Mauerwerk steht. Dann hören wir einen dumpfen, hohlen Aufschlag auf dem Betonboden unseres Raumes. Die Handgranate hat sich im Geäst des Baumes verfangen und ist zurückgefallen. Schnell fasse ich meinen Kameraden am Ärmel seines Mantels und wir springen in Eile zur Türöffnung in den östlichen Nachbarraum. Ich habe diesen gerade erreicht. Mein Kamerad befindet sich noch im Durchgang, da, ein kurzes Aufblitzen, eine Detonation, dann sein Ausruf „Ah, ich bin verwundet!" Er ist von unserer eigenen Granate getroffen. Nun hat er es eilig und ist schnell durch den Hofausgang in die Nacht verschwunden. Jetzt ist er wirklich verwundet. Es ist wieder der Kamerad mit dem Daumen.

In unserer Gruppe sind wir jetzt nur noch sieben Mann. Auch unser Zug hat bereits starke Verluste erlitten und wir sind nur noch ein kleiner Haufen von 19 Soldaten. Der folgende Tag verläuft ruhig. Vom Gegner keine besondere Tätigkeit. Die Märzsonne schaut oft durch die Wolken und wärmt uns. Nach Einbruch der Nacht kommt von einer SS-Raketen-batterie ein starker Raketenbeschuss aus nordwestlicher Richtung auf die russische Stellung südöstlich von uns. Die Raketen fliegen laut heulend mit einem Feuerschweif in Gruppen flach über unsere Köpfe.

Das geht so eine halbe Stunde, dann wird es ruhig. Sie hinterlassen einen starken Eindruck bei mir.

Ein neuer Tag will kommen. Es ist der 10. März, ein Samstag. Die Nacht verbringen wir ohne Zwischenfälle in unserer Stellung, hinter den Mauerresten der zerschossenen Gebäude. Es ist kalt und noch dunkel. Nur langsam lässt sich das erste Dämmerlicht am frühen Morgen, der jetzt anbrechen will, erahnen. Unerwartet wird die Stille der Nacht durch einen Einschlag eines Artilleriegeschosses unterbrochen. Weitere Einschläge folgen. Sie schlagen südlich von uns in Richtung Lebus auf diesem großen, kahlen Acker ein, auf dem unsere Nachbarkompanie liegt. Dann folgt eine kurze Pause. Plötzlich wird die Luft durch ein Aufheulen, Aufblitzen und Donnern vieler Detonationen zerrissen. Ein Trommelfeuer der Russen auf unsere Stellungen um und in Klessin hat begonnen! Die Erde bebt, starker Pulvergeruch durchdringt die Luft. Ich liege flach mit dem Bauch auf der Betonplatte des Fußbodens in der Mitte eines Raumes. Ich spüre das starke Beben der Erde durch die vielen Einschläge der Granaten. Todesangst befällt mich.

Es ist Tag geworden. Ab und zu hebe ich den Kopf. Mein Blick geht über die Mauerreste in südliche Richtung über den Hohlweg und den russischen Graben, zur Stellung unserer Nachbarkompanie. Unzählige Granaten schlagen auf dem großen Acker gleichzeitig ein. Blitze, Donner, Erdfontänen überall! Pulverwolken ziehen über die Erde. Es ist schrecklich, die Hölle ist los. Hinter der Feuerwalze kommen die Rotarmisten, ziemlich dicht, Mann an Mann rücken sie vor. Sie stürmen die Stellung der Nachbarkompanie. Drei mal werden sie zurückgewiesen.

Vom Zugführer werde ich nach vorne zum Schloss geschickt. Dort ist außer einem Unteroffizier niemand mehr. Alle, die hier in Stellung waren, sind verwundet oder gefallen. So liegen wir hier alleine, rechts neben den Resten vom Schloss in einem Vorhof, der uns nur wenig Deckung bietet. Vor uns ein Wald mit seinen noch unbelaubten,

zerschossenen Bäumen, der vom Feind besetzt ist. Heftiger Artillerie-
beschuss! Unser Blick fällt in eine Waldschneise, die in östliche Richtung
geht. Am rechten Lichtungsrand, einige hundert Meter ostwärts, sehen
wir einen einzelnen Rotarmist stehen, ein Artillerie-Beobachter, der
das Feuer leitet. Auch der Russe muss uns sehen. Mit der Maschinenpistole des Unteroffiziers und meinem Sturmgewehr können wir ihn
nicht erreichen.

Ich bin verwundet

Immer noch starkes Trommelfeuer. Das geht jetzt schon einige Stunden
so. Die Detonationen der Einschläge nehme ich nur noch unbewusst
war. Wir zwei liegen dicht nebeneinander und haben viel zu wenig
Deckung. In das zerfallene Schloss, das stark beschossen wird, oder
auch nur weiter vor, kommen wir nicht. Um uns schlagen immer dichter
Granaten ein. Plötzlich verspüre ich einen heftigen, heißen Schlag in
der Wade meines linken Beines und in der rechten Fußsohle. Ich bin
verwundet! Einen Schmerz verspüre ich trotz der Größe meiner Ver-
letzungen nicht. Ein Granatsplitter, der im Rücken dicht neben der
Wirbelsäule ins Koppel eingedrungen ist, aber nur eine leichte Verletzung verursacht hat, bemerke ich garnicht. „Ich bin verwundet!" sage
ich laut. „Hau ab!" schreit der Unteroffizier. Ich springe auf und laufe
zurück in Richtung Gutshof. Schon nach einigen Schritten schlagen
neue Granaten ein. Ich werfe mich hin, drehe den Kopf zum Kameraden und sehe ihn, die Arme von sich gestreckt, von einer Granate
getroffen, leblos am Boden liegen. Ich kann ihm nicht mehr helfen. Er
ist tot. Dort, wo ich noch vor Sekunden gelegen habe, ist eine Granate
detoniert. Sie hat seinen Mantel zerfetzt und den Körper aufgerissen.
Ein Anblick, den ich nur kurz in mich aufgenommen habe, der aber
tief in mir haften geblieben ist.

Beim Zurücklaufen bemerke ich weiter hinten rechts, geschützt durch
eine Hauswand und eine hohe Mauer, die hier das Gut eingrenzt, einige

Kameraden. Ich renne auf sie zu und erreiche sie. Ein Unteroffizier hat eine Verwundung an der Schulter. Unser Kompanieführer, Oberleutnant Schöne, steht bei ihnen. Ich melde mich bei ihm mit meiner Verwundung. Er sagt, dass wir eingeschlossen sind. Die Russen sind in unserer Nachbarstellung durchgebrochen und haben unsere Schützengräben westlich vom Gut besetzt. Er zieht einen Notizblock aus der Brusttasche seiner Jacke, nimmt ein Blatt heraus und schreibt eine Meldung, die er dem verwundeten Unteroffizier übergibt. Dann sagt er uns beiden, dass sie uns Feuerschutz geben und wir zwei zu unseren Einheiten in Podelzig durchbrechen sollen.

Unsere Waffen haben wir im „Gut Klessin" gelassen. Wir haben uns je eine Eierhandgranate in jede Manteltasche gesteckt. Der Unteroffizier sagt zu mir: „Wenn die uns erwischen, sprengen wir uns in die Luft!" Vom Oberleutnant kommt der Feuerbefehl. Zwei MG 42 schießen Dauerfeuer, wir verlassen unsere Deckung und rennen los. Zuerst der Unteroffizier, ich hinterher. Rechts und links ziehen die Geschossgarben mit ihren Leuchtspurgeschossen dicht an uns vorbei und decken die vom Feind besetzte Stellung ein. Dann überspringen wir den ersten Schützengraben. Unter uns, im Graben Deckung suchend, Mann an Mann, kauern die russischen Soldaten Schulter an Schulter in gebeugter Haltung. Ihre Gewehre mit den langen, spitzen, dreikantigen, fest angebauten Sturmbajonetten ragen nach oben aus dem Graben. Schon nach 20 bis 30 Metern geht es im Sturmschritt über den zweiten Schützengraben, der genauso dicht von den Russen besetzt ist. Jetzt noch ein dritter Graben, der ist leer, von unseren Leuten verlassen. Durch einen kleinen Wald kommen wir auf die Straße, die von Klessin nach Podelzig führt.

Die ersten Häuser haben wir erreicht. Jetzt haben wir es geschafft, denke ich. Doch von unseren Leuten keine Spur. Es ist niemand zu sehen. Hier herrscht Totenstille. Wir folgen einem Weg, der uns entlang einer Hausreihe zu einem Haus mit einer Rotkreuzfahne führt. Es ist ein kleines, eingeschossiges Haus am südlichen Ortsrand. Die Haustür steht offen. Über eine Steinstufe gelangen wir in einen schmalen Hausflur. Wir durchschreiten diesen und kommen am Gangende durch eine Türe in eine Stube. Bis auf einen Tisch ist diese leer. Es ist ein großer Tisch, der mit einer grünen Linoleumplatte bedeckt ist. Ein Tisch, wie man diese in jener Zeit in einem Landgasthaus findet. Auf dem Tisch liegt ein toter deutscher Soldat. Bekleidet ist er nur mit einer Offiziershose und geschmeidigen Stiefeln, die mit Erde beschmutzt sind. Sein Oberkörper ist entblößt. In der Brust, dort wo das Herz sitzt, hat er einen Einschuss von einer Gewehrkugel. Die Wunde ist geschlossen. Es gibt keine Blutspur. Sie sieht so aus, als hätte man die Stelle mit einem großen Nagel durchstoßen. Wir sind still in uns gekehrt und betrachten den toten Kameraden.

Plötzlich vernehmen wir aus einem Nebenraum Geräusche und hören gedämpfte Stimmen. Es sind russische Worte! Sofort hat uns die Gegenwart wieder. In aller Eile öffnen wir ein kleines Fenster, springen hindurch und landen in einem Garten hinter dem Haus, der von einem hohen Stachetenzaun eingefasst ist. Schnell überwinden wir diesen und finden uns auf einem großen, kahlen Acker wieder. In südwestlicher Richtung überqueren wir diesen bis zur Straße, die nach Lebus führt.

Vor Lebus, auf einer leichten Anhöhe links der Straße, sehen wir fünf oder sechs Panzer stehen. Diese haben sich in einer Igelstellung zur Rundum-Verteidigung aufgestellt. Wir laufen in Richtung Lebus weiter. Bis auf ungefähr 1000 Meter sind wir an die Panzer herangekommen. Jetzt erkennen wir, dass es russische Panzer sind. Einen Moment lang bleiben wir stehen und beobachten die Panzer. Dann drehen wir um und gehen auf der Straße zurück. Da beginnen die Panzer uns mit ihren Bordkanonen zu beschießen! Nun haben wir es eilig, wir laufen so schnell es geht. Sie beschießen uns aus allen Rohren. Rechts, links, vor und hinter uns detonieren die Granaten auf und neben der Straße. Zwei Meter links vor mir explodiert eine Granate mit Aufschlagzünder. Leuchtende Granatsplitter schwirren durch die Luft, dicht an mir vorbei. Ich laufe so schnell ich kann um mein Leben und schicke ein kurzes Stoßgebet zum Himmel: „Heilige Mutter Gottes, lass mich durchkommen!" Beim Rennen löse ich den Koppelverschluss und lasse dieses mit der kompletten Ausrüstung, die mich beim Laufen behindert, fallen. Auch den Mantel reiße ich mir in vollem Lauf vom Körper. Dann, vor Podelzig, fällt die Straße leicht ab. Die Panzer können uns nicht mehr einsehen und stellen das Feuer ein. Das war knapp!

Wir verlassen die Straße nach links und kommen in eine leichte Senke. Auf einer Wiese hat eine Batterie unserer Artillerie Stellung bezogen. Es sind Haubitzen. Die Stellung ist verlassen. Die Geschütze stehen ohne Mannschaft da. An einem Obstbaum hängt ein geschlachtetes Schwein, von den Borsten befreit, fein säuberlich gereinigt und zerlegt. Nur mit der Schnauze, die noch nicht durchtrennt ist, werden beide Schweinehälften zusammengehalten. Wir erreichen den Bahndamm der Strecke Frankfurt – Küstrin. Ein Weg führt uns durch eine Unterführung auf die Westseite des Bahndamms. Rechts vom Weg, gleich hinter dem Bahndamm, hat ein deutscher Panzer Stellung bezogen, in der Turmluke steht ein Leutnant. Die Schulterstücke auf seiner schwarzen Panzerjacke glänzen im Sonnenlicht. Wir übergeben unsere Meldung und fragen ihn, ob er uns mitnehmen kann. Es geht nicht, er ist Beobachter und muss hier stehen bleiben.

So verlassen wir den Bahndamm und gehen in westlicher Richtung, in der Hoffnung, endlich auf deutsche Truppen oder einen Verbandsplatz zu stoßen. Doch dieser Wunsch erfüllt sich nicht. Schmerzen verspüre ich keine. Wir haben auch keine Zeit uns um unsere Wunden zu kümmern. Ich sehe nur, dass mein linkes Hosenbein an der Wade aufgerissen ist. Das Leder der Schuhsohle des rechten Schuhes ist am Innenfuß durchlöchert. Der Granatsplitter in der Ledersohle ist beim Laufen herausgefallen. Wie und wann ich den Granatsplitter aus meiner linken Wade verloren habe, weiß ich nicht. Er hat hier eine Wunde von 13 x 6 cm hinterlassen. Später sagt mir ein Sanitäter, dass man den Knochen sehen kann.

Nun sind wir schon eine ganze Zeit unterwegs und haben den Bahndamm der Strecke Frankfurt – Eberswalde überstiegen. Die Landschaft ist flach, öde und leer. Wir gehen auf Feldwegen, über Äcker und Wiesen, immer westwärts. Weit und breit keine Spur von deutschen Soldaten. Hier sind wir die einzigen, die sich bewegen. Wir laufen auf einem Weg in flachem Gelände. Links von uns ein großer, kahler Acker, der von Süden durch eine langgestreckte Hecke begrenzt ist. Vor dieser Hecke bemerken wir plötzlich ein russisches Maschinengewehr. Sein Lauf zeigt in unsere Richtung. Hastig werfen wir uns nach rechts in einen flachen Graben und beobachten die Hecke. Das Maschinengewehr mit seinem wassergekühlten Lauf und dem Schutzschild über den Rädern ist verlassen. Wir beobachten die Gegend noch einige Zeit. Von Russen keine Spur. Wir erheben uns und ziehen weiter.

Der Feldweg führt uns auf eine feste Straße. Immer noch sind wir keiner Menschenseele begegnet. Die Dämmerung ist angebrochen und es wird schon langsam dunkel. Endlich, jetzt sehen wir ein kleines Dorf voraus. Wir kommen näher und sind am Ortsrand angekommen. Unerwartet werden wir aus einer Deckung nach der Parole angerufen. Wir nennen diese und machen denen klar, woher wir kommen. Dann werden wir in ein Haus mit Sanitätsstelle geführt. Sie gehört zu einer Luftwaffeneinheit. Diese hat hier einen Feldflugplatz, der gerade geräumt und aufgegeben wird. Die Sanitäter sind bereits am Packen. Wir bekommen eine Wundstarrkrampfspritze und die Wunden werden fürs Erste versorgt. Aber sie können uns leider nicht mitnehmen.

Mein linkes Bein ist nun steif, der rechte Fuß ist verbunden und passt nicht mehr in meinen Schuh. Stehen oder Laufen, unmöglich. Zwei Sanis setzen mich vor dem Hauseingang auf einer Treppenstufe ab. Hier draußen herrscht inzwischen dunkle Nacht! Mein Kamerad, der Unteroffizier, sitzt neben mir. Ich frage ihn wie es weitergeht. Er sagt mir, dass er mich auf keinen Fall allein lässt. So sitzen wir eine Weile. Die Sanitäter kümmern sich nicht weiter um uns und fahren mit ihrem bepackten Sanitätswagen davon. Aus der Nacht vernehmen wir das

Geräusch von Wagenrädern auf der Straße. Unsere Augen haben sich an die Dunkelheit gewöhnt, und wir nehmen einen mit zwei Pferden bespannten Leiterwagen wahr, der von einem alten Mann geführt wird. Der Wagen ist mit schweren Mehlsäcken voll beladen. Der Unteroffizier hält den Mann an. Ich werde so auf die Mehlsäcke gelegt, dass meine Beine nach hinten abhängen. Die Fahrt geht weiter, wohin weiß ich nicht. Der Unteroffizier läuft neben dem alten Mann bei den Pferden. Ich liege weich auf den Mehlsäcken und schaue in die Nacht.

Aus der Dunkelheit sehe ich zwei schwache Lichter, die näher kommen. Es sind die abgedunkelten Scheinwerfer eines Autos. Bei uns angekommen, fahren sie langsam hinter uns her, dann hält das Auto an. Auch unser Fuhrwerk bleibt stehen. Drei Männer steigen aus und kommen auf den Wagen zu. Es sind Offiziere der Division „Großdeutschland". Die Verbände meiner Verwundungen sind ihnen aufgefallen. Sie befragen mich kurz und nehmen mich in ihrem PKW mit. Mit dem Fahrer sind wir zu fünft in dem kleinen Wagen. Für den Unteroffizier ist leider kein Platz mehr im Fahrzeug, er muss weiter laufen. Ich verliere ihn aus den Augen. Jedoch, in meinem Bewusstsein ist er gegenwärtig geblieben. Unsere gemeinsamen Erlebnisse an diesem 10. März 1945 sind für mich unvergesslich.

Die Offiziere befragen mich, und es stellt sich heraus, dass sie zu der Einheit gehören, die wir mit unserem Bataillon in Klessin abgelöst haben. „Warum habt ihr die Stellung nicht gehalten? Warum habt ihr Klessin nicht erfolgreich verteidigt, wie wir?" waren ihre Fragen. Ich sage ihnen, dass wir Klessin gehalten haben. Wir sind im Gut liegen geblieben, der Russe ist südlich des Guts durchgebrochen und hat uns eingeschlossen. Genau das waren meine Worte. Ich habe ihnen noch gesagt, dass wir zwei durchgebrochen sind und eine Meldung herausgebracht haben.

Sie bringen mich nach Fürstenwalde zu einem Hauptverbandsplatz, es ist ein Schloss. Noch in dieser Nacht komme ich unter das Messer und meine Wunden werden verarztet. Ich bin in Narkose. Von der ganzen Angelegenheit bemerke ich nichts. Unter einem Türbogen erwache ich, auf einer Trage liegend. Zwei Sanitäter tragen mich in einen großen Saal. Im Türbogen steht eine Schwester und schaut auf mich herab. Mein Blick trifft ihr Gesicht. Dieses hat einen nachdenklichen Ausdruck, der sagen will: „Das ist doch noch ein halber Junge, der ist für dieses Abschlachten viel zu jung."

Nun liege ich hier in einem großen Raum mit vielen verwundeten Kameraden. Ich schlafe, schlafe und schlafe. Nach einigen Tagen werden wir in Busse verladen und nach Berlin in eine umfunktierte Schule gebracht. Es ist eine Zwischenstation. Zwei Eisenbetten sind übereinander gepackt. Mein Blick geht durch ein hohes Fenster in einen großen, düsteren Hinterhof, welcher ringsum von hohen Häusern eingefasst ist.

Einige Tage später, am frühen Morgen, werden wir auf Lastwagen verladen, und die Fahrt geht eine ganze Weile durch das zerbombte Berlin. Auf einem großen Güterbahnhof werden wir in einen Lazarettzug verfrachtet, es sind umgebaute Güterwagen. Nach Stunden, am späten Nachmittag, setzt sich der Zug in Bewegung. Es geht in westliche Richtung. Ich bin gerettet!

Mann, habe ich ein Glück gehabt!

Im Lazarett

Wir sind schon fast eine Woche unterwegs. Nirgends ist Platz für uns. Ab und zu werden kleinere Gruppen auf einem Bahnhof ausgeladen. So auch an einem Abend in Kassel. Die Fahrt geht weiter in Richtung Fulda. Meine Heimat ist die Rhön und Fulda meine Kreisstadt. Ich bemühe mich wach zu bleiben. Doch irgendwann bin ich eingeschlafen und habe Fulda verpasst.

Nun sind wir in Süddeutschland. Es ist Abend. Im fahrenden Zug blicke ich durch ein kleines Fenster vor meinem Bett in die Landschaft. An einer abgelassenen Bahnschranke stehen einige Frauen und alte Männer mit kleinen Handwagen, beladen mit Körben und Gartengerät. Sie kommen von der Feldarbeit und winken uns zu. Ein schöner, friedlicher Anblick, der mich beglückt. Die Fahrt geht durch die Nacht. Wumm, wumm, wumm dröhnt es gleichmäßig im Wagon. Durch das eintönige Geräusch der Räder über die zusammengeschraubten Schienenanschlüsse schlafe ich ein. Am frühen Morgen erwache ich. Der Zug steht auf einem Bahnhof und mein Blick fällt durch das Fenster auf eine Winterlandschaft in den Bergen. Ringsum hoher Schnee. Wo sind wir hier, frage ich mich?

Wir sind in Lindenberg im Allgäu. Neben einer tief verschneiten Fichte stehen Pferdeschlitten, die uns in ein Lazarett bringen. Es ist die Berufsschule, die als Lazarett eingerichtet wurde. Auf Tragen werden wir von Bürgern der Stadt in die umgebaute Pausenhalle getragen. Dort ist in den Hallenboden ein großes, flaches, kreisrundes Wasserbecken eingelassen, welches vom Rand zur Mitte leicht abfällt. Am Beckenrand werden wir abgestellt. Schwestern befreien uns von unseren alten verdreckten Uniformteilen. Am Beckenrand werden wir ins flache Wasser gelegt und von dem Wochen alten Schmutz befreit.

Unter dem alten Verband an meinem linken Bein, der jetzt schon bald vierzehn Tage alt ist, habe ich schon seit Tagen einen starken Juckreiz. Die Wunden werden jetzt neu behandelt und ich bekomme neue Verbände. Mit einem frischen Nachthemd werde ich in einem großen Saal in ein weißes Krankenbett gepackt. Diese Betten stehen immer im Viererpack. Hier liege ich mit vielen Kameraden. Die Pflege ist gut, und es gibt täglich drei Mahlzeiten. Mensch, ist das schön, denke ich. All das ist eine Wohltat für Körper, Geist und Seele nach diesen Strapazen. Jetzt fühle ich mich wieder als Mensch.

Die Zeit vergeht. Meine Wunden heilen und ich kann langsam wieder laufen. Ein Gehstock unterstützt mich dabei. Französische und amerikanische Truppen dringen in Süddeutschland vor und kommen der Stadt Lindenberg langsam näher. Hinter dem Schulhof, etwas weiter hinten, befindet sich eine Molkerei, die den bekannten Emmentaler Käse herstellt. Die Direktion der Molkerei will nicht, dass die Franzosen sich an ihrem Käse bereichern und gibt diesen an uns Soldaten im Lazarett frei. Jeder der will, kann sich so ein Käserad holen. Auch ich habe solch einen Riesenkäse unter meinem Bett liegen und halte mich tüchtig daran, diesen zu vertilgen. Das gelingt mir natürlich nicht. Bald leide ich an einer hartnäckigen Verstopfung und habe den Käse satt.

Die Franzosen rücken näher. Jeder, der laufen kann und soweit gesund ist, dass er das Lazarett verlassen kann, erhält einen Urlaubsschein ausgestellt. Man sagt uns, dass wir hinauf in die Berge sollen. Das tun wir dann auch. Ich erhalte frische Uniformteile, dann geht es los.

In Kriegsgefangenschaft

Rückzug in die Berge

Ringsum Berge, wo gehe ich hin? Ich gehe nach Osten, dort sind hohe Berge. Nach Stunden am Stock gehend erreiche ich in über neunhundert Metern Höhe einen kleinen Weiler. Berbruggen, es sind einzelne Berghöfe. Bei dem Bauern Bergmann, eine Familie mit einem Sohn, ein Schuljunge, werde ich freundlich aufgenommen.

Der Bauernhof der Familie Bergmann in Berbruggen im Allgäu

Die letzen Tage im April 1945. Die Wehrmacht befindet sich bereits in Auflösung. Hier auf den Höhenrücken der Berge treiben sich viele versprengte Soldaten herum. Ganze Gruppen halten sich hier versteckt. Unter einem großen, noch kahlen Baum, an einem kleinen Tisch sitzt ein Wehrmachts-Offizier und stellt jedem der will einen Entlassungsschein aus. Dieser wird mit Wehrmachtsstempel und Unterschrift von dem Offizier bestätigt. Auch ich zeige mein Soldbuch vor und lasse mir einen Entlassungsschein ausstellen.

Das Laufen geht jetzt wieder ganz gut, auch ohne Stock. Mir ist es langweilig und ich durchstreife die Gegend in nördlicher Richtung. Der Hochrücken des Berges ist zu Ende und fällt steil ab in ein Tal. Unten zieht sich eine Bahnstrecke in einer großen Schleife durch dieses Tal. Ein langer Güterzug, beladen mit schweren Geschützen, steht auf der Strecke. Die Lok steht nicht unter Dampf, ich kann auch keine Wachmannschaft sehen. Der Zug ist verlassen. Ich gehe hinab und besteige einen flachen Waggon, der mit zwei Geschützen beladen ist und betrachte mir diese. Ein Richtfernrohr von einem Geschütz hat es mir angetan. Ich baue es ab und nehme es mit nach Berbruggen.

Wir haben den 30. April 1945. Französische Truppen haben das Tal besetzt. Hier hoch in die Berge trauen sie sich noch nicht. Es geht aber auch niemand hinunter ins Tal.

Ich habe einen gleichaltrigen Soldat kennen gelernt, der aus Ostpreußen kommt. Wir zwei beschließen in den ersten Maitagen, in meine Heimat, nach Hilders in die Rhön, aufzubrechen. Meine Militärhose färbe ich dunkelbraun. Von Herrn Bergmann erhalte ich ein gebrauchtes Hemd und eine ältere Jacke, die mir etwas zu groß ist. Ich bekomme einen alten Rucksack, in dem ein großes Stück Emmentaler Käse gepackt ist.

Von den Franzosen gefangen genommen

Am 4. Mai verabschieden wir uns und ziehen los. Ein schmaler Fußweg führt uns bergab ins Tal. Auf einem Holzsteg gehen wir über den Tobelbach. Hier werfe ich mein Soldbuch mit Urlaubs- und Entlassungsschein in den Bach. Nur meinen HJ-Ausweis von der Hitlerjugend, den ich noch bei mir habe, behalte ich, damit ich meine Identität nachweisen kann.

Wir gehen weiter und kommen durch eine kleine Schlucht und sehen vor uns die Straße von Ellhofen nach Simmerberg. Hier bleiben wir stehen und beobachten die Straße. Links von uns ist ein steiler Abhang, der mit Büschen besetzt ist. Aus den Büschen werden wir plötzlich in gebrochenem Deutsch angerufen: „Halt! Stehen bleiben oder ich schieße!" Hinter einer Hecke kommt ein ehemaliger französischer Kriegsgefangener mit einem Karabiner hervor. Den Gewehrlauf auf uns gerichtet kommt er auf uns zu. Auf seinem abgetragenen Uniformrock trägt er noch das groß, in weiß aufgemalte „KG", das ihn als Kriegsgefangenen ausweist. Wir sollen uns ausweisen. Ich erkläre ihm, dass wir keine Soldaten sind, nur dienstverpflichtet waren und jetzt nach Hause wollen. Ich zeige ihm meinen HJ-Ausweis mit einem Passbild in HJ-Uniform. Eine Führerschnur, die auf dem Bild sichtbar ist, hat ihn so erregt, dass ich, ehe ich mich versehen kann, eine kräftige Backpfeife eingefangen habe.

Auf der schnurgeraden Straße werden wir von ihm nach Simmerberg geschickt, das ca. einen Kilometer links vor uns liegt. Die Straße dürfen wir nicht verlassen sonst wird sofort auf uns geschossen, hat er uns gedroht. Beim Gehen auf der Straße lasse ich unauffällig meinen HJ-Ausweis fallen. Dieser kann mir nur noch schaden, denke ich.

Am Ortseingang werden wir von drei französischen Soldaten, die in einem Jeep sitzen, empfangen. Einer führt uns durch den Ort und gibt uns vor einer großen Scheune an einen schwarzen Soldaten ab. Der erste schwarze Mensch, den ich sehe. Von diesem werden wir durchsucht. In meinem Brustbeutel findet er ein Medaillon mit dem Abbild der Mutter Gottes. Er schaut mich an und fragt: „Du Katholik?" Ich sage „ja". Nun gibt er mir alles zurück, auch den Käse. Dann werden wir in die Scheune gesperrt.

Hier sind bereits über fünfzig Leute gefangen. Die Nacht schlafe ich auf einem Stapel Bretter, der in der Scheune gelagert ist. Es sind auch einige junge Gefangene dabei, die noch keine achtzehn Jahre alt sind. Da ich keine Papiere mehr habe, mache auch ich mich um ein Jahr jünger. Wir Jugendliche bedrängen einen unserer Wächter und lassen uns zum Orts-Kommandant führen. Wir tragen diesem vor, dass wir Jugendliche sind und keine Soldaten waren. Aber es hilft uns nichts, wir werden wieder in die Scheune zurückgebracht.

Mittags, am nächsten Tag, müssen wir antreten. Mit über den Kopf hochgehaltenen Händen marschieren wir, von französischen Soldaten bewacht, ca. 18 Km nach Lindau am Bodensee. Vom ständigen hochhalten der Arme schmerzen diese und fallen runter. Wir werden angeschrien und müssen die Arme immer wieder heben. Dann, nach einer langen Zeit dürfen wir die Arme mit gefalteten Händen auf dem Kopf auflegen. So marschieren wir bis Lindau, das wir am späten Nachmittag erreichen. Es geht über die Brücke auf die Insel. Das große Bootshaus auf der Insel und das dazugehörende Gelände ist zum Teil mit einem hohen Stacheldrahtverhau eingezäunt und dient als Gefangenenlager. Hier werden wir abgeliefert. Dieses provisorische Lager ist bereits mit gefangenen Soldaten überfüllt. Ich sehe auch viele Männer, die keine Soldaten sind. Alle, die irgendeine uniformähnliche Kleidung tragen, werden in den ersten Tagen von den Franzosen gefangen gehalten. Ich sehe Förster und auch Eisenbahner darunter. Ein älterer Jäger mit einem Jägerhut und einer grünen Jägerkluft fällt mir besonders auf. Er wurde mit seinem Gewehr und Fernglas auf der Jagd überrascht. Es sind aber auch viele Männer, wie ich, in Zivilkleidung darunter.

An der Nordwand vor dem Bootshaus, unter einem Baum, habe ich mich auf dem Kiesboden niedergelassen. Hier sitze ich nur ein paar Meter vor dem Wasser des Bodensees. Mein Blick geht auf das gegenüber liegende Ufer, das mit einigen Villen bebaut ist.

Die nächsten Tage verbringe ich hier. Essen und Wasser gibt es nicht. Zum Glück habe ich noch meinen Käse. Den Rucksack unter meinem Kopf, liege ich nachts auf dem Kiesboden. Als Zudecke dient mir meine Jacke. In den einen Armeinschlupf der Jacke stecke ich meinen Kopf, in den anderen mein rechtes Knie. So verbringe ich zusammengerollt die am Wasser kühlen Nächte.

Die Tage sind heiß und heizen den Körper in der Maisonne auf. An das nahe Wasser zum Bodensee, zum Abkühlen, können wir nicht. Sofort wird geschossen. Wir haben Durst. Im Gelände gibt es nur eine Wasserstelle. Hier stehen die Männer über Stunden in einer langen Schlange. Nur einmal komme ich an diesen Wasserhahn, aus dem ständig das Wasser fließt. Ich besitze kein Gefäß in dem ich einen Wasservorrat ansammeln kann. So kann ich nur meinen Mund unter das Wasser halten und mit der hohlen Hand das Wasser trinken. Bald werde ich von den hinter mir stehenden Männern abgedrängt, die gierig zum Wasser drängeln.

Ich stehe mit vielen Gefangenen am Nordufer der Insel, das hier nur mit einem Geländer aus Eisenrohren eingefasst ist. Vor einer Villa am Festlandufer auf der gegenüber liegenden Seite wird ein Paddelboot zu Wasser gelassen. Eine junge Frau steigt ein und paddelt in unsere Richtung. Sie ist noch ca. 50 Meter von unserem Ufer entfernt. Wir rufen ihr zu, dass sie wenden und zurückpaddeln soll. Sie hört nicht auf uns und kommt dem Ufer näher. Ein französischer Panzer, der zu unserer Bewachung westlich vom Bootshaus steht, eröffnet aus einem Maschinengewehr das Feuer. Die Geschosse schlagen vor dem Boot ins Wasser. Schnell wendet sie jetzt ihr Boot und paddelt zurück zum anderen Ufer. Sie ist getroffen. Hinter dem Boot verfärbt sich das Wasser rot mit Blut. Am anderen Ufer ist man auf sie aufmerksam geworden. Sie wird aus dem Boot gehoben und ins Haus getragen.

Heute haben wir den 8. Mai 1945. Die Kapitulation wurde unterzeichnet. Die Franzosen feiern ausgelassen ihren Sieg über das deutsche Volk und das Hitlerregime. Von überall hört man das laute Bellen der in die Luft schießenden Handfeuerwaffen. Am Abendhimmel ein großes Feuerwerk über der Stadt. Wir betrachten uns das Ganze schweigend und bedrückt. Haben wir doch diesen Krieg wieder einmal verloren. Aber im Grunde sind auch wir froh, dass jetzt endlich dieses schreckliche Geschehen ein Ende hat.

Am nächsten Morgen steht eine lange Kolonne Militär-Lastwagen auf der Straße vor dem Tor. Es sind die bekannten US-Laster. Sie sind ohne Verdeck, nur das Tragegestell für die Planen ist angebracht. Die Fahrer sind Schwarze der französischen Armee. Wir werden auf diese Fahrzeuge verladen, dicht gedrängt stehen wir auf der Ladefläche. Schnell geht die Fahrt über die Straßen, durch die Fliehkraft neigt sich die lebende Fracht in den Kurven seitwärts. Um das Gleichgewicht zu halten, klammern wir uns mit den Händen an den Tragelatten des Gestänges fest.

Die Fahrt endet in Tuttlingen. Hier werden wir vor einer großen Wiese abgeladen, welche mit einem über zwei Meter hohen Drahtverhau eingefasst ist. Durch ein geöffnetes Tor werden wir hineingetrieben. Es ist ein Sammellager. Den ganzen Tag über kommen Lastwagen mit weiteren Gefangenen. Ich suche mir einen freien Platz und lasse mich im Gras nieder. Zum Essen gibt es hier nichts. Auch mein Käse ist aufgebraucht. Für das ganze Lager wieder nur eine Wasserstelle und es herrscht große Hitze. Um Kräfte zu sparen bleibe ich einfach in der Sonne liegen. Ich rühre und rege mich nicht, bleibe einfach liegen und döse vor mich hin. Einen Handwagen ziehend, kommen zwei Frauen vorbei und werfen Pellkartoffeln und Äpfel über den Zaun herüber. Die Landser streiten sich erbittert darum. Nach kurzer Zeit werden die Frauen vom Zaun vertrieben. Wild gestikulierend verhandeln sie mit einem Franzosen, der überprüft schließlich den Wagen, dann dürfen sie den Rest verteilen.

Es ist Christi Himmelfahrt. Früh am Vormittag werden wir wieder auf diese US-Laster verfrachtet und die Fahrt geht durch den Schwarzwald. Wir fahren Stunden. Hier brauche ich nicht zu stehen. Ich sitze mit einigen Kameraden hinten auf der Klappe, die rechts und links durch eine Kette gehalten wird. Ich genieße die Landschaft, die mir sehr gut gefällt. Fahrzeug an Fahrzeug reiht sich in einer langen Kolonne hintereinander. In den Dörfern stehen die Leute mit Wannen und Körben auf der Straße und werfen uns Äpfel, Pellkartoffeln und Brot zu. Die Laster fahren hier langsamer, sodass wir auch Flaschen mit Wasser oder Saft erhaschen, die uns zugereicht werden und die wir geschickt einfangen.

Im Güterzug nach Frankreich

Am Nachmittag kommen wir in Kehl am Rhein an. Hier werden wir abgeladen. Über eine Brücke geht es über den Rhein nach Straßburg. Auch hier stehen Leute und verteilen Wasser. Ich trinke Wasser aus einem Kanister. Es schmeckt nach Benzin und ist nicht genießbar. Dann kommen wir an einem Güterbahnhof an. Hier erhalten wir eine Marschverpflegung, eine kleine Wehrmachtsdose, gefüllt mit einem scharfen, ungarischen Gulasch. Für uns steht ein Güterzug bereit. Es sind offene Waggons, in die wir geladen werden. Mit vielen Kameraden sitze ich in einem dieser Eisenbahn-Wagen mit halb hohen Seitenwänden, auf denen vorher Steinkohle befördert wurde. Der Boden ist einige Zentimeter hoch mit Kohlenstaub bedeckt. Wir sitzen angenehm weich in diesem Dreck.

Der Zug setzt sich in Bewegung und die Fahrt geht westwärts durch das Elsass hinein nach Frankreich. Die Nacht verbringen wir schlafend im Sitzen. Der Tag ist sehr heiß. Die Sonne heizt unsere Körper unbarmherzig auf. Und wieder gibt es nichts zu trinken. Neben mir sitzt einer in einer schwarzen Panzer-Uniform. Er hat kurzes, blondes Haar. In seiner schwarzen Uniform mit seinem vollen, runden Gesicht, das von der kraftvollen Sonne rot gefärbt ist, fällt er mir besonders auf. Sein Kopf ist über ein kleines Buch mit rotem Einschlag gebeugt, in dem er ständig liest. Es ist ein Wörterbuch. Er lernt Französisch. Die Läuse plagen ihn. Eine Laus dringt aus dem Kragen seiner Jacke und ist im Nacken sichtbar. Von ihm lerne ich das erste französische Wort. Es heißt „merci", danke. Im Laufe des Tages kommen noch einige hinzu.

Wir stehen auf einem Bahnhof, der Zug wird hin und her rangiert. Am Bahnhof wird nur noch französisch gesprochen, ich verstehe kein Wort. Unser Zug wird hier abgestellt. An einer Hauswand auf dem Bahnhof ist groß in deutscher Schrift geschrieben: „Deutsche Soldaten der Wehrmacht bleiben 15 Jahre in Gefangenschaft. Die SS muss 25 Jahre hier bleiben." Oh je, denke ich, 15 Jahre ist eine sehr lange Zeit. Jetzt bin ich 18. In 15 Jahren, bis ich nach Hause komme, bin ich ja schon 33 Jahre alt. Mann, ist das eine lange Zeit! Einige Landser sprechen von Flucht.

Bei Einbruch der Nacht setzt sich unser Zug wieder in Bewegung. Die Fahrt geht weiter. Ich schlafe ein. Kalt wird es mir nicht. Wir sitzen hier Mann an Mann auf dem Kohlenstaub, ganz dicht gedrängt. Irgendwann werde ich wach und döse mit geschlossenen Augen vor mich hin. Unser Zug steht wieder auf einem Bahnhof. Plötzlich fällt ein Schuss, dann noch einige. Der ganze Waggon ist wach und wir sind voller Spannung. Was ist los? Wir dürfen uns nicht hinstellen, würden aber doch gerne wissen, was da draußen los ist. Auf dem Bahnsteig herrscht große Aufregung. Französische Soldaten rennen an unserem Güterwagen vorbei. Wir erfahren nicht, was geschehen ist. Erst Wochen später höre ich von einem Reichsarbeitsdienstmann, dass aus ihrem Wagen einer flüchten wollte. Es soll ein SS-Mann in Zivilkleidung gewesen sein, der aus dem Elsass stammt und einfach nach Hause wollte. Was mit ihm geschehen ist, weiß ich nicht.

Unser Zug fährt wieder. Wir haben den Morgen des 12. Mai 1945. Auf einem Bahnhof bewegt sich der Zug langsam unter einer Wasserversorgungsanlage für Lokomotiven hindurch. Das Wasser der geöffneten Anlage fließt in den Waggon über die Körper derer, die in der Mitte der Wagen sitzen. Sie erhalten eine angenehme Abkühlung. Gegen Mittag kommen wir in Paris an.

Depot 222 – Fort de Noisy-Le-Sec

Kein guter Empfang in Paris

Auf einem großen Bahnhof, der zu Noisy-Le-Sec gehört, verlassen wir unseren Zug. In Zehnerreihe müssen wir uns aufstellen. Ich habe kein gutes Gefühl und verkrieche mich in die Mitte einer Reihe. Eine lange Kolonne setzt sich in Bewegung, bewacht von französischen Soldaten.

Es ist ein schöner warmer Maitag. Nachdem wir den Bahnhof, es ist der Güterbahnhof, verlassen haben, kommen wir auf eine große, breite Straße. Sie ist schnurgerade, wie mit einem Lineal gezogen, und fällt leicht ab, rechts und links bebaut mit großen Häusern. Teilweise sind die breiten Bürgersteige mit Bäumen bepflanzt, die in jungem, saftigem Grün stehen. Eigentlich schön anzusehen. Auf den Bürgersteigen stehen die Menschen in Massen. Einige Männer haben Stöcke in ihrer Hand, drängen auf die Straße und versuchen auf uns einzuschlagen. Einzelne werden getroffen. Die Menge wird jedoch von unseren Bewachern abgedrängt. Andere stehen auf dem Bürgersteig, schlagen ihre flache Hand auf den Oberschenkel, drehen diese um, halten sie vor das Geschlechtsteil und machen eine Bewegung, als würden sie Wasser lassen. Dabei rufen sie die Wörter „Chall Bosch" (so klingt es jedenfalls), es ist eine Beschimpfung für uns Deutsche. Auch einige Frauen zeigen sich so. Andere, hauptsächlich Frauen, stehen da und machen einen mitleidigen, bedrückten Eindruck.

Wir sind schon eine ganze Strecke auf dieser Straße unterwegs. Rechts, am Rand des Bürgersteigs, ist ein Hydrant in die Erde eingelassen. Beide Anschlüsse sind geöffnet. Frisches Wasser strömt in Massen heraus und fließt am Straßenrand ab. Daneben stehen einige Franzosen mit einem Knüppel in der Hand und verheißen demjenigen nichts Gutes, der es wagen sollte, sich dem fließenden Wasser zu nähern. Trotz dieser Gefahr gibt es einige, die aus unseren Reihen ausbrechen und, vom Durst getrieben, in den Wahnsinn verfallen, sich etwas von dem kühlen Nass einzuverleiben. Ihnen geht es schlecht. Die Franzosen am Hydrant schlagen auf diese armen Landser ein, die sich ducken, die heftigen Schläge abwehren und schnell in unsere Kolonne zurücklaufen.

Nun haben wir das Ende der Straße erreicht, biegen nach rechts ab und kommen auf freies Gelände. Vor uns sehen wir die gemauerte Sandsteinwand einer Festungsanlage. Auf einer schmalen Straße gelangen wir durch ein Tor in einen gewölbeartigen Durchgang von etlichen Metern Länge. Die Spitze der Kolonne biegt noch einmal links ab und wir stehen in einem großen Innenhof. Wir befinden uns in der Festung „Noisy-Le-Sec". Rechts steht ein langgestreckter Sandsteinbau mit hohen Fenstern. Links vor uns, auf einer gefassten Anhöhe, ein hoher Drahtverhau. Dahinter, auf einigen Wäscheleinen aufgehängt, gewaschene Frauenunterwäsche und Uniformteile vieler Frauen. Es sind Wehrmachtshelferinnen, die hier gefangen sind. Einige Landser freuen sich und machen anzügliche Bemerkungen. Jedoch von den Frauen selbst keine Spur.

So stehen wir einige Zeit in diesem Hof. Nun werden wir in große Gruppen aufgeteilt und von dem deutschen Stammpersonal in große Unterkunftsräume geführt. Der Fußboden ist mit Stroh bedeckt. Nur einige schmale Gänge sind frei. Es ist altes, eingedrücktes Stroh, auf dem schon viele gelegen haben. Es riecht muffig und ist in kleine Stücke zerbrochen.

Durst plagt mich! Mein Körper ist völlig ausgetrocknet, ich habe seit Tagen nichts getrunken. Die Lippen sind geschwollen und aufgesprungen. Die Zunge fühlt sich taub an, Mund und Kehle sind trocken. Ich begebe mich auf die Suche nach Wasser und gelange in einen Hinterhof. Mir gegenüber sehe ich Türen und Fenster in ein dickes Mauerwerk eingelassen. Es ist die etliche Meter tiefe Wehrmauer der Festung. In dieser sind Waschräume und Toiletten untergebracht. Es sind schon einige Männer hier, die auch Wasser suchen. Aber es gibt keins. Die Wasserleitung ist abgestellt. Die Landser schimpfen und fluchen. Im Hof, an das Mauerwerk der Rückwand des Hauptgebäudes angelehnt, sehe ich ein großes, betoniertes Becken. Es ist ein Wasserbecken zum Feuerschutz. Oben am Beckenrand steht einer von uns ganz entblößt. Mit einem Kopfsprung springt er in das mit Wasser gefüllte Lösch-becken. Wasser! denke ich und gehe sofort dorthin, doch das Wasser im Becken ist alt und grün. Es eignet sich nicht zum Trinken. Egal, ich nehme trotzdem eine handvoll aus dem Becken, benetze Lippen und Mund, und spucke es wieder aus. Es war einer der größten Fehler in meinem bisherigen Leben, wie sich bald herausstellen wird.

Seit langem schlafe ich wieder einmal in einem Haus. Am Morgen müssen wir im Hof Aufstellung nehmen. Die Frauenbekleidung an den Wäscheleinen ist verschwunden. Noch in der Nacht wurden die Wehrmachtshelferinnen in ein Frauenlager verlegt. Unsere Identität wird erfasst und jedem wird eine Nummer zugeteilt. Ich bin der Kriegsgefangene 910129. Jetzt bin ich nur noch eine Nummer. Wir werden nur noch unter dieser Nummer erfasst und aufgerufen. Meine Ziviljacke muss ich abgeben. Ich empfange ein Hemd und eine kurze Frauenweste von Helferinnen der US-Armee, eine Drillichjacke und eine Marinehose der Wehrmacht. Auf dem Rücken der Teile ist mit weißer Farbe, groß sichtbar, PG (Prisonnier de Guerre) aufgemalt und bezeichnet uns als Kriegsgefangene. Ich verpacke die Sachen in meinem Rucksack und haue mich aufs Stroh.

Irgendwie fühle ich mich nicht wohl. Ich bleibe den restlichen Tag und die Nacht liegen. Ein neuer Tag. Es geht mir nicht gut. Innere Hitze plagt mich. Ich glaube, ich habe Fieber. Dazu kommen Schmerzen im Unterleib und ich bekomme Durchfall. Der Durchfall steigert sich und es geht nur noch Körperflüssigkeit ab. Sobald ich mich erhebe ist mir schwindlig. Ständig habe ich einen Drang. Ich schaffe es nicht mehr zur Toilette. Einer gibt mir eine leere Dose. Diese stelle ich in unserem Stockwerk unter die Steintreppe. Hier sitze ich dann in der Hocke. Es geht nur noch Schleim ab, der mit Blut durchsetzt ist. Frei laufen kann ich nicht mehr. Ich hangele mich an der Wand entlang zu meinem Schlafplatz. Von da an weiß ich nichts mehr. Ich bin bewusstlos.

Nach drei Tagen erwache ich. Alles ist fremd. Mein Blick geht durch einen Türrahmen ins Freie, auf verkohltes Gebälk. Was ist los? Wo bin ich? Jemand beugt sich über mich, es ist ein Arzt. Er sagt: „Junge, du hast Glück gehabt, wir glaubten nicht, dass du noch einmal zu dir kommst". Später erfahre ich, dass ich an Typhus erkrankt bin. Es liegen noch einige in diesem Raum, auch hier auf dem Fußboden auf Stroh. Arznei gibt es nicht. Ich krieche in diesen zerbombten Raum und besorge mir ein Stück von diesen verkohlten Holzbalken. Diese Kohle schabe ich mit den Zähnen ab und schlucke sie. Das mache ich einige Tage immer wieder. Das Essen ist hier besser. Ich bekomme Tee und Haferbrei. Von Tag zu Tag geht es mir besser. Nach 10 Tagen werde ich aus der Krankenstube entlassen.

Ich muss mir eine neue Bleibe suchen. Mein Platz ist belegt. Ich komme mit einigen jungen RAD Leuten ins Gespräch. Es ist eine ganze Gruppe mit ihrem ehemaligen Gruppenführer. Es sind Saarländer und sie haben eine gute Kameradschaft. Bis jetzt haben sie es geschafft zusammen zu bleiben, das wollen sie auch in Zukunft tun. Ihnen schließe ich mich an und lagere bei ihnen. In dem alten, zerhexselten Stroh halten sich jene kleine Tierchen auf, die sich am menschlichen Körper so wohl fühlen. Diese haben sich bei uns angesiedelt und vermehren sich stark. Überall sitzen die Männer und sind in ihrer Unterwäsche auf Läusejagd. Zwischen den Fingernägeln von Daumen und Zeigefinger werden Sie geknackt. Wichtig ist es, die kleinen, weißen Eier zu knacken, die durch unsere eigene Körperwärme ausgebrütet werden.

Unsere Verpflegung ist saumäßig schlecht. Morgens gibt es nur einen dünnen Tee, mittags eine Suppe, wobei das Wort Suppe reichlich übertrieben ist. Es ist ein Kelle abgekochtes Wasser mit gut zerkleinertem, aufgekochtem Trockengemüse. Wenn man Glück hat, erhascht man 1 bis 2 Esslöffel dieser kleinen Kartoffel-, Gemüse- und Karottenbröckchen. Am Abend gibt es ein Baguette, das zu dritt geteilt wird. Das geht nun schon seit Wochen so.

Ab und zu kommen morgens einige Autos vor das Tor gefahren und holen kleine Arbeitskommandos ab, die am Abend wieder abgeliefert werden. Das hat sich herumgesprochen. Auch ich stehe am Tor und hoffe, dass ich einem Kommando zugeteilt werde. Ich habe Glück, komme aber in ein Lungensanatorium. Das Glück ist dann doch nicht so groß. Ich muss mit einem Eisenhaken den Schleim der Kranken entleeren, der sich in Siffons angesammelt hat, die in den Boden eingelassen sind. Eine Sauarbeit, ich melde mich nicht mehr.

Über den Lagerlautsprecher werden junge Leute gesucht, die schon einmal in einer Küche gearbeitet haben. Es melden sich über fünfzig Mann. Drei davon werden ausgesucht. Ich bin dabei, weil ich schon im RAD in der Küche gearbeitet habe. Vor dem Tor steht ein Jeep mit einem englischen Soldaten. Wir drei steigen ein und es geht durch Paris zu einem englischen Militär-Flugplatz. Zwei von uns arbeiten in der Küche. Ich komme in das Kasino. Es sind Fliegerbesatzungen, die in diesem Speisesaal ihre Mahlzeiten einnehmen. Ich muss einem englischen Soldaten helfen, der hier als Ordonnanz tätig ist. Die Engländer sind uns gegenüber sehr höflich. Hier fühle ich mich wohl. Täglich stehen auf den Tischen kleine abgepackte Schmelzkäsestücke. Diese werden oft nicht angerührt und ich darf sie mitnehmen. Meine Kumpels freuen sich darüber und sind glücklich.

Es ist ein sonniger Morgen. Unser Engländer holt uns wie gewohnt ab. Die Fahrt geht wie üblich durch die Stadt. Auf einer belebten Straße fährt er rechts an den Bürgersteig. Er stellt seine Maschinenpistole neben meinen Kameraden ab, der auf dem Beifahrersitz Platz genommen hat, und zeigt uns mit dem Zeigefinger, dass er in ein bestimmtes

Geschäft will und wir auf seine Waffe aufpassen sollen. Wir freuen uns über sein Vertrauen und wundern uns gleichzeitig über seinen Leichtsinn. Passanten auf dem Bürgersteig, die uns allein mit der Waffe im Jeep sehen, diskutieren lebhaft. Sie sprechen händeringend, mit heftigen Worten den englischen Soldaten an, der gerade aus dem Geschäft gekommen ist. Dieser winkt ab, gibt ein Zeichen, dass er nichts versteht, ist schnell im Fahrzeug, zwinkert uns mit einem kurzen, aufhellenden Blick zu und fährt schnell davon. Nach diesem Tag warten wir vergeblich am Tor. Wir werden nicht mehr abgeholt!

Seit einigen Tagen kommt eine Werbeabteilung von der Fremdenlegion in unser Lager. Sie werben für die Legion. Es sind deutsche Legionäre und französische Offiziere. Diese Kerle sehen in ihrer Ausgangsuniform flott aus. Sie erzählen von Freiheit, guter Verpflegung und Frauen. Für fünf Jahre muss man sich verpflichten, dann ist man ein freier Mann und kann tun und lassen, was man will. Sie sprechen auch von einer langen Gefangenschaft, die wir durchzustehen hätten. Auf Angehörige der Waffen-SS sind diese Brüder ganz scharf. Jetzt ist mir klar, warum wir diese Hungerverpflegung über Wochen bekommen haben! Viele melden sich und unterschreiben einen Vertrag. Diese Kerle werden auch gleich abgesondert und sind schnell verschwunden. Unter uns Gefangenen entstehen heftige Diskussionen über das Für und Wider der Legion. Die Versuchung für das Dafür ist groß. Täglich melden sich mehr zur Legion. Wir, in unserer Gemeinschaft, haben beschlossen, auf jeden Fall durchzuhalten und uns nicht zu melden. Nach zwei Wochen hat sich das Lager sehr gelichtet. Bestimmt ein Drittel der Gefangenen hat sich verpflichtet. Dann ist Ruhe, die Legionäre kommen nicht mehr.

Auf Kommando im Gaswerk „Gaze de Paris"

Nun verlassen täglich Arbeitskommandos das Lager. Es wird leerer. Mit fünfzig Kameraden komme ich auf ein Kommando in Paris. Es ist das Gaswerk „Gaze de Paris" in Saint-Denis. Wir werden in einer Holzbaracke untergebracht, die im Gaswerk hinter einem hohen Stacheldrahtverhau aufgestellt ist. Bewacht werden wir von drei französischen Soldaten, die sich in ihrem Dienst ablösen. Am Nachmittag sind wir angekommen. Jeder sucht sich seine Bleibe in einem Bett. Es sind immer drei Betten übereinander gebaut, und zwei solcher Gestelle sind zu einer Gruppe zusammengestellt. Gleich am Barackeneingang steht meine Koje. Ich liege im dritten Stock. Hier ist der größte Mief. Das macht aber nichts, dafür habe ich am Kopfende ein kleines Fenster, das sich aufklappen lässt, eine Kopffreiheit bis zur Barackendecke und, wenn es kalt wird, ist es hier am wärmsten.

Die Barackentür wird geöffnet. Zwei Kameraden kommen mit einem großen Aluminiumtopf aus der Werkküche, voll mit Nudeln. Jeder bekommt eine große Kelle voll in sein Kochgeschirr. Ich habe nur eine Konservendose. Da diese Dose nicht den ganzen Inhalt der Kelle aufnehmen will, halte ich meine Hände um den Dosenrand damit ja nichts verloren geht. Es sind ganz helle, breite Bandnudeln. Wir sind froher Stimmung und freuen uns auf die Nudeln. Junge, das ist ein Festessen! Alle sitzen auf den Holzbänken um die Tische, die in der Gangmitte der Baracke aufgestellt sind, über ihrem Essgeschirr und hauen sich die Wampe voll. An eine so reichliche Mahlzeit bin ich nicht gewöhnt. So liege ich in meinem Bett und habe Schwierigkeit mit meinem Magen.

Ein Angestellter mittleren Alters ist für uns zuständig. Am Morgen werden wir von ihm eingeteilt und jeder erhält seine Arbeit. Ich bekomme einen speziellen leichten Hammer in die Hand gedrückt und werde in eine lange Rohrleitung gesteckt, die zur Zeit überholt wird. Es ist ein abgeschaltetes Gasrohr von ca. 80 cm Durchmesser, in dem ich arbeite. Hier sitze ich gebeugt in der Hocke, liege auf dem Bauch oder dem Rücken und klopfe eine steinartige Masse von den Wänden ab, die sich hier gebildet hat. Nach Gas riecht es nicht. Es herrscht ein ständiger, starker, warmer Luftzug, welcher das Arbeiten nicht gerade leicht macht. Die Zeit vergeht und ich gewöhne mich an diese Arbeit.

Gelegentlich arbeite ich auch in einer Anlage, in welcher Ammoniak gewonnen wird. Hier müssen wir die großen Gruben von dem verbrauchten Material leeren und neu mit Sand und Sägemehl füllen. Diese Arbeit ist nicht angenehm. Die starken Dämpfe des Ammoniaks drücken auf die Atemwege und reizen die Schleimhäute stark. Einmal, an einem Sonntagmorgen, ist ein Waggon mit Sand angekommen. Dieser muss unbedingt entleert werden, um damit eine Ammoniakgrube neu aufzufüllen. Unseren Wachsoldaten ist das gar nicht Recht. Diese hatten anderes vor. Sie treiben uns zur Arbeit an und einer ruft mir zu: „vite, vite" (schnell, schnell). Ich sage: „ich nix versteh" und schon habe ich seine flache Hand auf meiner Wange. Jetzt habe ich schnell verstanden.

Jeden Tag, und das Tag für Tag, gibt es hier zu Mittag und zu Abend immer das gleiche Essen. Nudeln und wieder Nudeln. Mit der Zeit habe ich diese satt und kann sie nicht mehr sehen. Nur einmal gibt es eine besondere Beilage dazu. Wir sitzen am Tisch und führen unsere Nudel zum Mund und spüren sofort kleine spitze, feste Gegenstände, die sich nicht beißen lassen. Es sind diese kleinen Nägel, die von den Schustern zum Befestigen der Ledersohlen gebraucht werden. Jemand in der Küche wollte Rache an uns nehmen und hat eine Tüte davon unter unsere Nudeln gemischt.

Bei uns in der Baracke wird geklaut. Dem Einen fehlt das, dem Anderen fehlt jenes. Es dauert einige Zeit, bis wir den Dieb erwischt haben. Er ist nicht mehr der Jüngste. Ich schätze ihn auf ca. 45 Jahre. Wir durchsuchen sein Bett und finden unter seinem Strohsack ein kleines Lager gestohlener Sachen, für die er zum Teil überhaupt keine Verwendung hat. Er wird zur Rede gestellt und zuckt nur mit der Schulter. Die Kameraden nehmen ihr Eigentum zurück und er wird ermahnt. Bei nächster Gelegenheit fehlen wieder einige Dinge. Jetzt wissen wir wo wir suchen müssen. Ja, wir werden wieder fündig. Nun wird von uns ein Komitee erstellt, das ihn bestraft. Er wird zu einem Tag Essenentzug bestraft! Aber auch das hilft nichts. Er ist Kleptomane und kann das Stehlen nicht lassen. Die Strafen werden härter. Einmal bekommt er Stockschläge auf seinen entblößten Hintern. Auch das hilft nichts. Immer wieder wird er rückfällig. Die Strafen gehen so weit, dass er zum Schluss für eine geraume Zeit kopfüber aufgehängt wird. Dabei schweigt er und reagiert nicht. Er wird von jedem gemieden, keiner redet mehr mit ihm. Einige Tage nach der letzten Strafe liegt er morgens tot in seinem Bett.

Bei der „Präfektur de Paris"

Ab 2. September 1945 gehörte ich mit weiteren Gefangenen zur Präfektur de Paris. Wir sind dreißig Mann und bauen uns zu allererst eine Holzbaracke am Rande einer parkähnlichen Anlage auf. Hier begegne ich wieder dem Kameraden in der Panzeruniform aus dem Waggon von der Fahrt von Straßburg nach Paris. Sein Name ist Salz, er stammt aus Kassel.

Unsere Baracke steht, wir sind eingezogen. Nur getrennt durch eine einfache Holzwand ist in dieser auch unsere Bewachung untergebracht. Danach haben wir hier in dieser Gegend einige lange Entwässerungsgräben gezogen. So auch an einem trüben Septembermorgen. Wir arbeiten zu dritt an einem neuen Grabenstück, das wir gerade auf zwanzig Zentimeter ausgehoben haben. Plötzlich glänzt Gold vor mir in der Erde. Ich erkenne einen Ring, einen Ehering. Schnell will ich ihn aufheben. Mein Kamerad hat ihn auch gesehen und ist um den Bruchteil einer Sekunde schneller als ich. Er hat ihn vor mir mit der Hand erfasst, unsere Blicke treffen sich kurz, und schon ist der Ring in seiner Hosentasche verschwunden. Schade, diesen Ring hätte ich auch gerne gehabt.

Die Gräben sind ausgehoben, Sickerrohre sind verlegt. Nun fegen wir auf abgelegenen Straßen in Paris den Dreck und zupfen am Rand der Bürgersteige Unkraut. Im Seinehafen entladen wir Frachtkähne, die mit Brennholz für Paris beladen sind. Es sind auf einen Meter zugeschnittene Holzstücke. Auf Lastwagen werden diese auf freie Plätze in die Stadt gebracht und hier hoch aufgestapelt. Einmal stapeln wir über Tage auf einem Platz, der an die Rückseite hoher Mietshäuser angelegt ist. Gelegentlich öffnet sich hier und dort ein Fenster. Frauen schauen kurz heraus, ob die Luft rein ist, dann fällt ein in Zeitungspapier gepacktes, belegtes Brot an der Hauswand entlang zu Boden. Wir freuen uns und sind dankbar. Unsere Posten lassen das geschehen.

Unser eifrig Französisch lernender Salz besitzt inzwischen gute Kenntnisse in dieser Sprache. Er ist ein guter Kumpel, hat aber seinen eigenen Kopf und legt sich gerne mit unseren Posten an. Das bekommt ihm in der Regel nicht gut. So auch heute. Wir unterhalten uns bei der Arbeit. Unser Posten, einer, der nicht gut auf uns zu Sprechen ist, treibt uns zur Arbeit an. Unser Salz sagt nur: „doucement, doucement" (langsam, langsam). Der Franzose wird wütend, reißt in seinem erröteten Gesicht seine Augen weit auf und brüllt Salz an. Dieser zeigt ein Grinsen in seinem runden Gesicht. Das reizt den Posten noch mehr. Hastig nimmt er sein Gewehr vom Rücken, legt es an und zielt auf unseren Salz. Auch er ist erregt. Er steht einige Meter hoch oben auf einem Holzstapel, reißt mit einem heftigen Ruck seine schwarze Panzerjacke auf, die er mit beiden Händen weit geöffnet hält und ruft dem Franzosen zu: "Schieß, wenn du willst." Oh je, denke ich, jetzt knallt`s! Eine unheimlich lange Sekunde vergeht. Der Schuss fällt nicht. Junge, bin ich erleichtert. Der Posten setzt sein Gewehr ab und treibt uns wütend zur Arbeit an. An diesem Tag haben wir nichts mehr zu Lachen.

Jetzt haben es die Franzosen auf Salz abgesehen. Er hat für einige Zeit keine ruhige Minute mehr. Bei jeder Gelegenheit wird er drangsaliert. So auch heute. Wir dürfen kein französisches Geld besitzen. Das wird im allgemeinen aber nicht so genau genommen. Jedoch anders bei unserem Salz. Sie haben ihn zu zweit durchsucht und in seiner Hosentasche drei Cent gefunden. Nun haben sie ihn zur Rede gestellt und er hat ihnen irgendwas geantwortet. Bevor er sich versehen konnte, haben die mit ihren Gewehrkolben auf ihn eingeschlagen. Oh je, armer Salz, jetzt geht es dir schlecht, denke ich. Und so sieht er dann auch aus. Schlecht! Sein ganzer Körper ist blau und blutunterlaufen. Für Tage ist er arbeitsunfähig und liegt nicht ansprechbar in seinem Bett. Ein Soldat sieht einmal kurz in der Baracke nach ihm, dann lassen sie ihn in Ruhe. Aber auch er hat seine Lektion gelernt. Jetzt hält er sich zurück und fällt nicht mehr auf.

Wir haben eine unsagbare Wut im Bauch und sinnen auf Rache. Und die Gelegenheit kommt. In einem Sack bringt uns unsere Wachmannschaft einen Hasen. Wir sollen ihn schlachten. Das haben wir getan. Wir haben ihn getötet, enthäutet und ausgenommen. Den Kopf haben wir abgeschnitten. Dann haben wir eine Katze eingefangen, die sich oft bei uns herumgetrieben hat, haben diese in den Sack gesteckt, dort getötet und ebenfalls wie den Hasen abgezogen, den Katzenkopf entfernt und den Hasenkopf beigelegt. Das Ganze haben wir als Hase abgegeben. Die Franzosen haben die Katze gegessen und wir den Hasen. Sie haben den Unterschied nicht bemerkt.

Wir haben eine neue Wachmannschaft erhalten. Das sind andere Kerle, junge Soldaten, die aus Südfrankreich kommen. Wir sind gut mit denen ausgekommen. Die haben auch mit uns geklaut und uns Dinge besorgt, die wir brauchten.

Ein schöner, sonniger Herbsttag. Es ist Nachmittag. Wir sind wieder im Seinehafen und entladen einen Holzkahn. Neben uns liegt ein großer Flusstanker, voll getankt mit Rotwein, der über eine Pipeline in eine Weinbrandbrennerei gepumpt wird. Wir beschwatzen unseren Wachmann, die Besatzung des Tankers um Rotwein zu befragen, und das macht er. Der Kapitän des Tankers ist einverstanden. Nach kurzer Zeit reichen sie uns einen weißen Eimer, gefüllt mit Rotwein zu. Alle zusammen, mit dem französischen Soldaten, trinken wir den Rotwein aus dem Eimer. Wir sind alle ganz schön blau und lassen Arbeit Arbeit sein. Wir sitzen im Rumpf des Schiffes auf dem Holz und singen in den hellsten Tönen Soldatenlieder. Auf der Rückfahrt in unsere Baracke singen wir auf der Ladefläche des Lastwagens fröhlich weiter. Am anderen Morgen wird unser Franzose ganz schön zusammengeschissen, und wir haben schwere Köpfe.

Findige Brüder haben wir bei uns. Diese haben aus einer großen Milchkanne und einigen dünnen Kupferrohren, die uns unsere Soldaten besorgt haben, eine kleine Destillationsanlage gebaut. Wir haben uns aus Kartoffeln, die wir uns in der Nähe von einem Acker besorgt haben, eine Maische angesetzt. Diese hat gewaltig in unserer Baracke gestunken. Nachdem die Maische reif war, haben wir daraus einen Kartoffelschnaps gebraut. So wie der aus der Abkühlung heraustropfte, haben wir ihn gemeinsam mit unseren drei französischen Soldaten getrunken. Es gab nicht so viel zum Trinken, betrunken wurden wir davon nicht. Aber es war ein lustiger Abend.

Im Paradeschritt mit geschulterten Besen

Ein Tag Anfang November. Ein schöner, sonniger Morgen, aber kalt! Die Baumalleen auf den Bürgersteigen der Stadt haben fast alle ihre Blätter verloren. Unsere Arbeit besteht zurzeit darin, die Straßen und Bürgersteige in einem Außenbezirk davon zu befreien. Alle dreißig Mann von unserem Kommando sind angetreten. Wir marschieren schon eine halbe Stunde, bewaffnet mit langen Reisigbesen und bewacht von zwei unserer drei Soldaten, durch Straßen von Paris zu unserem heutigen Arbeitsplatz. Kurz vor einer Straßenkreuzung machen wir Halt. Einer unserer Posten will sich in einem Geschäft Zigaretten besorgen. Der Besitzer des Ladens bemerkt beiläufig zu unserem Posten, dass wir noch vor nicht allzu langer Zeit stolz durch Paris marschiert seien, und jetzt hätten wir unsere verdiente Abrechnung bekommen. Das bringt unseren jungen Franzosen auf eine Idee, die von ihm regelrecht Besitz ergriffen hat. Er bespricht sich mit seinem Kameraden. Dabei hellen sich ihre Gesichtszüge auf und ein Schalk blitzt in ihren Augen. Nun teilen sie uns ihren Plan mit. Wir sollen in Marschformation Aufstellung nehmen und im Paradeschritt mit unseren geschulterten Besen weiter marschieren. Das lehnen wir ab. Vor allem unser Kamerad Salz, sowie einige Kameraden und auch ich sind dagegen. Doch die zwei lassen uns keine Ruhe. Einige von uns sind dafür, dass wir diesen Spaß mitmachen. Sie wollen es den Franzosen zeigen, dass wir es noch können. Wir wollen es uns mit unseren „Freunden" nicht verderben und willigen ein.

Unser Haufen geht über die Straßenkreuzung. Etwa 50 Meter hinter dieser nehmen wir in Dreierreihe Aufstellung. Vorne die Großen, am Schluss die Kleinsten. Ein ehemaliger Feldwebel übernimmt das Kommando. Im Gleichschritt marschieren wir auf der rechten Straßenseite los, bewacht von unseren jungen Soldaten. Die zeigen sichtlich ihre Freude. Einer geht vorne, der Andere ist hinten. Beide marschieren sie im Gleichschritt mit ihren Gewehren rechts neben uns her. Zum Glück sind die Bürgersteige heute Morgen bei dieser kalten Morgenluft nicht sehr belebt. Ich fühle mich in dieser Kolonne, im Marschschritt mit geschultertem Besen, nicht sehr wohl. Einige Passanten schauen verwundert auf uns. Nun kommt das Kommando von unserem Anführer zum Paradeschritt. Zackig, wie es uns einst eingedrillt wurde, gehen wir vom Marschschritt in den Paradeschritt über und unser Schritt hallt durch die Straße. Sofort verspüre ich einen heftigen Schmerz in der Wade meines linken Beines, in der verheilten Wunde meiner Kriegsverletzung.

Den Franzosen auf den Bürgersteigen gefällt unser Marsch im Paradeschritt überhaupt nicht. Sie bleiben stehen, schütteln ungläubig ihre Köpfe, diskutieren, ein Mann zeigt uns seine geballte Faust. Einer, schon etwas älter, der voraus am Straßenrand stehen geblieben ist, geht auf unseren Posten zu und redet, indem er neben diesem hergeht, lautstark auf ihn ein. Dabei macht er mit dem gestreckten Finger seiner Hand heftige Drohgebärden. Nun ruft uns unser junger Soldat sehr laut sein „arrèt!" (stoppen!) zu, wobei er seine freie Hand zum Anhalten hebt. Sofort bleiben wir stehen. Unser zweiter Posten kommt nach vorne. Der Zivilist belegt unsere Soldaten weiter mit Worten und schreibt sich etwas auf. Noch einmal erhebt er seine Hand mit gestrecktem Zeigefinger und redet mit einem ernstem Ausdruck in seinem stark erröteten Gesicht auf unsere zwei Soldaten ein. Inzwischen haben sich noch einige Leute dazugestellt, die auch laut unseren Soldaten ihre Einwände kundtun. Die sind nun sichtlich eingeschüchtert und schauen ziemlich dumm aus der Wäsche. Auch wir fühlen uns nun gar nicht mehr so gut. Wir haben Mitleid mit den Beiden, denen ihr Übermut vergangen ist. Nach einiger Zeit löst sich die Gruppe am Straßenrand auf und wir ziehen mit unseren bedrückten Posten weiter zu unserer Arbeitsstelle. Hier erzählen sie uns, dass der Herr am Straßenrand ein ehemaliger Offizier der Französischen Arme war und dieser bei ihrer Einheit eine Meldung machen will. Nun haben sie Angst, dass sie bestraft werden. Doch scheinbar haben sie noch einmal Glück gehabt. Wir haben nichts mitbekommen, dass sie bestraft wurden. Nach gut einer Woche haben sie ihre alte Fröhlichkeit wieder gefunden.

Kurz vor Weihnachten, am 17. Dezember, werde ich mit 15 weiteren Kameraden ins Depot zurückgerufen. Wir sind Jugendliche. Die Parole geht um, dass wir entlassen werden, und das noch vor Weihnachten. Dieser Transport ist auch abgegangen, aber ohne mich. Die haben irgendwie herausbekommen, dass ich in der Hitlerjugend ein Gefolgschaftsführer war. Ich hatte unter Kameraden davon erzählt, und einer muss mich verraten haben.

Depot 221 – Fort de Cormeilles-en-Parisis

Auf Kommando im „Camp de Frileuse"

Am 17. Januar, mit der Heimkehr klappte es ja noch nicht, werde ich in ein anderes Hauptlager verlegt. Nun ist das „Depot 221 Fort de Cormeilles en Parisis" für mich zuständig. Es geht sofort auf ein Arbeitskommando, und zwar in das „Camp de Frileuse". Wir sind 12 Mann und werden mit einem Lastwagen ins Camp gebracht. Gegen Abend kommen wir an. Hier sind Pioniere der französischen Armee stationiert, auch gefangene Kameraden sind schon da. Wir gehen eine Treppe hinauf und kommen in einen großen Schlafsaal. Wen treffe ich hier? Es sind meine Kameraden aus dem Saarland. Jene RAD-Leute, mit denen ich zu Beginn der Gefangenschaft in Paris im „Fort Noisy-le-Sec" zusammen war. Die Freude ist groß! Wir erzählen uns, was wir so alles erlebt und erlitten haben. Die wollten doch unbedingt zusammenbleiben, aber das ist ihnen nicht gelungen. Von den ehemals 10 Mann sind es nun nur noch vier, der ehemalige Gruppenführer und drei Kameraden. Ich schließe mich Ihnen wieder an.

„Camp de Frileuse" ist nur eine kleine Garnison, es sind nicht viele Soldaten hier. Nur 2 bis 3 Kilometer in südlicher Richtung liegt ein Segelflugplatz. Ein neues Flugfeld soll hier eingerichtet werden. Auf einem Hochplateau, einer ebenen, langgestreckten Wiese entlang der Straße, lesen wir Steine auf und beseitigen Unebenheiten im Gelände. Es ist keine angenehme Beschäftigung. Die Erde ist gefroren, die Steine, die wir auflesen, sind eiskalt und fest mit der Erde verbunden. Mit dem Pickel und der Schippe kommen wir nur schwer ins Erdreich. Dazu fegt über die ebene Hochfläche ein scharfer, kalter Wind. Mit unseren Arbeiten kommen wir nur langsam voran.

Seit Wochen bin ich erkältet und habe einen starken Husten. Ich fühle mich nicht gut und habe stark abgenommen. Krankmelden gibt es hier nicht. Auch die Verpflegung ist knapp bemessen. Alles wird genau aufgeteilt. Jeder passt auf, damit nur keiner etwas mehr bekommt. Wir haben uns selbst eine primitive Hängewaage gebaut. Damit wird das Brot, Margarine und etwas Zucker auf das Gramm genau abgewogen. Alle sind wir um die Waage versammelt, um zu sehen, dass alles seine Richtigkeit hat. Ab und zu werden einige Leute zum Kartoffelschälen in der Küche der Franzosen gebraucht. Wir sind alle scharf darauf und melden uns. Zwei Mann werden ausgesucht. Diese kommen dann mit 2 bis 3 Kartoffeln zurück, die sie in ihren Manteltaschen versteckt haben. Der Besitzer schneidet die Kartoffel in dünne Scheiben, die er dann auf dem großen Kanonenofen in unserer Bude röstet. Andere haben sich aus einem Deckel einer Konservendose mit Hilfe eines Nagels, der immer wieder durch den Deckel geklopft wurde, ein kleines Sieb gebaut. Auf diesem Sieb wird nun ein Teil der Kartoffel in die Suppe gerieben. Durch die Stärke in der geriebenen Kartoffel wird die heiße Suppe jetzt sämiger und ist dicker. Für den Glücklichen ist das ein Festessen.

Gelegentlich arbeiten wir auch auf dem Segelflugplatz. Hier steht nur eine große Halle, aber Segelflugzeuge habe ich im Winter nicht zu Gesicht bekommen. Auf dem ganzen Gelände ist auch immer nur ein Mann zu sehen. Es soll ein Fluglehrer sein, der hier wohnt und die Halle bewacht. Mit über 20 Mann arbeiten wir schon seit Tagen hier und heben in einem abgesteckten Feld Gräben für eine Grundmauer aus. Die Erde ist steinig und die Arbeit geht schlecht voran. Mit einem Pickel muss ich die Erde auflockern, damit sie ein anderer mit der Schaufel ausheben kann. Ich fühle mich schwach und muss oft eine Pause einlegen. Auch anderen geht es ähnlich. Unser Posten hat Einsehen mit uns und treibt uns nicht zur Arbeit an. Aber heute muss diese Arbeit fertig werden hat man uns gesagt. Wir arbeiten länger und es wird schon dunkel, bis wir unsere Arbeit abgeschlossen haben.

Mit unserem Posten marschieren wir auf der schmalen Straße zum Camp. Inzwischen ist die Nacht angebrochen. Im Lager sind die Franzosen unruhig geworden. Aus diesem kommen uns die Lichter von einem Fahrzeug entgegen. Das Auto, ein kleiner Pritschenwagen, hält vor uns an, er ist mit drei Soldaten besetzt. Ein Sergeant steigt aus. Es ist der „Schwarze Teufel". Ein Südfranzose mit schwarzem Haar und einer kräftigen, braunen Hautfarbe. Oh je, wir ahnen nichts Gutes. Dieser Sergeant hasst uns. Schon geht es los. Mit hasserfüllter Stimme gibt er uns Kommandos und treibt uns an. In Fünferreihe müssen wir vor dem Fahrzeug Aufstellung nehmen. Rechts und links steht ein Soldat mit einer Maschinenpistole auf dem Trittbrett und der „Schwarze Teufel" hinter dem Lenkrad bestimmt das Tempo. Wir laufen in einem schnellen Dauerlauf. Damit keiner zurück bleibt, hängen wir uns mit den Armen ein. Es geht diesem Kerl immer noch nicht schnell genug. Er gibt den zwei Soldaten auf dem Trittbrett Feuerbefehl und diese schießen scharf rechts und links an uns vorbei. Die Leuchtspurgeschosse leuchten in der Nacht. Der schnelle Lauf geht bis ins Camp. Unsere Wut auf diesen Burschen steigt bis ins Unermessliche.

Bei den Franzosen in der Küche

Wir sind noch nicht lange in unserer Unterkunft, da geht die Türe auf und herein kommt unser Posten. Er zeigt auf mich und sagt, dass ich mitkommen soll. Oh weh, denke ich, was ist jetzt los? Er bringt mich in die Küche der Franzosen und gibt mich dort ab. Die sagen mir, dass ich jetzt hier in der Küche arbeiten würde. Sie meinen es gut mit mir und geben mir aus einer großen Pfanne richtig fette, angebratene Nudeln auf einen Teller. Ich lasse es mir schmecken und stopfe gierig diese Nudeln in mich hinein. Nun stellt mir einer noch ein Glas Rotwein hin. Den Rotwein kann ich nur antrinken, dann geht es los. Mein Magen verträgt das fette Essen und den Rotwein nicht. Mir wird es von einer Minute zur anderen richtig schlecht und ich verspüre einen starken Brechreiz und Stuhldrang. So schnell ich kann renne ich zu unserem Donnerbalken (Soldatensprache: eine ausgehobene tiefe Grube im freien Gelände mit einem Balken zum Sitzen, zur Verrichtung der Notdurft), der hinter dem Hof angebracht ist. Schnell lasse ich meine Hose runter und sitze auf dem Balken. Schon geht es los! Ich habe starken Durchfall und muss gleichzeitig Brechen. Fast eine halbe Stunde sitze ich, bis es mir wieder besser geht. Nun besorge ich eine Schippe und entsorge das Erbrochene in die Grube.

Wir sind zu viert in der Küche. Drei französische Soldaten und ich. Gleich neben der Küche, im selben Bau, in dem sich unser Schlafsaal befindet, ist das Kasino der Franzosen untergebracht. Die ganze Verpflegung wird durch einen kleinen Schalter von der Küche zum Kasino ausgegeben. Eine dünne Holzschiebetüre schließt den Schalter und trennt beide Räume. Die Holzscheibe in dieser Schiebetüre zeigt einige Durchstiche, die von einem Messerwerfer verursacht wurden. Ein Unteroffizier der Franzosen war über viele Jahre in den Tropen stationiert. Er hat einen Tropenkoller, sagt man mir. Ich soll vorsichtig sein, gelegentlich würde er mit einem scharfen Messer nach uns in der Küche werfen. Ich selbst habe ihn nur einmal in seinem erregten Zustand erlebt, ein Messer hat er nicht geworfen.

Im leicht abfallenden Hof steht eine Feldküche, sie ist noch von der deutschen Wehrmacht. In dieser werden die Suppen gekocht. Gelegentlich ist die Feldküche über Nacht mit Suppe gefüllt. Abends muss ich diese dann mit einer Kette und einem Vorhängeschloss verschließen. Oft habe ich die Kette so locker angebracht, dass sich meine RAD-Freunde, die Bescheid wussten, in der Nacht bedienen konnten. Das Ganze ist bald aufgeflogen, also verschließen die Franzosen die Feldküche nun selbst.

Wir haben heute den 5. Juni 1946. Drei Monate bin ich jetzt schon in der Küche. Hier geht es mir gut und ich habe mich gut eingelebt. Sonntags ist das Camp oft ziemlich ausgestorben. Für solche Tage wird meistens vorgekocht, und ich versorge die paar Leute allein. Alles ist zur Routine geworden, ein Tag vergeht wie der andere. Aber heute soll es anders kommen.

In Südfrankreich hat es ein Hochwasser gegeben. Einige Brücken sind weggespült oder beschädigt. Die Pioniere aus unserem Camp haben einen Einsatzbefehl erhalten und bereiten sich auf den Abmarsch vor. Fahrzeuge werden mit Gerät beladen. Wir in der Küche beladen unser Küchenfahrzeug, einen Zwei-Tonner LKW mit Verdeck, vollgepackt mit Verpflegungsvorräten für mehrere Tage. Hinten an der Anhängerkupplung hängt die gute alte Wehrmachtsfeldküche. Es werden auch einige Kartons mit Schokolade aufgeladen. Da ich beim Beladen nicht alleine bin, setze ich einen Karton so an die Bordwand, dass ich diesen von außen erreichen kann. Der Hof ist jetzt leer. Ich begebe mich zur Bordwand und verbinde diese mit der Verdeckplane. Dabei greife ich unter die Plane, entnehme eine Tafel Schokolade aus dem Karton, den ich ja hierfür bereit gestellt habe und lasse diese in meinem Hemd verschwinden, um sie meinen Kameraden zu geben. Ein Sergeant aus der Schreibstube, den ich nicht bemerkt habe, steht hinter einem Fenster und beobachtet mich. Er kommt mit einem schnellen Schritt auf mich zu, drückt seinen gestreckten Finger auf mein Hemd und fragt: „Was hast du da?" Ich sage ihm, dass ich eine Tafel Schokolade habe. Noch ehe ich mich versehen habe, trifft mich ein Schlag seiner kräftigen, flachen Hand auf meiner Wange. Wieder einmal habe ich eine Backpfeife erwischt. Dann fragt er mich, warum ich das tue, ich hätte das doch nicht nötig? Ich sage ihm, dass ich diese Tafel Schokolade für meine Kameraden genommen habe. Schneller als ich in dieses Camp gekommen bin, muss ich es heute verlassen. Ich darf die Küche nicht mehr betreten, sehe keinen der Köche mehr und erst recht nicht meine Kameraden. Aus dem Hof werde ich vom Sergeant in unseren Schlafsaal geschickt, um meinen Rucksack, mit den paar Sachen die ich habe, zu holen. Innerhalb weniger Minuten ist das alles geschehen. Die Fahrt geht in einem Jeep, neben dem Sergeant sitzend, zurück ins „Fort de Cormeilles".

Auf Kommando im Walzwerk

Schon nach zwei Tagen im Lager wird wieder die Nummer 910129 aufgerufen. Das bin ich! Ich melde mich auf der Schreibstube und bekomme mitgeteilt, dass ich mich morgen früh um acht Uhr mit meinen Sachen im Hof zu melden habe. Am Morgen stehen wir dann mit 9 Gefangenen im Hof und werden von einem Zivilisten in einem kleinen Lastwagen abgeholt. Es geht wieder auf Kommando. Eine Bewachung durch französische Soldaten ist dieses Mal nicht dabei. Die Fahrt währt nicht sehr lange und unser Fahrzeug hält in einer Fabrik, die von einer hohen Backsteinmauer umgeben ist. Ein großer, hoher Backsteinschornstein fällt sofort auf. Wir werden in einen düsteren Raum mit hohen grauen Wänden geführt. Er ist nicht besonders groß, vielleicht 4 x 6 Meter. Das kleine Fenster mit dem verschmutzten, undurchsichtigen Milchglas ist vergittert und lässt sich nicht öffnen. An der Stirnwand sind wieder die bekannten dreistöckigen Holzbetten mit Strohsack aufgestellt. Davor steht ein alter Tisch und für jeden ein ebenso alter Stuhl. Alles ist dick mit einer hellgrünen Farbe bestrichen, die zum Teil schon wieder abgeplatzt ist. Die Türe ist nicht dicht und scheint an der rechten unteren Kante zernagt. Die Strohsäcke sind nicht frisch, darauf haben vor uns schon andere gelegen. Wir richten uns ein und bekommen zu Mittag eine gute, dicke Erbsensuppe und jeder eine Scheibe Weißbrot. Auch eine Flasche Rotwein wird uns von einem älteren Mann auf den Tisch gestellt. Gläser haben wir in einem deutschen Wehrmachtsspind gefunden, der auch hier steht.

Wir sind hier in einem Walzwerk, sagt uns der alte Mann. Nach der Mittagspause werden wir abgeholt und auf zwei Hallen aufgeteilt. Ich befinde mich in einer langgestreckten Halle mit einer Walzstraße. Aus rotglühenden Eisenklötzen, die auf einer Förderstraße von einer Walze zur anderen geführt werden, werden am Walzenende große Blechtafeln. Es liegen immer zwei Tafeln aufeinander, die zusammen haften. Ich stehe am Walzenende, bekomme eine ca. sechzig Zentimeter lange Zange mit einem breiten, langen, geriffelten Zangenmund in die Hand gedrückt und

werde kurz eingewiesen. Nun muss ich die heißen Bleche mit dem Zangenmund an der rechten Blechkante fassen und die Bleche kräftig schüttelnd
auf einen großen Eisentisch aufschlagen, bis sich die zwei Bleche gelöst
haben und dann mit der Zange auf einen anderen Tisch schieben. Hier
werden die Kanten der Bleche von einer großen Blechstanze gekantet.

Schwere Arbeiten, welche die Franzosen nicht ausführen wollen, werden
uns zugeteilt. Ich muss mich bei meiner Arbeit beeilen. Alle drei
Minuten kommen neue Bleche auf meinen Arbeitstisch. Eine Pause ist
nicht möglich. Für mich ist das eine ungewohnte, schwere Arbeit.
Nach Schichtende schmerzen mir alle Glieder. Ich esse und klettere
sofort in mein Bett. Das geht mir drei Tage so, dann gewöhne ich mich
an diese Arbeit und es wird mir von Tag zu Tag besser. Bei dieser harten
Beschäftigung habe ich zusehends abgenommen. Nach drei Wochen
werde ich abgelöst. Nun erhalte ich eine Arbeit zugeteilt, bei der ich
mich erholen kann. Ich sitze auf einem niederen Gerüst und fuge an
der Einfassungsmauer der Fabrik die beschädigten Fugen aus.

Auf dem Fabrikgelände gibt es Ratten. Ab und zu erhalten wir Besuch
von diesem Ungeziefer. Sie kommen durch das kleine Loch an der
unteren Türkante. Alles Essbare müssen wir in dem Spind sicherstellen.
Eines Nachts tut es einen dumpfen Schlag auf dem Holzboden in
unserer Stube und sofort darauf ein lautes Piepsen. Ich kümmere mich
nicht darum und schlafe weiter. Am Morgen erzählt ein Kamerad, dass
er im Schlaf eine Bewegung von etwas schwerem auf seinen Beinen
bemerkt hat. In einer Reflexbewegung hat er seine Beine unter der
Wolldecke angezogen und blitzschnell gestreckt. Es war eine Ratte, die
sich auf seinen Beinen bewegt hat. Er hatte sie zu Boden geschleudert.

Nach vier Wochen werden wir zurück in das Fort gebracht. Unsere
Kräfte sind von der harten Arbeit verbraucht. Wir sind abgemagert,
unsere Leistungen genügen nicht mehr den Anforderungen in dieser
Fabrik. Neuer Ersatz, der gleich mitgenommen wird, steht schon auf
dem Hof bereit. So wird es wohl alle vier Wochen sein.

Zurück im Depot

In dem alten Kasernenblock hier im Fort sind die Außenwände aus Sandstein und sehr dick. Unsere Schlafräume sind ziemlich groß. In so einem Raum, Stube kann man das nicht nennen, sind wir mit über einhundert Mann untergebracht. Wie üblich stehen wieder drei von diesen zusammengeschraubten Holzgestellbetten übereinander. Dieses Mal habe ich mein Bett in der Mitte von einem Gestell. Es ist mitten im Sommer, die Sonne scheint und es ist sommerlich warm. Die vielen Körper in dieser Bude heizen die Raumluft zusätzlich auf. An einen vernünftigen Schlaf ist nicht zu denken.

Fort de Cormeilles in Cormeilles-en-Parisis

Hier gibt es Wanzen! Viele Wanzen haben sich hier breit gemacht. Am Tag ist von diesen Tierchen nichts zu sehen. Wanzen scheuen das Licht. Tagsüber verstecken sie sich in allen Ritzen. Wenn man ein Buch aufschlägt, kann es sein, dass einem gleich zwei oder drei entgegenkommen. Diese braunen Tierchen sind schnell. In Sekunden sind sie wieder irgendwo in einem Bettenritz verschwunden und warten auf die Nacht. Dann geht es los und diese Blutsauger gehen auf Beutezug. Bevor man es bemerkt, hat man fünf, sechs Einstiche auf dem Körper. Diese Einstiche schwellen an und bilden kleine, entzündete Beulen, die über einige Tage einen starken Juckreiz verursachen, bis die Entzündung zurückgegangen ist.

Nicht jeder wird von den Wanzen befallen. An manche gehen sie überhaupt nicht. Andere finden die ganze Nacht keine Ruhe und werden brutal verstochen. Zu den Letzteren gehöre ich. Wir, die wir von diesen Viechern belästigt werden, nehmen abends unseren Strohsack aus dem Bett und bauen diesen in dem langen, breiten Gang zwischen den Bettreihen auf dem Betonfußboden auf. Um den Strohsack wird auf dem Fußboden mit Wasser ein breiter Schutzwall gebaut, der in der Nacht ein bis zwei Mal erneuert werden muss. Trotzdem kann es vorkommen, dass sich eine Wanze von der Raumdecke auf dich fallen lässt und du nach kurzer Zeit einige Einstiche verspürst. Man sieht genau, welchen Weg die Wanze auf dem Körper genommen hat.

Alle Liegeplätze auf dem Fußboden sind fest vergeben. Jeder beansprucht seinen Platz. Keiner hat das Recht, den Platz eines anderen zu belegen. Das ist ein ungeschriebenes Gesetz in jedem Raum. In der ersten Zeit als ich wieder im Fort bin, sind alle Plätze auf dem Fußboden belegt. Um mich vor diesen Tierchen zu schützen schlafe ich nachts im geöffneten Fenster. Ich sitze mit angezogenen Beinen im Fenster auf der breiten Sandsteinfensterbank und schlafe. Hinausfallen kann ich nicht, die Fenster sind vergittert. Im Fenster ist der Schlaf in der warmen Sommernacht angenehm kühl. Nur am Morgen schmerzen alle Glieder. An einem Morgen sitze ich auf meiner Bettkante und trinke meinen Malzkaffee aus meiner Konservendose. Ich nehme einen Schluck Kaffee, plötzlich beiße ich auf etwas. Es ist eine Wanze! Bevor ich es richtig bemerkt habe, habe ich diese zerbissen. Nun habe ich einen ziemlich bitteren Geschmack in meinem Mund und spucke den Kaffee zurück in die Dose. An diesem Morgen ist mir der Appetit völlig vergangen.

Durch eine neue Bestimmung vom Internationalen Roten Kreuz steht uns Kriegsgefangenen täglich ein bestimmter Geldbetrag zu. Nachdem alles Mögliche abgezogen ist, bleiben uns einige Cent über, die uns jetzt rückwirkend ausgezahlt werden. Jeder hat etwas Geld in der Tasche. Kaufen können wir uns noch nichts dafür. Doch es wird schnell eine

Kantine eingerichtet, in der es das Nötigste zu kaufen gibt. Auch Spielkarten und einige Brettspiele werden angeboten. Arbeit gibt es in diesem Lager nicht. Es ist ein Kommen und Gehen. Wir warten darauf, dass wir wieder einem Kommando zugeteilt werden und verbringen die Zeit mit Reden. Das gute Essen und Erzählungen aus der Heimat sind das Hauptthema am Tag und auch bei Nacht in den Betten. Eines der beliebtesten Themen bei den Alten sind die Frauen. Manche erzählen ganze Erlebnisse. Wir jungen Kerle liegen dann ganz still und spitzen die Ohren. Wir haben ja keine Erfahrung!

Ein beliebter Zeitvertreib in diesem Lager ist das Kartenspiel. In jeder Ecke sitzen die Gefangenen und spielen „Siebzehn und Vier". Jetzt, da wir Geld haben, ist das eine sehr anregende Beschäftigung. Bei manchem wird es zur Sucht. Ich spiele oft mit und habe dabei gewonnen und wieder verloren. Schon bald habe ich herausgefunden, dass man bei diesem Spiel nur dauerhaft gewinnen kann, wenn man die Bank übernimmt. Diese habe ich dann so oft es geht übernommen und einen wirklich guten Gewinn dabei gemacht.

Die „Lebensmittelvergiftung"

Meine Nummer wird aufgerufen und ich soll wieder auf ein Kommando. Dieses Kommando ist im Lager bekannt und sehr verrufen. Von morgens bis abends immer nur Kohle auf ein Förderband schaufeln. Die Unterkunft, Verpflegung und Behandlung sollen schlecht sein. Immer von Wachleuten angetrieben! Ich möchte mich vor diesem Kommando drücken. Ein Apotheker, der neben mir sein Bett hat, meinte, ich soll doch eine Lebensmittelvergiftung vortäuschen und hat mich aufgeklärt, wie ich es anstellen soll. Zu diesem Zweck habe ich mir in der Kantine eine kleine Dose Leberpastete gekauft, die ich über die Hälfte aufgegessen habe. Den Rest habe ich mit der Dose der Wärme ausgesetzt. Der Apotheker hat irgendwie noch etwas nachgeholfen, damit der Pastetenrest in Gärung übergeht.

Ich habe jedoch große Bedenken, ob ich das machen soll und ob es gelingt. In der Nacht, mit meinem Strohsack liege ich wieder auf dem Fußboden, kommen mir immer wieder Zweifel. Mach ich es, mach ich es nicht? Ich werde nur noch von diesem einen Gedanken beherrscht. Gegen Mitternacht habe ich einen endgültigen Entschluss gefasst. Ja, ich werde es tun! Nun steigere ich mich gedanklich in diese Sache hinein. Es vergeht einige Zeit. Ich fange leise an zu wimmern. Das Wimmern wird nach einer Weile zum Stöhnen. Jetzt habe ich mich in meiner Fantasie so weit in diese angenommene Fleischvergiftung hineingedacht, dass es für mich eine gespielte Wirklichkeit geworden ist. Mein Stöhnen wird heftiger und lauter, bis einige auf mich aufmerksam werden. Das Licht wird angeknipst, einige stehen um mich herum. Ich liege auf meinem Strohsack, krümme mich, ziehe meine Knie an meinen Leib und verziehe schmerzhaft mein Gesicht. Tatsächlich bin ich vor Aufregung mittlerweile am ganzen Körper nass geschwitzt. Der Apotheker kommt hinzu und meint nach einigem Hin und Her, ich könnte eine Fleischvergiftung haben. Dann kommt er mit dem Rest der Leberpastete in der kleinen Dose. Diese riecht wirklich nicht mehr gut. Ich spiele derweil mein Spiel weiter und krümme mich vor angenommenen Schmerzen.

Nun kommt unser Lagerarzt. Er hat nur seine Hose angezogen und trägt noch sein Unterhemd, das er in die Hose gesteckt hat. Der Apotheker informiert ihn kurz und lässt ihn an der Dose mit der Leberpastete riechen. Ich werde auf eine Trage gepackt, angeschnallt und in die Krankenstube getragen, die im Parterre liegt. Hier wird mein Magen ausgelehrt. In einem Glas rührt der Arzt eine Flüssigkeit an, die man mir langsam einflößt. Ich werde in ein weißes Krankenbett mit einer richtigen Matratze gelegt und habe Ruhe. Am Morgen fragt mich der Arzt wie es mir geht und meint, dass ich Glück gehabt habe, es hätte auch anders ausgehen können. Noch acht Tage liege ich auf der Krankenstube und bekomme eine leichte Schonkost. Der Apotheker meint mit einem Grinsen im Gesicht, ich hätte meine Sache gut gespielt und könnte auch als Schauspieler durchgehen. Ich selbst bin froh, dass ich nicht auf dieses verrufene Kohlenkommando muss. Doch irgendein anderer muss für mich büßen.

Auf Dreschkommando

Es vergehen noch ein paar Wochen im „Fort de Cormeilles". Am 2. September bin ich wieder dran. Mit sechs Mann kommen wir nordwestlich von Paris, in einer ländlichen Gegend, auf ein Dreschkommando. Es ist ein Unternehmer, der mit Landmaschinen handelt. Er hat eine fahrbare Dreschmaschine mit einer Ballenpresse für das Stroh, die in den Herbstmonaten zum Einsatz kommt. Mit dieser Dreschmaschine ziehen wir mit einigen französischen Arbeitern nun von Hof zu Hof, wie die Zigeuner über Land, und erledigen die Aufträge, die unser Patron bekommt.

Die französischen Bauern mähen die Frucht, bündeln diese in Garben und setzen sie zum Trocknen in Haufen. Nach dem Trocknen der Frucht werden die Garben fachgerecht in meterhohe Fruchthaufen gestapelt und bis zum Dreschen oben mit Planen gegen das Wetter abgedeckt. Wir bauen dann unsere Dreschmaschine so neben den Fruchthaufen auf, dass die Garben über ein Förderband auf die Dreschmaschine gelangen. Hier werden diese von einem Arbeiter entgegengenommen, die Strohbindung mit einer Sichel aufgeschnitten und in das Maul der Dreschmaschine eingeführt. Die Fruchtkörner kommen seitlich aus der Maschine und werden in Säcken aufgefangen. Das Stroh kommt hinten aus der Dreschmaschine und gelangt über ein kurzes Förderband in die Strohpresse. Die gepressten Strohballen landen dann auf einem angebauten Metalltisch. Hier werden sie gebunden.

Jetzt kommen zwei meiner Kameraden und ich zum Einsatz. Ein in den Sackecken eingestülpter neuer, leerer Sack ist unsere Kopf- und Rückenbedeckung, die uns vor Strohstaub und kleinem Häcksel schützt. Mit einem sichelförmig gebogenen Fanghaken schnappen wir gekonnt einen dieser gepressten Strohballen, packen diesen in einer eleganten Drehung über Kopf und Schulter so auf unseren Rücken, dass das Gewicht gut auf dem Rücken verteilt ist. Wir tragen diese schweren Ballen an einen vorgesehenen Platz, wo diese dann von zwei weiteren Kameraden in einem länglichen Karo aufgestapelt werden. Hier werden diese Ballen zu einer Hausform zusammengesetzt. Damit das Ganze einen Halt bekommt, wird eine Lage längs, die nächste quer gesetzt. So werden diese immer weiter nach oben aufgebaut. Über eine Leiter schleppen wir die Strohballen auf dem Rücken nach oben. Ab drei bis vier Meter Höhe werden die Ballen dann schmaler zu einer dachähnlichen Konstruktion gesetzt.

Mit der Zeit, nach einiger Übung, gelingt uns diese Arbeit immer leichter. Mit der einen Hand, bei mir ist es die Linke, wird mit dem Haken dieser Strohballen über dem Kopf auf dem Rücken gehalten. Die andere Hand fasst beim Hochsteigen auf der Leiter die Seitenstrebe. Schon nach einigen Tagen werden wir leichtsinnig. Es macht uns Freude die Leiter freihändig zu besteigen. Einmal, ich habe nicht richtig aufgepasst, habe ich auf der Leiter das Gleichgewicht verloren und bin mit dem Ballen auf dem Rücken, rückwärts aus ca. einem Meter Höhe von der Leiter gefallen. Auf dem Boden liege ich mit dem Rücken noch halb auf dem Strohballen und der unteren Körperhälfte auf dem Acker. In meiner Schulter und meinem Becken spüre ich einen starken Schmerz. Ich versuche aufzustehen, doch ich komme nicht hoch und kann mich nicht bewegen! Die Kameraden laden mich auf einen dieser zweirädrigen Karren mit diesen großen Rädern und fahren mich in die Feldscheune von dem Bauern, in der wir übernachten. Hier liege ich über acht Tage ziemlich steif im Heu, bis ich mich wieder bewegen kann. Die Tage alleine in der Scheune sind lang. Nur am Mittag kommt einer und bringt mir das Essen. Besonders mittags, wenn die Scheune von der Septembersonne aufgeheizt ist, schwitze ich in dem warmen Heu. Die Spreu vom Heu juckt auf meiner geschwitzten Haut. So liege ich hier, habe Schmerzen und döse vor mich hin.

Wir ziehen von einem Bauern zum Nächsten. Oft sind es etliche Kilometer, die wir bis zu unserem neuen Auftraggeber fahren. Unsere Zugmaschine schleppt in einer langen Kolonne alle Geräte, einschließlich unseres Packaschewagens, langsam über die Landstraße. Wir sitzen hoch oben auf der Dreschmaschine und schauen in die Gegend. Das macht richtig Spaß. Gerne vergleichen wir unseren Zug mit einem Zirkustreck eines Kleinzirkus, der auch so über die Straßen von Dorf zu Dorf zieht. Bei dem einen Bauern sind wir nur zwei bis drei Tage, bei dem nächsten wieder eine Woche und länger. Nachts schlafen wir in Scheunen, in schönen Nächten liegen wir im Freien unter dem Sternenzelt. Hier liegen wir eingehüllt in unsere Wolldecke und reden, bis wir einer nach dem anderen einschlafen. Oft denken wir an unsere Heimat. Auch sprechen wir von Flucht. Ein Gedanke, der schon einige Zeit durch unsere Köpfe geht.

Bei einem Bauern haben wir eine Nacht in einem Pferdestall geschlafen. Acht Pferde stehen hier in einem ziemlich neuen Stall. Vor dem Futtertrog, der vor den Pferden längs durch den Stall geht, ist ein Versorgungsgang von über einem Meter in der Breite angebracht. Hier liegen wir in Doppelreihe auf dem Boden auf Stroh. Ich liege nahe vor der Krippe. Wir reden noch im dunklen Stall und schlafen ein. Am frühen Morgen erwache ich und liege mit meinem Kopf sehr flach und hart auf dem Zementboden. Das Pferd vor meinem Kopf hat mir in der Nacht das Stroh zu einem großen Teil unter dem Kopf hervorgezogen, ohne dass ich das im Schlaf bemerkt habe.

Wieder sind wir zu einem neuen Bauern umgezogen und haben unsere Dreschanlage aufgebaut. Am Morgen des ersten Tages sitzen wir alle bei dem Bauer zum Frühstück in einer Stube. Dieser Bauer hat nur den französischen Arbeitern den üblichen Rotwein zum Frühstück auf den Tisch gestellt. Unser Kolonnenführer hat das bei dem Bauern reklamiert. Dieser weigert sich hartnäckig, uns Kriegsgefangenen Rotwein zu servieren. Die Diskussion zwischen dem Bauern und den französischen Arbeitern unserer Kolonne geht einige Zeit hin und her.

Der Bauer weigert sich weiter, uns die übliche Flasche Rotwein zu stellen. Unsere französischen Kollegen haben nun beschlossen, das vorgesehene Dreschen bei diesem Bauern nicht durchzuführen. Wir sind alle ohne Frühstück aufgestanden, haben unsere Dreschanlage abgebaut und sind zu einem anderen Bauern aufgebrochen. Nach einer Woche kommen wir wieder. Jetzt steht der Rotwein für uns alle zum Frühstück auf dem Tisch.

Ich habe Schwierigkeiten mit meinen Schuhen. Die Sohle von meinem linken Schuh hat sich vor Tagen gelöst. Schon vor einiger Zeit habe ich dem Patron gesagt, dass ich neue Schuhe brauche. Gestern war er wieder hier bei uns. Ich habe ihm gezeigt, wie die Sohle beim Gehen nach unten weghängt. Er fragt mich nach meiner Schuhgröße und will mir welche aus dem Fort mitbringen, sobald er nach Paris kommt. Die Schuhsohle löst sich immer mehr. Damit ich noch gehen kann, binde ich diese mit einem Draht vorne am Oberleder an.

Ein erster Fluchtversuch

An meinen Schuhen gescheitert

Unter uns Gefangenen wird jetzt täglich von Flucht gesprochen. Der Fluchtgedanke reift immer mehr. Heute Nacht soll es losgehen. Immer zwei Mann gehen für sich. Nur ich habe ein Problem. Ich habe keine Schuhe, in denen ich die Flucht wagen kann. In der Waschküche des Bauern, bei dem wir zur Zeit dreschen, habe ich Arbeitsschuhe gesehen, die mir passen können. Diese möchte ich mir in der Nacht holen. Nur, da gibt es noch ein Problem! Wir schlafen nicht im Hof des Bauern, sondern in einer Feldscheune außerhalb des Hofes und der Bauernhof ist mit einer hohen Mauer eingefasst.

Die Nacht kommt. Unter uns herrscht Aufbruchstimmung. Wir bereiten uns vor, wünschen uns Glück, verabschieden uns und ziehen los. Immer zu zweit. Mein Kamerad und ich warten bis Mitternacht in der Hoffnung, dass auf dem Hof nun alle im tiefen Schlaf liegen. Der Himmel ist bewölkt, die Nacht ist dunkel. Wir erreichen den Hof. Das Tor und eine separate Hoftüre sind fest verschlossen. Wir umschleichen die Hofmauer und in der Nähe der Waschküche versuche ich mit der Hilfe meines Kameraden die Mauer zu übersteigen. Jetzt schlägt mit einem heftigen, lauten Bellen im Hof ein Hund an, der am Morgen hier nicht zu sehen war. Wir ziehen uns von der Mauer zurück und warten ab. Der Hund beruhigt sich nicht und bellt heftig weiter. Nach kurzer Zeit geht im Haus ein Licht an, eine Hoflampe leuchtet auf und wir hören den Hausherrn im Hof reden. Eilig ergreifen wir die Flucht und laufen den Kilometer in die Feldscheune zurück. Dieser Versuch ist fehlgeschlagen. Wir legen uns ins Stroh und schlafen.

Der neue Tag beginnt. Zum Frühstück kommen wir nur noch zu zweit. Unsere Franzosen schauen uns an und fragen, wo die anderen sind. Ich schlage mit meiner flachen linken Hand auf meinen ausgestreckten, rechten Oberarm wobei die Hand mit dem Unterarm nach oben schlägt und sage nur „avant, partie" (fort). Die Franzosen bekommen große Augen. Für einen Moment herrscht Stille. Dann geht es los. Alle sprechen durcheinander. Der Bauer sagt, in der Nacht seien sie bei ihm am Hof gewesen. Mit seinem Hund und dem Jagdgewehr hätte er sie verscheucht. Natürlich hätte er nicht gewusst, dass es die Kriegsgefangenen sind, sonst hätte er geschossen. Der Bürgermeister und unser Patron werden benachrichtigt. Von den französischen Arbeitern werden wir gelobt, dass wir nicht geflüchtet sind. Beide schauen wir uns an, ich denke: „Wenn die wüssten". Sie sagen uns, dass die sowieso wieder eingefangen werden. Für jeden Gefangenen, der von der Bevölkerung wieder gefangen wird, erhalten diese Leute eine Prämie. Noch am Vormittag müssen wir zum Bürgermeister. Dort sind zwei Polizisten, die uns verhören. Doch wir wissen nicht viel.

Wir sind auf der Flucht

Es vergehen zwei Tage. Unser Patron kommt mit vier neuen Kriegsgefangenen. Ich bekomme ein Paar Schuhe. Es sind amerikanische Militärschuhe mit Gummisohle und einem Schaft mit zwei Schnallen. Die Schuhe sind schon getragen, doch ich laufe leicht und gut in diesen. Nun bereiten wir zwei uns erneut auf die Flucht vor. Für uns wird es Zeit, denn die Nächte sind schon frisch. Die Neuen wissen nichts von unserem Vorhaben. In der Nacht zum 1. November ist es soweit. Still und leise verlassen wir die Scheune. Wir müssen Paris umgehen und laufen in der Nacht in südöstlicher Richtung. Auf einem Blatt aus einem Schulheft haben wir eine grobe Landkarte gezeichnet. Einige wichtige Ortsnamen, an denen wir uns orientieren wollen, haben wir eingetragen. Doch vorerst hilft uns diese Karte nicht. Wir wissen jedoch in welcher Richtung wir in dieser Nacht gehen müssen.

Alleine laufen wir auf der Landstraße durch die Nacht. Schnell ziehen dunklen Wolken über den Himmel nach Osten und es weht ein frischer Wind aus Westen. Weit in der Ferne, im Osten, ist die Nacht etwas heller. Hier muss Paris sein! So können wir unsere Richtung bestimmen und laufen schnellen Schrittes, damit wir möglichst weit von unserem Bauernhof entfernt sind, bevor unsere Flucht bemerkt wird. Über 25 Kilometer haben wir in dieser Nacht zurückgelegt, bevor im Osten das erste Licht des Morgens graut. Nun müssen wir uns ein sicheres Versteck für den Tag suchen. Wir verlassen die Straße und gehen auf einem Feldweg weiter. Rechts von uns, hinter einer Wiese, sind einige große Ackerflächen. Dahinter, auf einer leichten Anhöhe, ein großer Wald. Wir betrachten uns diesen und überlegen, ob wir uns in dem Wald verstecken. Plötzlich hören wir einen Schuss aus dem Wald. Schnell gehen wir hinter einem Busch in Deckung und warten ab. Der Busch hat schon einen Großteil seiner Blätter verloren, und wir können gut hindurch sehen. Dieser Schuss war nicht für uns bestimmt. Wahrscheinlich ist es ein Jäger, der schon früh auf Pirsch ist.

Es wird schon heller! Für uns wird es Zeit, dass wir ein Schlupfloch für diesen Tag finden. Eilig gehen wir in einer leichten Steigung weiter. Unser Weg ist jetzt von Hecken eingefasst und macht nun eine leichte Rechtskurve. Oben auf einer Anhöhe ist ein kleiner Wald. An den Waldrand angelehnt, von schon kahlen Büschen halb umgeben, steht eine alte Hütte. Diese nehmen wir in Augenschein. Bis unter die alten Tonziegel ist die Hütte mit Heu gefüllt. Heu für das Wild im Winter, nehmen wir an. Das ist für uns der richtige Ort, um die nächste Nacht abzuwarten. Wir verstecken uns oben im Heu und verschlafen den Tag.

Es ist dunkel geworden. Wir verlassen unser Versteck und gehen auf dem Weg weiter den Berg hinauf und orientieren uns oben auf einem freien Plateau im Dunkel der Nacht. Von hier geht unser Blick in jede Richtung. Überall, wohin wir auch blicken, sind die Lichter von kleineren, mittleren und größeren Ortschaften zu sehen. Weit im Osten ist die Nacht auf einer großen Fläche heller. Hier ist Paris, das wissen wir. In südöstlicher Richtung sehen wir die Lichter einer Stadt. Nach unserer primitiven Karte muss das Versailles sein. In diese Richtung müssen wir gehen. Versailles müssen wir westlich umgehen, sonst kommen wir zu sehr in die Nähe der großen Vorstädte von Paris. Das ist für uns zu gefährlich.

Auf unserer Flucht sind wir dunkle Gestalten der Nacht geworden. Wir scheuen das Licht, die Ortschaften und die Menschen in diesen erst recht. Unser Weg führt uns vorerst über Feldwege an den Dörfern vorbei. Später, als die Lichter in den Ortschaften erloschen sind, werden wir frecher und gehen auf Straßen im Dunkel der Nacht auch durch die ländlichen Dörfer. Am Straßenrand finden wir einen Apfelbaum, der noch Früchte trägt. Hier machen wir uns die Taschen voll. Die Äpfel sind sauer, doch sie stillen den Durst und füllen den Magen.

Seit Stunden sind wir nun auf den Beinen. Unser schneller Schritt bringt uns gut voran. Wir laufen auf einer Landstraße. Jetzt sehen wir links von uns viele Lichter einer großen, hell beleuchteten Schloss-anlage, die wir in einer größeren Entfernung auf einer parallelen Landstraße passieren. Das Schloss von Versailles! Wir kommen in einen Wald, gelangen an eine Bahnlinie, der wir einige Zeit nach Osten folgen. Nun gehen wir wieder südwärts durch einen dichten Wald und erreichen eine ländliche Gegend. Jetzt heißt es wieder, eine Bleibe für den Tag finden. Dieses Mal ist es eine Feldscheune, die auf einer Wiese mit Obstbäumen steht und von einigen Äckern umgeben ist. Über eine Leiter gelangen wir auf einen reich gefüllten Heuboden, wo wir uns im Heu verstecken. Wir essen einige Äpfel, dann verbringen wir schlafend und ungestört den Tag im Heu.

Die nächste Nacht kommt. In völliger Dunkelheit verlassen wir unser Versteck, tasten uns über die Leiter abwärts und verlassen die Scheune. In der Nacht sehen wir das Licht einer schwankenden Petroleumlampe und das Geräusch von Wagenrädern, die auf die Scheune zukommen. Schnell flüchten wir hinter die Scheune und verstecken uns. Das

Scheunentor wird geöffnet, das mit zwei Pferden bespannte Fuhrwerk verschwindet in der Scheune. Es vergeht einige Zeit, wir hören Geräusche und einige Worte, die der Bauer zu seinen Pferden spricht. Dann zieht der Bauer nur mit seinen Pferden und der Lampe in der Hand, ohne Wagen, von der Scheune ab. Wir warten bis der Bauer verschwunden ist. Nun gehen wir noch einmal in die Scheune zurück, um zu sehen, was auf dem Wagen geladen ist. Vielleicht ist es etwas Essbares, das wir unbedingt brauchen. Es sind gepresste Strohballen, die wir vorfinden. Damit können wir nichts anfangen.

Wir ziehen weiter in die Nacht hinaus. Es ist stockdunkel, die Luft ist feucht und es weht ein kalter Wind, der jetzt aus Norden kommt. Zum Glück wissen wir, in welcher Richtung wir uns halten müssen. Unsere Augen gewöhnen sich an die Dunkelheit, doch mir geht es nicht besonders gut. Ich fühle mich schlecht und habe Hunger. Durst plagt mich. Auch die Äpfel vom Baum zeigen jetzt ihre Wirkung. Schnell muss ich meine Hose herunterlassen. Nach einiger Zeit, wir laufen an einem Dorfrand auf einem Feldweg, gelangen wir an eine Lagerhalle. Wir begutachten diese von allen Seiten und kommen an ein großes Fenster, das durch T-Eisen in kleine verglaste Fensterscheiben aufgeteilt ist. In der unteren Reihe fehlt in einem Quadrat ein Glas. Wir greifen hindurch und befühlen Papiersäcke, gefüllt mit Körnern. Im Glauben Fruchtkörner gefunden zu haben, reißen wir einen Sack auf und füllen eine Tasche mit diesen Körnern und ziehen weiter auf unserem Weg. Mein Kamerad greift sich einige der Körner aus seiner Tasche, nimmt diese in den Mund, spuckt diese sofort wieder aus und fängt an zu fluchen. Es ist ein Düngemittel für das Feld, das er in den Mund genommen hat. Wieder haben wir nichts zu Essen!

Wir ziehen weiter in die Nacht. In der Dunkelheit hören wir das leise Gluckern von Wasser. Es ist eine Quelle. Hier löschen wir unseren Durst. Später finden wir am Wegrand einige Apfelbäume. Sie sind bereits abgeerntet. Nur einige kleine Gripse sind noch am Baum, die wir mitnehmen. In einem Wald machen wir uns ein kleines Feuer an einer geschützten Stelle. Wir wärmen uns auf, braten die kleinen, sauren Äpfel in der Glut und essen sie anschließend noch ziemlich heiß. Es ist angenehm etwas Warmes im Bauch zu haben. Die restliche Glut zertreten wir und bedecken sie mit feuchter Erde.

Die Pause hat uns gut getan. Wir gehen weiter und hoffen, dass wir die richtige Richtung haben. Von dem etwas helleren Himmel über Paris, der jetzt im Norden liegen muss, ist in dieser Nacht nichts zu sehen. Diese Nacht hat es in sich. Nicht nur, dass sie kalt und windig ist, jetzt hat auch noch ein eisiger Regen eingesetzt. Ich fühle mich nicht wohl. Mir ist richtig schlecht. Es dauert auch nicht lange und die Bratäpfel, die ich im Magen hatte, liegen vor mir auf dem Weg. Meinem Kameraden geht es besser und er drängt zum Weiterlaufen. Teilnahmslos laufe ich hinter ihm her. Am liebsten würde ich mich fallen lassen und einfach liegen bleiben. Ich weiß natürlich, dass das nicht geht und schleppe mich weiter. Wir laufen an einem Gehöft vorbei, das einsam und verschlafen in der Nacht liegt. Ein Hund schlägt an. Doch das stört mich überhaupt nicht. Sein Bellen nehme ich nur unbewusst war. Meine Gedanken sind drinnen in dem Haus, bei den Bewohnern. Ich stelle mir vor, wie gut es diesen Leuten in ihren warmen Betten geht. Da würde ich jetzt auch gerne liegen! Wie konnte ich nur so blöd gewesen sein und mich all diesen Gefahren und Abenteuern aussetzen, frage ich mich? Jetzt, in der sehr dunklen Nacht, haben wir auch noch unsere Richtung verloren und wissen nicht mehr wohin wir gehen. Wieder treffen wir auf eine Feldscheune, die direkt an unserem Weg liegt. In dieser wollen wir den Rest der Nacht und den Tag verbringen. Ich bin froh und erleichtert, dass ich endlich Ruhe finde und die Anstrengungen dieser Nacht ein Ende haben. Mit einem Streichholz verschaffen wir uns einen Überblick in der stockdunklen Scheune, die mit Heu gefüllt ist. Über die übliche Leiter gelangen wir auf den Heuboden und vergraben uns in einer Scheunenecke im Heu.

Schon am Morgen werden wir durch das Aufschieben des Scheunentores geweckt. Sofort sind wir hellwach und spitzen unsere Ohren.

Jemand erklimmt die Leiter, kommt auf den Heuboden und wirft mit einer Gabel das Heu in die Tenne. Wir verhalten uns still und wagen es nicht, uns zu bewegen, bis dieser Mann mit dem Heu verschwunden ist. Durch eine Luke in den Brettern der Scheunenwand beobachten wir die Gegend. Nun stellen wir fest, dass ungefähr zweihundert Meter vor uns, an unserem Weg, ein Bauernhof liegt. Etwas weiter entfernt sehen wir ein Dorf. Für uns ist diese Lage ziemlich gefährlich. Einen besseren Platz für den Tag können wir jetzt auch nicht mehr suchen. So bleiben wir einfach hier und vergraben uns noch etwas tiefer im Heu. Ich verschlafe den Tag und fühle mich am Abend wieder wohl.

In der Scheune entdecken wir auch gefüllte Kartoffelsäcke. Bevor wir am späten Abend die Scheune verlassen, decken wir uns damit ein. Diese Nacht ist ziemlich klar. Jedoch geht immer noch ein frischer Wind, der heute aus Westen kommt. Wir haben den Wind im Rücken und wissen so auch in der Nacht wo Osten ist. Nach ca. zwei Stunden Marsch erreichen wir einen Wald. In diesem Wald machen wir uns ein kleines Feuer, das wir in Steine einbetten, und garen am Rand der Glut und in der heißen Asche einen Teil unserer Kartoffeln. Diese Kartoffeln schmecken sehr gut und geben uns neuen Mut und Kraft zum Weiterlaufen. Mitternacht ist längst vorbei. Wir gehen auf einer festen Straße, die uns bergauf führt. Plötzlich bemerken wir von der Höhe kommend einen Radfahrer, der ohne Licht schnell näher kommt. Uns bleibt nur ein schneller Sprung nach rechts von der Straße. Unser Sprung geht über eine steile Böschung in einen seichten Wassergraben. Schnell sind wir aus dem Graben heraus und schmiegen uns eng an die Böschung. Einige Zeit verweilen wir so, dann ziehen wir weiter bergauf.

Oben angekommen, führt die Straße in östlicher Richtung auf einer ebenen Anhöhe weiter. Hier oben bläst der Westwind viel kräftiger. Wir folgen der Straße noch einige Zeit, bis der Morgen im Osten graut. Nun müssen wir wieder ein Versteck für den Tag suchen. Zur linken Hand wird die Straße von einem lichten Wald begrenzt. Rechts der Straße liegen Wiesen und Äcker. Der frühe Tag ist schon fast angebrochen, da sehen wir vor uns auf einem abgeernteten Acker zwei von diesen hohen, runden und oben mit einer Plane abgedeckten Fruchthaufen stehen, wie wir diese noch von unserem Dreschkommando her kennen. In einem dieser Haufen wollen wir den Tag verbringen. Wir versuchen, auf der windgeschützten Seite nach oben zu gelangen, um uns unter der großen Zeltplane zu verbergen. Das gelingt uns, indem wir uns an den starken Tauen, mit der die Plane befestigt ist, hochziehen und uns gleichzeitig mit den Füßen im Stroh abstemmen. Hier verbergen wir uns unter der straff gespannten Plane. Unter dieser Zeltplane wird es bald sehr kalt. Mit Mühe bewegen wir unter der Plane einige Fruchtballen zur Seite, damit wir etwas tiefer in diesen Fruchthaufen gelangen und einen Abstand von der Plane haben. Obwohl wir auf der windgeschützten Seite liegen, spüren wir den Wind, wie er durch den Fruchthaufen fegt. Wir versuchen zu schlafen. Von der Kälte werden wir nach dem ersten Tiefschlaf geweckt. Das Tageslicht, das spärlich zu uns durchdringt, bringt uns etwas Licht. Die Frucht ist noch nicht gedroschen. Es ist Weizen. Zwischen unseren Händen reiben wir die Ähren und kauen die Körner, bis wir sie mit unseren Zähnen zermahlen haben, um sie dann zu schlucken. So stillen wir unseren Hunger. Den ganzen Nachmittag sind wir damit beschäftigt, uns einen Vorrat an Körnern anzulegen.

Die nächste Nacht kommt. Wir sind froh, dass wir dieses kalte Versteck verlassen können und ziehen auf der Straße weiter. Um uns aufzuwärmen, gehen wir in einem strammen Schritt in nordöstlicher Richtung. Unser vorläufiges Ziel ist Meaux, ca. fünfzig Kilometer nordöstlich von Paris. Hier wollen wir versuchen, auf einen fahrenden Güterzug aufzuspringen. Von anderen, die vor uns auf der Flucht waren, wissen wir, dass diese Möglichkeit hier besteht. Aber soweit sind wir noch lange nicht! Die Nacht ist wieder sehr dunkel. Der starke Wind hat nachgelassen, es ist nicht mehr so kalt, dafür ist die Nacht jetzt sehr feucht und es nieselt leicht. Wir laufen, laufen und laufen. Ja, wir kommen heute voran, es ist schon spät in der Nacht. Nun bemerken wir, dass wir uns auf einer festen Betonfläche bewegen. Hier laufen wir schon einige Zeit. Wir kommen an ein paar großen Hallen vorbei, die wir in dieser dunklen Nacht nur schemenhaft wahrnehmen. Hangars, Flugzeughallen! Wir sind auf einem großen Flugplatz. Doch von Flugzeugen keine Spur. Auch nirgendwo ein Licht oder Menschen. Wahrscheinlich befinden wir uns auf einem Militärflugplatz, der nicht mehr in Betrieb ist. Stillgelegt, er wird nicht mehr gebraucht, sind die Gedanken, die mir durch den Kopf gehen.

Das Flugfeld lassen wir hinter uns und ziehen weiter in die Nacht. Jetzt durchqueren wir einen Wald. Gleich dahinter überqueren wir eine Bahnlinie und nach kurzer Zeit stehen wir vor einem breiten Fluss. Das muss die Seine sein! Wie kommen wir hinüber auf die andere Seite? Heute gelingt uns das nicht mehr, denn im Osten zeigt sich bereits das erste Licht. Im Norden eine Stadt. In einigen der Häuser gehen bereits die ersten Lichter an. Wir gehen südwärts am Fluss entlang. Weiter im Süden sehen wir eine beleuchtete Brücke, die über die Seine führt. Für uns wird es Zeit. Wir müssen uns verstecken! So gehen wir zurück in den Wald und finden hier eine Mulde, ein Bombentrichter, der mit angeflogenem Laub aufgefüllt ist. In diesem Bombentrichter verstecken wir uns unter dem Laub.

Hier liegen wir gut, eng beieinander. Den einen Mantel haben wir unter uns, über den Blättern, mit denen wir die Erde bedeckt haben, ausgelegt. Der andere Mantel liegt über unseren Körpern. Darüber die vielen Blätter aus dem Bombentrichter. Im Liegen zerkauen wir eine Hand voll Körner und sind bald im tiefen Schlaf. Kälte spüren wir heute nicht, doch die Blätter sind feucht. Die Feuchtigkeit dringt in unsere Kleider, das stört uns aber nicht, sie ist nicht kalt. Wir verschlafen den ganzen Tag. Als wir erwachen, schiebe ich vorsichtig mit dem gestreckten Arm die Blätter über unseren Köpfen beiseite und stelle fest, dass es bereits wieder dunkle Nacht ist.

Wir suchen unsere paar Sachen zusammen und kauen eine Handvoll Weizenkörner. Nun gehen wir wieder zum Seineufer und bewegen uns südwärts zur Brücke. In einem guten Abstand von der Brücke verbergen wir uns hinter einigen Büschen und beobachten diese. Es herrscht ein reger Verkehr in beide Richtungen. Viele Fußgänger gehen über die Brücke. Ein Passieren derselben können wir jetzt nicht wagen. Mit unserer weißen PG-Erkennung auf dem Rücken werden wir sofort erkannt. So bleiben wir in unserer Deckung liegen, beobachten die Brücke in der Hoffnung, dass der Betrieb auf der Brücke abnimmt. Es vergehen einige Stunden. Immer noch bewegen sich viele Menschen auf der Brücke. Ein Hinüberkommen ist für uns nicht möglich!

Nun gehen wir am Ufer der Seine wieder zurück in nördlicher Richtung. Wir sind schon ein paar hundert Meter gelaufen, da entdecken wir unter einer Weide verborgen im Gras ein Ruderboot. Es liegt auf dem Rücken. Dieses Boot schickt uns der Himmel, damit kommen wir über die Seine, denke ich. Den gleichen Gedanken hat mein Kamerad. Sofort drehen wir das Boot herum. Nun stellen wir fest, dass es an einer Kette mit einem Vorhängeschloss an einem in die Erde eingeschlagenen Pfahl gesichert ist. Die Ruder können wir nicht finden. Wir lösen die zwei Holzbänke vom Boot, die wir als Ruder verwenden wollen. Das Vorhängeschloss lässt sich nicht von der kräftigen Öse lösen, die in den Pfahl eingeschlagen ist. Zu zweit bewegen wir den tief in die Erde eingeschlagenen Pfahl bis dieser sich löst und sich mit der Kette herausziehen lässt.

Den Pfahl an der Kette und eine leere Dose, die unter dem Boot gelegen ist, legen wir in das Boot zu den zwei Bänken. Nun schieben wir das Ruderboot ins Wasser und steigen ein. Hier am Flussufer hat die Seine nur eine leichte Strömung und fließt träge vor sich hin. Wir knien im Boot, jeder rudert auf einer Seite. Ich rudere auf der linken Bootsseite. Das Ruder, die Bank, liegt nicht gut in der Hand. Sie lässt sich nur schwer und ungeschickt im Wasser bewegen. Doch wir kommen noch gut im träge fließenden Wasser voran. Doch das ändert sich schon bald. Jetzt, nachdem wir die ersten zehn Meter auf dem breiten Strom zurückgelegt haben, wird die Strömung kräftiger und wir müssen das

Boot stärker gegen die Strömung richten. Nun wird die Strömung richtig kraftvoll und die Seine fließt schnell dahin. Mit unseren primitiven Rudern können wir nicht mehr viel ausrichten. Die kraftvolle Strömung reißt uns mit. Das Boot liegt auf einmal tiefer im Wasser und lässt sich schlechter manövrieren. Plötzlich bemerke ich, dass meine Beine nass und kalt sind. Ein kurzer Blick genügt. Ich sehe die Dose im Boot schwimmen. Der Bootsboden ist mit Wasser bedeckt. Das Boot hat ein Leck, schießt es mir durch den Kopf! Automatisch greife ich mit der rechten Hand zur Dose, die vor mir im Boot schwimmt. Gleichzeitig reißt mir die Strömung mein Ruderbrett aus der linken Hand. Ich sehe wie diese Bank schneller als das Boot vom Fluss mitgerissen wird und in der Nacht verschwindet. In großer Eile schöpfe ich das Wasser über den Bootsrand in die Seine zurück. Mein Kamerad bemüht sich gleichzeitig mit seiner Ruderbank das Boot aus der Strömung in das ruhige Wasser zu lenken. Es gelingt! In einer leichten Flusskurve kommen wir dem Ufer näher. Ich stehe im Boot und ergreife einen Strang einer Weide, der tief über dem Wasser hängt. An diesem halten wir uns fest und ziehen uns an weiteren Strängen an das Ufer zurück.

Das Boot ziehen wir so gut es geht ans Ufer. An der Rückwand vom Boot ist ziemlich unten über dem Boden ein rundes Loch, durch das das Wasser eingedrungen ist. Eine Sicherung, die von dem Bootshalter vor Inbetriebnahme des Bootes durch einen Stöpsel geschlossen wird. Das wussten wir nicht. Unsere Beinkleider, mit denen wir im Boot gekniet hatten, sind richtig nass. Diese müssen wir auswringen. Auch unsere Mäntel haben sich im unteren Teil mit Wasser vollgesaugt. Die Schuhe und Strümpfe sind durchnässt. Bei jedem Schritt, den wir gehen, gibt das Wasser in diesen jene besonderen, quietschenden Geräusche ab. Nun stellen wir fest, dass wir nicht mehr weit von unserem Wald sind, in dem wir den letzten Tag verbracht haben. In diesen ziehen wir uns wieder zurück. An einer geschützten Stelle entzünden wir uns ein Feuer und trocknen unsere Kleider so gut es geht. Unsere Schuhe füllen wir mit trockenen, welken Blättern, die wir auswechseln, und hängen auch diese an einem Ast zum Trocknen auf. Wir haben noch ein paar rohe Kartoffeln, die garen wir im Feuer und essen sie. Jetzt fühlen wir uns besser. Bevor der Morgen graut, löschen wir das Feuer und suchen wieder unseren Bombentrichter auf, in dem wir uns noch einmal für den kommenden Tag verstecken.

An diesem Tag ist es nicht so ruhig. Es sind Waldarbeiter im Wald. Weiter ab von uns hören wir das Schlagen von Äxten, Geräusche von Sägen und das Fallen einiger Bäume. Auch Rufe vernehmen wir. Es hilft uns nichts, wir müssen über diese belebte Brücke! Nach Einbruch der Nacht verweilen wir noch lange in unserem Versteck. Erst nach Mitternacht verlassen wir es und gehen zur Seine, der wir zur Brücke folgen und verstecken uns wieder hinter den Büschen. Heute Nacht ist kaum Verkehr. Nur noch selten gehen Fußgänger über die Brücke. Wir beobachten die Brücke noch einige Zeit, dann wagen wir es. Ich nehme meine Kopfbedeckung, eine schwarz eingefärbte Schildmütze der Wehrmacht ab. Meinen Mantel lege ich über die Schulter, damit man das große, weiße PG-Zeichen auf dem Rücken meiner kurzen amerikanischen Militärjacke nicht sehen kann. Nun ziehen wir los. Wir gehen einzeln. Mein Kamerad geht auf dem rechten Bürgersteig der Brücke ca. zehn Meter vor mir, ich folge diesem auf dem linken Bürgersteig und habe ihn ständig im Auge. Seinen schwarz eingefärbten Mantel trägt auch er über den Rücken gelegt. Auf dem Kopf hat er seine dunkle Baskenmütze, so wie sie die Franzosen tragen, damit fällt er nicht auf. Ihm kommen zwei Franzosen entgegen, einer trägt in der Hand eine Aktentasche, sie unterhalten sich und beachten ihn nicht weiter.

Wir kommen ungeschoren über diese Brücke, die mir sehr, sehr lange vorkommt. Auf der anderen Seite der Brücke gehen wir auf einer Straße einige Zeit an dunklen Häusern vorbei und kommen in einen Wald. In diesem gehen wir über eine Stunde und stehen am Waldrand vor einem kleinen Ort, den wir umgehen. Nun haben wir wieder Ackerland vor uns. Im Osten zeigt sich bereits das erste Licht. Wieder müssen wir Ausschau nach einem Versteck halten. Das finden wir auf einem großen abgeernteten Acker. Es sind gepresste Strohballen, die in Hausform zusammengesetzt und mit Planen abgedeckt sind. Über eine Leiter, die noch an einem dieser Strohhäuser angelehnt ist, kommen wir nach oben und verbergen uns darunter. Später, am Nachmittag, werden wir durch ein Trommeln auf der schweren Plane geweckt. Es ist ein starker Regen, der aber nicht lange anhält.

Unter der Plane ist es uns vom langen Stillliegen kalt geworden. Körner kauend warten wir die Nacht ab. Mit Bedacht kaue ich diese Weizenkörner und kaue diese auch noch, nachdem sie schon lange zu einem Brei im Mund zerkleinert sind. Der Vorrat an Körnern geht zu Neige. Ich habe nur noch eine gute Hand voll und möchte noch eine kleine Menge für den Marsch in dieser Nacht behalten. Wir wissen nicht, wann wir wieder etwas Essbares finden. Hunger ist auf der ganzen Flucht unser größtes Problem. Die Nacht ist angebrochen. Wir verlassen unser Versteck und ziehen jetzt in nordöstlicher Richtung. Irgendwann, in dieser oder der kommenden Nacht, müssen wir die Marne erreichen. In schnellem Gang geht es voran über Wege und Straßen, vorbei an viel Ackerland und durch Wälder. Zeitweise bricht der Mond durch die Wolkendecke und die Nacht wird heller, aber auch kälter. Dörfer, denen wir in der helleren Nacht begegnen, umgehen wir. Jetzt, da wir schon so weit gekommen sind, wollen wir kein Risiko mehr eingehen. Paris liegt nun im Westen. Der Nachthimmel über dieser großen Stadt ist erleuchtet, wir bemerken dies kaum noch.

Wir kommen gut voran in dieser Nacht, gestört werden wir nicht. Niemand ist auf den Straßen unterwegs. Nur einmal kommen uns Lichter von einem Auto entgegen. Es bleibt uns reichlich Zeit, uns hinter einer Hecke zu verbergen. Jetzt kommen wir in eine andere Gegend. Große Äcker, große Wiesen gibt es hier, und mehr Flüsse. Die Ortschaften liegen viel enger beieinander. Vereinzelt brennen in Häusern schon Lichter. Wir müssen uns noch einmal über den Tag verstecken. Die Marne haben wir noch nicht erreicht. Weit weg von Meaux können wir aber auch nicht mehr sein, denn wir haben schon Straßenschilder gesehen. Wieder verkriechen wir uns in einer kleinen, alten, sehr luftigen Scheune, die nicht weit von einem Hof liegt. Heu und auch Stroh sind in dieser gelagert. Über eine Leiter geht es auf den Heuboden. Im letzten Winkel verkriechen wir uns tief im Heu. Jetzt meldet sich der Hunger. Zwei Äpfel habe ich noch, die ich in der Nacht am Straßenrand unter Bäumen gefunden habe. Diese esse ich, dann schlafe ich ein.

Ich erschrecke, jemand schüttelt mich. Es ist mein Kamerad. Sehen kann ich nichts, es ist dunkel. Von dem langen, anstrengenden Marsch der letzten Nacht war ich so müde, dass ich den ganzen Tag verschlafen habe. Aufbrechen können wir noch nicht. Wir müssen noch einige Zeit warten, bis sich alle Leute in ihre Häuser zurückgezogen haben. Dann verlassen wir unser Versteck und bewegen uns nordwärts. Diese Nacht ist ziemlich dunkel. Der Himmel ist dicht bewölkt, vom Mond heute keine Spur. Weiter im Norden vernehmen wir das Pfeifen einer Lokomotive. Das muss unser Ziel sein! Da müssen wir hin! Automatisch gehen wir schneller. Dann, vor uns die Lichter einer Stadt. Wieder ziehen wir unsere Mäntel aus und legen diese so über die Schulter, dass man das weiße PG-Zeichen auf unseren Rücken nicht sehen kann. Wir kommen an die Marne. Über eine Brücke überqueren wir diese unbehelligt. Nun geht es an einer Fabrik vorbei. Hinter einer Mauer sind große Berge mit Zuckerrüben gestapelt. Die Anlage ist spärlich beleuchtet. Einige Arbeiter schaffen die Zuckerrüben auf ein Förderband. Im Vorbeigehen sehen wir, wie diese in einen großen Trichter fallen. Wir laufen nordostwärts und erreichen den Schienenstrang am Ostrand der Stadt. Unsere Mäntel haben wir wieder übergezogen. Nun müssen wir einen Güterzug abwarten. Dieser kommt nach einiger Zeit. Wir lassen die Lokomotive an uns vorbeiziehen und versuchen im Rennen auf ein Trittbrett aufzuspringen. Der Zug ist jedoch schon zu schnell. Ich bekomme eine Haltestange an einem Waggon mit einem Bremserhäuschen zu fassen. Das Aufspringen auf das untere Trittbrett gelingt jedoch nicht, meinem Kamerad geht es wie mir. Wir gehen etwas näher Richtung

Bahnhof und versuchen es noch einmal. Auch diesmal misslingt der Versuch. Nun wollen wir es an einer anderen Stelle mit einer größeren Steigung versuchen und werden später der Bahnstrecke nach Osten folgen.

Hunger treibt uns zurück zur Zuckerfabrik. Hier wollen wir versuchen, an eine Zuckerrübe zu gelangen. An der Fabrik angekommen umschleichen wir diese. An einer dunklen Stelle überklettern wir die Mauer und bewegen uns vorsichtig an die Berge der Zuckerrüben heran. Wir sind gesehen worden!

Einer der Arbeiter hat uns bemerkt und schlägt Alarm. Wir ergreifen die Flucht, rennen so schnell uns die Füße tragen durch das Tor und flüchten in Richtung der Brücke, über die wir gekommen sind. Einige Franzosen sind hinter uns her. Auf der beleuchteten Brücke werden wir von Männern gefasst, die uns entgegenkommen. Die Arbeiter, die uns verfolgten, nehmen uns in Empfang und bringen uns zurück in die Fabrik. Einer, der Mitleid mit uns hat, gibt uns ein Stück Weißbrot, belegt mit Käse. Wir waren nicht die Ersten, die sie gefasst haben. Andere vor uns hatte auch schon der Hunger an diese Zuckerrüben getrieben und wurden gefasst. Wir waren eine gute Nebeneinnahme für sie. Für jeden ausgerissenen Kriegsgefangenen, den diese abliefern, erhalten sie vom Staat eine Prämie.

Mit drei Mann bringen die uns an eine Polizeistation in der Stadt und übergeben uns an einen einzelnen Polizisten, der hier seinen Nachtdienst verrichtet. Sofort werden wir einzeln in je eine Zelle gesperrt. Gleich am Morgen werde ich von zwei Polizisten vernommen. Sie wollen wissen von wo ich komme, welchen Weg ich genommen habe und zu welchem Hauptlager ich gehöre. In einem anderen Raum höre ich die Stimme von meinem Kameraden. Gesehen habe ich ihn nicht mehr. Wir sind jetzt getrennt und werden auch so weitergeleitet. Zurück in meiner kleinen Zelle, erhalte ich einen heißen Früchtetee und ein Frühstück. Welch ein Geschenk Gottes!

Auf mein Zellenbett darf ich mich nicht legen. Das wird an der Wand an Scharnieren hochgeklappt. Mittags gibt es ein warmes Essen. Es ist eine dicke Gemüsesuppe mit Karotten. Sie ist reichlich, ich kann endlich meinen großen Hunger stillen und ich bin sehr dankbar dafür. Am Nachmittag wird der Riegel der Türe geöffnet. Herein kommt ein Polizist mit Handschellen in der Hand. Ich muss meine Hände auf den Rücken legen, die Handschellen werden mir angelegt. Nun geht es zu Fuß durch die Stadt. Wieder geht es über eine Brücke und ich werde auf einer anderen Polizeistation abgegeben. Es muss in der Nähe eines Bahnhofs sein, ich vernehme Rangieren und Pfeifen der Eisenbahn. Hier ist man nicht so freundlich zu mir. Am Abend erhalte ich nur Wasser und Weißbrot. Die Nacht vergeht. Sie ist kühl und das Lager ist hart. Es ist nur eine Holzpritsche und in dem kleinen, vergitterten Fenster unter der Zellendecke fehlt die Glasscheibe.

Schon früh am Vormittag kommt wieder ein Polizist mit Handschellen in meine Zelle. Dieses mal werden mir die Hände vor dem Körper gefesselt. Ich werde zum Bahnhof gebracht und im Zug bringt mich der Polizist zurück nach Paris. Er sitzt neben mir und liest in einem Heft. Wir haben ein separates Abteil, das für andere Mitreisende gesperrt ist. Während der ganzen Fahrt spricht er kein Wort zu mir. In Noisy-Le-Sec verlassen wir den Zug und laufen auf dem Bürgersteig der Straße, die ich im Mai 1945 schon einmal gegangen bin, damals, als wir als Gefangene nach Paris kamen. Ich kann mir schon denken wo dieser Weg endet, wieder im Fort Noisy-Le-Sec. So ist es dann auch! Am Großen Tor werde ich an die Wache übergeben und der Polizist verlangt eine Bestätigung, dass er mich abgegeben hat. Ich werde in das Lager der Gefangenen gebracht und auf der Schreibstube abgegeben. Eine Nacht schlafe ich hier bei den anderen Kameraden im Lager.

Eingesperrt in eine dunkle Kasematte

Schon am Morgen wird die Nummer 910129 aufgerufen. Das bin ich. Von einem Posten werde ich abgeholt und hinter dem Eingangstor zum Fort in einen großen, dunklen Raum geschubst. Hinter mir schließt sich die große, schwere Tür, ein Riegel wird vorgeschoben. Nur durch einen schmalen Spalt, eingelassen in die dicke Türe, fällt ein sehr spärliches Licht aus dem dunklen Torbogen in den nachtschwarzen Raum. Ich bin eingesperrt in eine große Kasematte, welche in die schwere Befestigungsmauer dieser Festung eingelassen ist. Nachdem sich meine Augen an die Dunkelheit im Raum gewöhnt haben, stelle ich fest, dass ich hier allein bin. Welch eine Ehre, so viel Platz für mich allein! Rechts, an die gewölbte Wand angelehnt, liegt auf dem Steinboden ein Ballen Stroh, fest zusammengepresst und zweimal mit einem Draht gebunden. Das ist alles was sich außer mir in diesem großen Raum befindet. Ich sitze auf dem Strohballen und schaue in die Dunkelheit. Nach einer ganzen Weile bemühe ich mich die Drähte zu öffnen, damit ich das Stroh zum Liegen auf dem Steinboden verteilen kann, aber die Drähte sind so stramm angezogen, dass ich diese nicht bewegen kann. Am Mittag wird der Türriegel zurückgeschoben, die Türe wird geöffnet und ein Posten reicht mir in einem Napf eine Nudelsuppe. Ich sage ihm, dass er mir eine Zange bringen soll, damit ich die Umfassung vom Strohballen öffnen kann. Er bejaht meine Bitte und kommt mit einem Pickel zurück. Damit haben wir die Drähte um den Strohballen geöffnet. Ich verteile das Stroh auf einer Fläche von ungefähr zwei mal zwei Meter so, dass ich mit meinem Oberkörper höher liege.

Nun liege ich hier. So ganz alleine vergeht die Zeit nur schleppend. Mir wird es furchtbar langweilig! Nur drei Mal am Tag öffnet sich die Türe. Morgens, zum Mittag und am Abend gibt es etwas zum Essen. Jetzt habe ich Zeit zum Nachdenken. Wo ist mein Fluchtkamerad geblieben? Was ist mit ihm geschehen? Warum wurde er nicht mit mir zurückgebracht? Das sind Fragen, die mir durch den Kopf gehen. Er ist wesentlich älter als ich, schon etwas über dreißig Jahre alt und hatte auf der Flucht die größere Lebenserfahrung. Er war es, der immer wusste wie es weitergeht. Bei der Wehrmacht war er Unteroffizier. In seinem Zivilberuf ist er Künstler, ein Artist. Vor dem Krieg ist er mit einer Gruppe auf Tournee auch in Frankreich aufgetreten.

Schon einige Tage liege ich auf dem Stroh und döse vor mich hin. Die Zeit will und will nicht vergehen. Bisher wusste ich nicht, wie lang so ein Tag sein kann. Zum Zeitvertreib fange ich an zu zählen. Ich zähle von eins bis eintausend. Im Geiste stelle ich mir Schafe vor. Schafe mit schwarzen Köpfen, die sind bei uns zu Hause in der Rhön auf den Bergen und werden von einem Schäfer bewacht, den ich kenne. Diese Schafe zähle ich. Dann bin ich am Beten. Das „Vater Unser" bete ich immer wieder. Gelegentlich singe ich auch, und das so laut es geht! Die sollen mich hören und mich nicht vergessen! In dieser Kasematte ist eine gute Akustik. In dem großen, leeren Raum mit der gewölbten Decke, schallt meine Stimme gut und wird von den Wänden zurückgeworfen. Täglich gehe ich auch einige Zeit durch den dunklen Raum und zähle meine Schritte. Weiter hinten herrscht schwarze Nacht. Bis dahin gelangt das matte Licht aus dem schmalen Spalt in der Türe nicht. Beim Gehen kann ich jedoch die dunkle rückwärtige Wand in der Kasematte durch ein verändertes Trittgeräusch wahrnehmen. Am Vormittag mache ich Kniebeuge und Liegestütz, bis meine Muskeln in den Armen nicht mehr wollen.

Unerwartete Wiederbegegnung

Es ist am Nachmittag. Ich liege wieder auf dem Stroh und blicke hoch zur gewölbten Decke. Der Riegel der Türe wird laut zurückgeschoben. Die Türe wird geöffnet und es wird jemand zu mir in den Raum gestoßen. Im gedämpften Licht der geöffneten Tür sehe ich die Umrisse einer Gestalt, die mir sofort bekannt vorkommt. Den kenne ich, schießt es mir durch den Kopf. Und so ist es auch. Es ist mein Kamerad Salz in seiner schwarzen Panzerjacke, mit seinem rundlichen Kopf und seiner leicht erröteten Gesichtsfarbe. Sofort bin ich auf den Beinen und rede ihn an: „Mensch Salz, was machst du den hier. Wie geht es dir? Bist du wieder mal aufgefallen?!" Auch er hat mich sofort an meiner Stimme erkannt. Wir begrüßen uns sehr lebhaft und freuen uns über diesen Zufall, dass wir uns gerade hier in diesem Loch wieder treffen. Bis gestern war er immer noch auf unserem alten Kommando bei der Präfektur in Paris, in unserer Baracke, die wir vor gut einem Jahr gemeinsam mit anderen Kameraden aufgebaut haben.

Wie immer konnte er seinen Mund nicht halten und hat sich wieder einmal mit einem Franzosen angelegt. Dieses mal war es ein Kapitän von einem Flussfrachter, der nicht mehr ganz nüchtern war. Der hatte es eilig und wollte seinen Frachter möglichst schnell entladen haben. Dabei hat er herumgeschrien und die Kameraden ständig zur schnellen Arbeit angetrieben. Da konnte unser Salz nicht anders und er musste Widerrede geben. Das hat dem Kapitän nicht gefallen und er hat dem Salz eine Backpfeife erteilt. Ehe sich der Kapitän versehen konnte, hat der Salz zurückgeschlagen. Alle Achtung! Das ist echt Salz, ist ihm jedoch nicht gut bekommen. Nun sitzt er hier bei mir und leistet mir Gesellschaft. Mich freut es, ihn wieder zu sehen, hatten wir uns doch immer gut verstanden. Wir erzählen uns unsere Erlebnisse. Ja, wir haben uns viel zu erzählen! Die Zeit vergeht jetzt wieder wie im Flug.

Acht Tage sitze ich jetzt hier in diesem dunklen Loch. Am Vormittag, es kann gegen zehn Uhr sein, wird die Türe geöffnet, meine Nummer wird von einem Posten aufgerufen, ich muss herauskommen und werde an einen französischen Soldat übergeben. Der winkt mir zu, dass ich mitkommen soll. Wir gehen zum Ausgang. Vor dem Tor steht ein Jeep, in den wir einsteigen, und die Fahrt geht zurück zum Fort de Cormeilles, hier in Paris. Es blieb mir keine Zeit mich von meinem Kameraden Salz zu verabschieden. Wir haben Mitte November. Der Himmel ist bewölkt und es ist kalt. Das Verdeck vom Jeep ist aufgezogen, doch die Seitenwände fehlen. Im fahrenden Jeep ist es mir kalt und meine Augen müssen sich auch erst wieder an das Tageslicht gewöhnen.

Zurück im Fort de Cormeilles

Zu vier Wochen Arrest bin ich verurteilt

Durch das Tor geht die Fahrt hinein in das Fort. In einer Schreibstube bei den Franzosen werde ich abgegeben. Die wollen alles über
die Flucht von mir wissen. Über eine Stunde werde ich verhört. Dann
sagt mir ein Leutnant der Französischen Armee, dass ich zu vier
Wochen Arrest verurteilt bin. Ein Soldat mit einem Gewehr wird
hereingerufen, dieser führt mich ab. Ich werde in eine Frisörstube
gebracht und bekomme eine Glatze geschoren. Wieder werde ich in
eine Kasematte gesperrt, doch dieses Mal mit Fenster. Hier bin ich
nicht allein. Weit über zwanzig Gefangene befinden sich hier. Der
Raum ist gefüllt mit Betten, die auf der rechten Seite aufgebaut sind,
es sind die üblichen Holzbetten, immer drei Stück übereinander. In
der Mitte ist ein breiter Gang, und links an der Wand drei große
Tische und schwere Sitzbänke ohne Rückenlehne. In der Nähe der
Fenster steht ein großer Kanonenofen mit einem langen Ofenrohr,
das oben zum Fenster hinausgeleitet ist. Im Raum ist es angenehm
warm. Man kann es hier aushalten.

Alle haben hier eine Glatze. Diese anderen Mitgefangenen wollen von
mir wissen, wo ich herkomme und was ich angestellt habe. Gerne
berichte ich. Andere erzählen ihre Erlebnisse. Es sind viele dabei die
auch auf der Flucht waren und irgendwie wieder eingefangen wurden.
Einer, der bei einem Bauern als Gefangener war, erzählt, dass er sich
dunkle Zivilkleidung besorgt, ein Fahrrad gestohlen hat und sich von
einem Friedhof einen frischen Kranz genommen hatte. Mit diesem
Kranz ist er auf dem Fahrrad über zwei Tage lang immer in Richtung
Deutschland gefahren. Einem Lastwagenfahrer, der ihm einige Mal
begegnet ist, ist er aufgefallen. Dieser hat Verdacht geschöpft und ihn
bei der Gendarmerie gemeldet. Die hat ihm in einer kleinen Stadt

aufgelauert und ihn eingefangen. Ein anderer hatte es geschafft, auch in Meaux, in der Nacht auf einen Güterzug aufzuspringen. In einem Bahnhof wurde er jedoch schon am Morgen des folgenden Tages entdeckt und eingefangen.

Hier in diesem Bau (Soldatensprache: Lagergefängnis) lässt es sich aushalten. Wir haben Tageslicht, am Abend elektrische Beleuchtung, die um zehn Uhr gelöscht wird. Das Essen, am Morgen einen Tee, täglich eine Suppe und am Abend Brot und etwas Margarine, reichen aus. Das Brot vom Abend muss man sich einteilen, damit man am Morgen und vielleicht zum Mittag noch etwas übrig hat. Langeweile gibt es nicht. Die Zeit vergeht mit Kartenspiel, anderen Spielen und Erzählungen. Es gibt auch ein Schachspiel. Findige Kerle haben aus Brot, das mit Spucke geknetet und geformt wurde, einfache Schachfiguren gebastelt. Für die schwarzen Figuren wurde aus dem Ofen Ruß entnommen und unter den Brotteig gemischt. Alles wurde dann am Ofen getrocknet bis die Figuren hart wurden. Das Brett wurde mit Bleistift auf eine helle Pappe aufgezeichnet. Andere verbringen Ihre Zeit mit Blindekuh spielen oder kleinen Kunst-stücken und einfachen Tricks. Fast jeder weiß oder kann etwas und trägt so zur Unterhaltung bei.

Meine Haare sind auch schon leicht gewachsen. Wenn ich mit meiner Hand über meinen Kopf fahre, verspüre ich jetzt Stoppeln auf dem Kopf. Es macht mir Spaß diesen Haaransatz zu spüren, oft fahre ich mit meiner Hand darüber. Am Morgen massiere ich mit meinen Fingern meine Kopfhaut, in der Hoffnung, dass die Haare dann schneller wachsen, andere tun das auch. Die Zeit vergeht. Wir haben jetzt schon Mitte Dezember. Es geht auf Weihnachten! Man merkt dies auch an den Gesprächen, die geführt werden. Besonders am Abend, wenn das Licht gelöscht ist, liegen wir im Bett und erzählen viel über die Heimat. Einer fängt an, andere erzählen von sich. Gespräche über Plätzchen, Christstollen und Weihnachtsgebäck machen die Runde und lassen uns das Wasser im Munde zusammenlaufen. Andere erzählen von ihren

Frauen, den Kindern, Eltern und ihren Freundinnen. Von Gänsebraten, gebratenen Feldhasen, Thüringer Klößen und anderen Köstlichkeiten ist die Rede. Es erklingen Adventslieder. Das Heimweh wächst!

Meine Zeit hier in diesem Prison (Gefängnis) ist abgelaufen. Eigentlich müsste ich schon draußen sein. Ob die mich vergessen haben? Aber die Franzosen nehmen das nicht so genau, habe ich von anderen gehört. Fast täglich kommen Neuzugänge und andere kommen heraus aus dem Bau. So erfahren wir immer Neuigkeiten. Auch über den Prozessausgang der Alliierten in Nürnberg, über unsere ehemaligen Führer, den heutigen Kriegsverbrechern, erfahren wir neues. Eines Morgens ist es dann soweit. Die Nummer 910129 wird aufgerufen und ich muss mitkommen. Von einem französischen Soldaten werde ich in die Schreibstube des Gefangenenlagers hier im Fort gebracht.

Zurück in der verwanzten Bude

Von den Schreibstubenhengsten (Soldatensprache) werde ich in einen Schlafsaal eingewiesen. Es ist der gleiche Raum, in dem ich vor einigen Monaten schon einmal gelegen habe. Ein Bett, gleich am Fenster, in der dritten Etage ist frei. Hier schlage ich mein Lager auf. Alle, die sich hier im Hauptlager befinden, kommen von irgend einem Kommando und warten, bis sie zu einem neuen Kommando eingeteilt werden. Das Lager ist gut gefüllt. Es sind viel mehr PGs hier als im Sommer. Jetzt, im Winter, ist die Nachfrage nach uns Kriegsgefangenen nicht besonders groß. Es kann sein, dass man länger im Lager bleibt. Das macht uns aber nichts aus. Die meisten sind nicht scharf auf ein Arbeitskommando! Lieber verbringen wir die Zeit hier mit Nichtstun. Der Zeitvertreib ist immer noch der gleiche wie im Sommer oder auch im Bau. Erzählen, Kartenspiel und kleine Kunststücke. Ein Schauspieler befindet sich unter uns. Dieser hat eine Theatergruppe ins Leben gerufen. Die üben nun fleißig in einem Raum, den man als Theaterraum mit einer provisorischen Bühne eingerichtet hat.

Die erste Nacht in meinem neuen Nachtlager ist angebrochen. Abends um zehn Uhr wird das Licht gelöscht. Wie üblich wird noch geredet, bis einer nach dem anderen einschläft. Es wird ruhig im Saal. Auch ich bin eingeschlafen. Es dauert nicht sehr lange und ich werde durch Schmerzen an meinem linken Bein und auf dem Leib geweckt. Wanzen, schießt es mir durch den Kopf! Diese Bude ist immer noch verwanzt. Ehe ich es bemerkt habe, hat mich so ein braunes Tierchen belästigt und mir vier Stiche an meinem Körper angebracht. Die Einstiche bilden einen kleinen, runden, roten Fleck und schwellen an. Über Tage hat man einen starken Juckreiz. Es ist unangenehm. Im Bau gab es keine Wanzen. Damit ich in dieser Nacht vor diesen Tierchen meine Ruhe habe, ziehe ich um auf die Fensterbank vor meinem Bett. Hier schlafe ich einige Nächte im Sitzen mit angezogenen Beinen, bis ein Platz auf dem Fußboden frei wird, auf dem ich nun mein Nachtlager aufschlage.

Heute ist der 24. Dezember 1946. Am Heiligen Abend ist eine Weihnachtsfeier in diesem neuen Theaterraum angesagt. Der Raum ist überfüllt. Mann an Mann, stehen die PGs dicht gedrängt. Auf der Bühne, auf einem Tisch, steht ein kleiner Tannenbaum. Watte und schmale Silberstreifen hängen daran. Daneben steht einer und hält eine kurze Ansprache. Weihnachtslieder werden gesungen und einige Gedichte werden vorgetragen. Es kommt auch ein Weihnachtsmann auf die Bühne, mit einem Bart aus Watte. Auf dem Rücken trägt er einen kleinen gefüllten Sack. Geschenke sind darin. Es sind Briefe aus der Heimat, die man in den letzten Tagen gesammelt hat. Diese werden jetzt an die Adressanten verteilt. Auch ich habe einen Brief von meiner Mutter erhalten. Die Freude ist groß! Noch ein Weihnachtslied wird gesungen, dann ist dieser Zauber vorbei. Am Weihnachtsfeiertag erhalten wir eine gute, sämige Hafersuppe. Sie schmeckt süß, und gekochte Kastanien sind drin.

Wir haben den 1. Januar 1947, ein neues Jahr beginnt. Wieder ist ein für mich erlebnisreiches Jahr verflossen. Mit der Flucht ist es leider anders verlaufen wie ich mir das gedacht hatte. Der Gedanke an einen neuen Versuch steckt tief in meinem Kopf. Irgendwann wird die Gelegenheit dazu kommen. Heute ist auch die Aufführung von dem Theaterstück. Ich habe keinen Platz bekommen und bin mit anderen in unserem Raum. Einer ist unter uns, er ist schon älter, er sitzt auf seinem Bett und stiert ohne jede Regung vor sich hin. Er hat einen Brief bekommen. Darin wurde ihm mitgeteilt, dass seine Frau ein Verhältnis mit einem seiner früheren Freunde habe. Das muss er jetzt erst einmal verarbeiten.

So ein Ereignis ist kein Einzelfall. Immer wieder einmal erleben wir ähnliche Fälle. Wir erfahren auch, dass sich deutsche Frauen mit Amis, Franzosen und Engländern einlassen. Das ärgert einige von uns Kriegsgefangenen natürlich maßlos. Dafür können diese kein Verständnis aufbringen. Wir sitzen hier hinter Stacheldraht, büßen für die Sünden des Deutschen Volkes und in der Heimat gibt es Frauen, die vergnügen sich mit unseren Peinigern. Irgendwie müssen wir das verarbeiten. Einige bekommen einen Stacheldrahtkoller, andere schreiben Verse und Gedichte, bei denen diese Frauen nicht besonders gut abschneiden.

Es ist Mitte Februar und ich bin immer noch im Lager. Heute ist ein Transport mit Kriegsgefangenen aus den USA bei uns im Fort eingetroffen. Sie waren im Glauben, dass sie in die Heimat entlassen werden. In Brest sind sie an Land gegangen und wurden den Franzosen übergeben. Von diesen wurden sie mit dem Zug nach Paris verfrachtet und kamen zu uns in das Lager. Nun stehen sie mit ihren schweren Seesäcken unten im Hof und werden gefilzt. Der ganze Hof steht voll. Das sind ca. dreihundert Mann, die in der Kälte stehen und denen ein Großteil ihrer Sachen abgenommen wird. Die haben Radios und andere Luxusartikel, welche sie abgeben müssen. Auch viele Kleidungsstücke werden ihnen genommen. Jeder Gefangene darf nur die Bekleidung haben, die er am Körper trägt und eine Garnitur Ersatzunterwäsche. Große Berge mit allen möglichen Dingen liegen im Hof, nachdem die Durchsuchung zu Ende ist. Nach Stunden werden sie jetzt auf freie Betten in den einzelnen Sälen aufgeteilt. Diese Betten reichen bei weitem nicht aus. Auch der ganze Theatersaal ist voll belegt, selbst auf dem großen Gang sind welche. Hier liegen sie Mann an Mann in ihren Schlafsäcken, die ihnen nicht genommen wurden, auf dem Fußboden. Sie schimpfen was das Zeug hergibt auf die Franzosen und noch mehr auf die Amis, die sie an die Franzosen verkauft haben. Denen ging es in Amerika gut. Nun erleben sie, was „Gefangenschaft" heißt. Sie bleiben nicht lange bei uns im Lager. Schon nach einigen Tagen werden sie durch den Lagerlautsprecher aufgerufen und sie marschieren mit ihren ziemlich leeren Seesäcken, von den Franzosen bewacht, aus dem Lager. Bei uns geht die Parole um, dass sie zum Minenräumen an die Atlantikküste verlegt wurden.

Auf Kommando im „Fort de Montmorency"

Den ganzen Winter verbringe ich im Lager. Der Winter hier in Frankreich ist viel milder als bei uns Zuhause in der Rhön. Zumindest hier in Paris! Wir haben schon März. Es gibt schon schöne, sonnige Tage. Das Lager wird wieder leerer. Jetzt gehen täglich wieder Gefangene auf Kommando. Am 15. März 1947 werde auch ich mit neun anderen Kriegsgefangenen aus dem Lagerlautsprecher aufgerufen, es geht wieder los. Von zwei jungen Soldaten der französischen Armee, sie tragen eine blaue Fliegeruniform, werden wir in einem Funkfahrzeug der Deutschen Wehrmacht abgeholt. Dieses Fahrzeug, ein großer Kastenwagen, hat noch den Tarnanstrich der Wehrmacht. Die Funkanlage im Funkraum ist ausgebaut. Wir sitzen in dieser leeren Funkkabine auf dem Fußboden. Die Fahrt geht von Cormeilles in nordöstlicher Richtung. Vom Fahrer werden die Gänge zurückgeschaltet, die Geschwindigkeit wird zurückgenommen, die Fahrt geht bergauf. Nun wird die Fahrt wieder schneller. Plötzlich wird das Fahrzeug stark abgebremst und wir durchfahren langsam in kurzem Abstand zwei tunnelähnliche Gewölbe von je zehn bis fünfzehn Meter Länge, die mich an die Festungsmauer von einem Fort erinnern. Beim Durchfahren der Gewölbe ist es in der Kabine fast dunkel. Sind wir schon wieder in einem Fort, frage ich mich? Das Tageslicht kommt durch die kleinen Fenster im Funkraum zurück, das Fahrzeug hält. Die Türe wir geöffnet, ein Soldat steht mit seiner Maschinenpistole vor der Türe und sagt, dass wir herauskommen sollen. Wir steigen aus und sind, wie vermutet, tatsächlich in einem Fort.

Hier stehen wir in einem Hof, der nicht sehr groß ist. Noch ein Funkwagen der Deutschen Wehrmacht steht neben dem Wagen, mit dem wir gekommen sind. Es ist ein kleines Fort. Vor uns das zweigeschossige Hauptgebäude mit seiner dicken Sandsteinmauer. Rechts und links ist je ein breiter Aufgang, der zu den Räumen im ersten Stock führt. Der rechte Aufgang und kleinere Teile rechts im Hof sind von einer dicken Erdschicht bedeckt. Hier muss es eine gewaltige Explosion gegeben haben! Wir werden in eine Kasematte im Erdgeschoss eingewiesen. Es stehen zehn Eisenbetten der Wehrmacht, ein großer Wehrmachtstisch und Schemel der Deutschen Wehrmacht für uns bereit. Neben der Türe ist nur ein einzelnes Fenster im Raum und es herrscht nur gedämpftes Tageslicht, das nach hinten stark abnimmt. In dieser Rückwand befindet sich noch eine Türe, die in einen langen, dunklen Gang führt. Die Strohsäcke auf den gefederten Eisenrosten sind neu gefüllt. Darauf lässt es sich gut ruhen. Nach einem vernünftigen Abendessen verbringen wir die erste Nacht in einem ruhigen Schlaf ohne Wanzen.

Wir sind im „Fort de Montmorency" nördlich von Paris. Es liegt auf einer leichten Anhöhe auf einer Hochebene über dem gleichnamigen Ort, mit freiem Blick nach Paris. Beim Vormarsch der Deutschen Truppen im Frankreichfeldzug wurde es von unseren Stukas bombardiert. Hierbei wurde das Munitionslager der Festung von einer Bombe getroffen. Die Bombe war so gut platziert, dass diese die gesamte Munition in diesem Depot zur Explosion brachte. Es gab einen riesigen Krater und die Erde daraus war weit über das Fort verteilt. Unsere Aufgabe besteht nun darin, dass wir die Erde, die im Hof und auf der Auffahrt liegt, beseitigen müssen. Mit Pickel und Schippe ausgerüstet, bewacht von einem jungen Soldaten, machen wir uns an die Arbeit. In klobigen Holzschubkarren befördern wir die Erde bergauf zurück in den großen Krater. Das Bewegen der schweren Schubkarren bergauf ist schwer. Als erstes legen wir einen schmalen Gang frei, damit wir die Karren auf dem festen Betonboden fahren können.

Die Soldaten hier im Fort gehören zu einer Luftwaffeneinheit. Es sind nur dreißig Mann, die von einem Leutnant geführt werden. Sie gehören zu einer Funkerstaffel, die hier eine Funkanlage aufbauen soll. Hier führen sie ein gemütliches Leben und alles geht nur langsam voran. Bis jetzt haben sie nur wenige Geräte, und sie warten schon länger auf eine größere Anlage, die von den Amis geliefert wird. Über die Mittagszeit, bis vierzehn Uhr, tut sich hier überhaupt nichts. Da sitzen sie in Ihrer Kantine oder liegen auf Ihren Betten und bei schönem Wetter in der Sonne. Bis auf eine Ausnahme. Da gibt es einen Sergeant, der hat ein ganz besonderes Hobby. Er kann hervorragend Steppen. In jeder freien Minute ist er am Üben. Uns gegenüber sind die Soldaten distanziert und sprechen nur was sie müssen. Abends, bei Anbruch der Dunkelheit, wird unsere Türe zum Hof abgeschlossen. Ein Posten bezieht vor dem Fenster Wache. Wenn einer von uns ein Geschäft erledigen will, muss er sich beim Posten melden. Von diesem wird er dann zur Toilette geführt. Wir machen sehr häufig Gebrauch davon, nur um diese zu ärgern.

Vier Wochen sind wir jetzt schon hier. Den Hof haben wir von der aufgeschütteten Erde befreit, auch den Aufgang haben wir soweit freigelegt, dass man die oberen Räume gut erreichen kann. Die französischen Soldaten und wir haben uns gegenseitig näher kennen gelernt. Sie haben Vertrauen zu uns geschöpft und unsere Bewachung schon längst aufgegeben. Über Nacht sind wir nicht mehr eingesperrt und können uns frei im Fort bewegen. Die Erdarbeiten und das Zuschütten des Kraters haben wir aufgegeben. Jeder hat sich seine eigene Beschäftigung hier im Fort gesucht. Zwei von uns, es sind Berliner, haben sich in die Küche und Kantine verdrückt. Zwei arbeiten als Elektriker und verlegen neue Kabel zu den zwei Funkstellen, die auf der höchsten

Erhebung im Fort aufgebaut werden. Unser Kamerad Lege und ich bauen eine Treppe, die zur Funkanlage führt. Zwei arbeiten als Schreiner. Sie bauen Einrichtungen für die Funkanlage und für die alten Funkfahrzeuge, die im Hof stehen. Gelegentlich helfe ich bei ihnen aus. Die restlichen zwei, sie waren bei der Kriegsmarine, beschäftigen sich in den Unterkünften der Franzosen.

Die Zeit vergeht! Der Mai ist bereits angebrochen, wir haben herrlichen Sonnenschein, und es ist schon schön warm. Zu den französischen Soldaten haben wir inzwischen ein gutes Verhältnis. Hier sind wir ziemlich frei und wir fühlen uns wohl. Wir arbeiten mit diesen gut zusammen und haben auch die gleiche Verpflegung wie die französischen Soldaten. Sie haben uns neue Uniformteile der US-Armee besorgt. Diese sind ohne das auf den Rücken aufgemalte PG-Zeichen. Nun fallen wir nicht mehr auf. An Sonntagen und Feiertagen verlassen wir nach dem Mittagessen oft das Fort und gehen in der Umgebung von diesem spazieren. Abmelden müssen wir uns dafür nicht. Wir wüssten auch nicht bei wem, denn von unseren französischen Soldaten befindet sich an solchen Tagen nach dem Essen keiner mehr im Fort. Alle sind sie ausgeflogen. Eine Wache am Tor, wie wir das von der Wehrmacht kennen, gibt es hier nicht. Das ist ein ganz gemütlicher kleiner Haufen von Fachkräften der französischen Armee.

Bekanntschaft mit Französinnen haben wir auch schon gemacht. Diese sind natürlich harmlos, aber wir unterhalten uns gut mit ihnen. Unsere zwei Berliner sind da schon frecher, die kennen keine Hemmungen. Nur ein paar hundert Meter hinter dem Fort stehen auf der rechten Straßenseite einige Häuser. Auch ein Café ist hier. Eines Sonntagmittags sind sie in ihrer US-Uniform dort aufgetaucht. Die Besucher, meistens junge Mädchen, glaubten, sie seien Amerikaner der US-Armee. Das hat unsere Berliner stark gemacht. Sie haben jetzt die Amis gespielt. Mit den Mädchen haben sie getanzt und haben ihnen erzählt, dass sie im Fort stationiert seien. Das ging natürlich nicht lange gut. Schon bald haben die von unseren Soldaten erfahren, dass im Fort keine Amis sind. Man hat sie den Soldaten beschrieben und diese wussten auch sofort, wer diese Kerle sind. Geschadet hat es ihnen nicht, sie haben sich gelegentlich dort wieder sehen lassen.

Ich (u.R.) mit meinen Kameraden im Fort de Montmorency

Bekanntschaft mit Französinnen

Für den steppenden Sergeanten haben wir nun nach seinen Angaben ein kleines Podium gebaut, auf dem er jetzt sein Training macht. Er hat sich in Paris bei einem Wettbewerb angemeldet und möchte dort gut abschneiden. Das Podium ist im Hof neben den Funkfahrzeugen aufgebaut. Wir haben es aus gehobelten Brettern gebaut, es hat eine Größe von ca. 2 x 2,5 Metern und ist ca. 20 cm hoch. Damit beim Steppen eine gute Resonanz entsteht und der Steppton verstärkt wird, sind die Seitenwände mit Blech verkleidet. An seinen Steppschuhen hat er an der Ledersohle Eisenplatten angebracht. Diese sind vorne an der Spitze der Sohle und hinten am Absatz befestigt. Auf der Treppe zum Funkraum des Funkwagens hat er ein Grammophon aufgestellt und eine Schallplatte mit dem Stück aufgelegt, das ihn beim Steppen begleitet. Das Grammophon hat einen großen Schalltrichter und wird von Hand mit einer Kurbel aufgezogen. Einer von uns muss das erledigen und die Nadel ständig neu zurücksetzen, wenn das Stück abgelaufen ist.

Jetzt, kurz vor dem Wettbewerb, ist er täglich für Stunden am Üben. Von der ganzen Mannschaft wird er unterstützt. An Tagen, wenn es einmal nicht klappen will und er aus dem Takt kommt, wird er nervös und bekommt Selbstzweifel. Dann braucht er Zuspruch. Den bekommt er von der ganzen Besatzung bis zum Leutnant! Jetzt, an einem Samstag, ist es dann soweit. Die ganze Belegschaft ist irgendwie in Spannung. Alle Soldaten, die an den Funkgeräten keinen Dienst haben, sind in Aufbruchstimmung und begleiten ihn. Schon morgens gegen 9 Uhr verlassen sie in einem Jeep und den zwei Funkwagen, die überfüllt sind, das Fort. Wir, hier in der kleinen Festung, von den paar Soldaten bis zu uns Deutschen, sind gespannt, wie er abschneidet. Alle sprechen den ganzen Tag nur von ihm und drücken ihm die Daumen. Gespannt erwarten wir die Rückkehr. Es ist schon später Nachmittag und sie sind noch nicht zurück. Unsere Spannung ist groß, und wir hoffen, dass sie bald zurückkommen. Doch es vergehen noch einige Stunden. Dann, am späten Abend, kommen die drei Fahrzeuge mit der Mannschaft an. Zuerst der Jeep mit dem Leutnant und dem Sergeant und zwei weiteren Unteroffizieren, dann die beiden Funkwagen. Alle sind sie guter Laune und am Strahlen, es herrscht eine freudige Stimmung. Unser Sergeant schwenkt eine zusammengerollte Urkunde und einen glänzenden Kelch. Er hat gewonnen! Er hat den ersten Preis errungen! In der Kantine wird bis in die späte Nacht gefeiert. Auch wir in unserer Kasematte haben einige Flaschen Rotwein aus dem Depot erhalten und sind bester Laune.

Es ist Juni geworden. Wir sind gerade beim Mittagessen in unserer Kasematte, da kommt unser Leutnant zu uns und teilt uns mit, dass sich eine Kommission aus unserem Hauptlager angesagt hat. Wir sollen untersucht werden, ob wir für das Bergwerk tauglich sind. Schon nach zwei Tagen ist diese Kommission hier. Diese Kommission besteht aus zwei Mann. Ein französischer Arzt und ein deutscher Schreiber aus unserem Hauptlager. Wir stehen in einer Reihe, der Arzt schaut uns prüfend an. Nun wird einer nach dem anderen mit seiner Nummer aufgerufen. Wir müssen das Hemd ausziehen, den Mund öffnen, die

Zunge herausstrecken. Mit einem Holzstäbchen schaut der Arzt in den Hals, befühlt diesen bei mir, hört Brust und Rücken ab, dann kann ich abtreten. Anschließend hören wir, dass wir alle für das Bergwerk tauglich sind. Der Arzt bespricht sich kurz mit unserem Leutnant, dann verschwindet die Kommission wieder in einem alten Personenauto. Unsere schöne Zeit hier im Fort Montmorency geht zu Ende. Wir und auch unsere Franzosen bedauern es. Waren wir doch eine nützliche Hilfe für sie. Vielleicht brauchen sie uns auch nicht mehr und sie wollen uns das nicht zu erkennen geben? Am 15. Juni ist es dann soweit. Heute kommen wir zurück ins Fort Cormeilles.

Im Fort angekommen wird unsere Gruppe auseinandergerissen. Wir werden auf verschiedene Räume verteilt. Das bekannte, langweilige Lagerleben nimmt seinen gewohnten Lauf. Die Wanzen plagen mich wieder. Mein Nachtlager baue ich am späten Abend, wie immer im Fort, auf dem Betonfußboden im Raum auf. Das Hauptlager ist zur Zeit nicht stark belegt. Nach und nach kommen Kameraden von Kommandos zurück, die auch wie wir für das Bergwerk ausgemustert wurden. Von den französischen Bergwerken hört man hier nicht gerade das Beste. Es gehen hier Parolen um, die besagen, dass wir Kriegsgefangene dort eingesetzt werden, wo es am gefährlichsten ist und die französischen Bergmänner nicht unbedingt hinwollen. Geschichten werden erzählt, die in mir Angst auslösen. Es wird von eingebrochenen Stollen tief in der Erde gesprochen. Von vollbesetzten Fahrstühlen, die in großer Geschwindigkeit tief in die Erde fahren, von Explosionen oder Wassereinbrüchen, die sich im Bergwerk ereignen. Ich habe keine Vorstellung von der Arbeit „Unter Tage" und stelle mir im Geiste schlimme Szenen vor. In der Nacht träume ich davon.

Depot 14 – Kommando 9 Vuillemin

Es geht in's Bergwerk

Nun ist es soweit! Heute werden wir durch den Lagerlautsprecher aufgerufen. Morgen, am 10. Juli, geht es los. Morgens um 9 Uhr müssen wir mit unseren Sachen im Hof stehen. Am Abend liege ich auf meinem Strohsack im Gang und kann nicht einschlafen. Es wird lange und viel geredet. Träume mit schlimmen Szenen lassen mich in der Nacht immer wieder aufwachen. Am frühen Morgen, draußen wird es gerade erst hell, bin ich schon wach. Den Anderen geht es nicht anders. Wir sind alle früh auf den Beinen. Lange vor 9 Uhr stehen die ersten schon im Hof und diskutieren. Der Hof füllt sich schnell. Weit über 300 Mann stehen hier. Wir müssen antreten, unsere Nummern werden aufgerufen. Zur Kontrolle müssen wir uns mit unserem Namen melden. Jetzt kommt das ganze ins Stocken. Einer meldet sich nicht. Wir werden gezählt, einer fehlt. Nach einer ganzen Weile kommt er an. Er hatte vor Aufregung Durchfall bekommen und musste schnell auf das Örtchen, das in unserer harten Landersprache einfach nur ein Scheißhaus ist. Nun sind wir vollzählig und wir marschieren aus dem Fort. Vor dem Fort steht eine Kolonne US-Lastwagen der französischen Armee. Immer 30 Mann besteigen die Ladefläche eines Lasters. Nachdem wir alle verladen sind, setzt sich unsere Kolonne in Bewegung. Die Fahrt geht lange durch Paris. Auf einem Bahnhof in einer Vorstadt werden wir in einen Güterzug mit geschlossenen Waggons verladen. Etliche Waggons sind schon mit Gefangenen belegt, die aus anderen Lagern kommen. Die Wagen werden von außen verschlossen und unser Zug setzt sich in Bewegung. Die Fahrt geht in nordwestliche Richtung, von der Landschaft sehe ich nichts. Die vier kleinen vergitterten Fenster in unserem Waggon sind sofort von anderen belegt. Ich sitze im Stroh auf dem Fußboden und bin müde, döse vor mich hin und höre auf das schlagende Geräusch der Räder. Wumm, wumm, wumm geht es, bis ich eingeschlafen bin.

Unser Zug steht. Von der Fahrt habe ich nichts mitbekommen, ich habe sie einfach verschlafen. Es ist Nacht, alle liegen auf dem Stroh und schlafen. Erst am Morgen werden die Türen der Waggons geöffnet und wir müssen aussteigen. Herrlicher Sonnenschein! Wir stehen auf einem Bahnsteig, der mit hohem Stacheldraht eingezäunt ist. Rechts und links davon Bahngleise. Unscr Blick geht auf ein sehr großes Gefangenenlager. In langen Reihen steht hier Baracke an Baracke, soweit das Auge reicht. Zum Teil sind es Holzbaracken. Der größere Teil besteht aus den dunkelgrünen, gewölbten Wellblechbaracken der US-Armee. Auf dem Bahnsteig müssen wir antreten. In Fünferreihe, die ist leichter zu zählen. Eine lange Kolonne steht auf dem Bahnsteig. Einige französische Soldaten, es sind Marokkaner aus der Kolonie, laufen an den Reihen vorbei und zählen. Nicht nur einmal, sondern zweimal. Scheinbar sind sie beim ersten Mal nicht zu einem gleichen Ergebnis gekommen. Nun machen sie einem Offizier Meldung. Dieser stellt sich uns über einen Dolmetscher als Lagerkommandant vor.

Nun werden wir der Deutschen Verwaltung übergeben. Einige Schreibstubenhengste der Verwaltung teilen uns in große Gruppen auf. Jede Gruppe, es mögen an die hundert Mann sein, zieht mit einem Gefangenen aus der Verwaltung durch das große, vergitterte Tor in das Lager und kommt in eine Baracke. Wir kommen in diese gewölbten Wellblechbaracken. Durch eine schmale Türe, auf der Stirnseite der Baracke, drängen wir hinein. Eine warme, stickige Luft schlägt uns entgegen. Hier ist seit langem nicht gelüftet worden. Rechts und links an den halbrunden Außenwänden sind die üblichen dreistöckigen Holzbetten aufgebaut. In der Mitte steht ein großer Kanonenofen, einige Tische und einfache Bänke. In die mannshohen Außenwände sind kleine, aufklappbare Fenster eingebaut, welche wir erst einmal aufklappen und frische Luft herein lassen. Mit einhundertzwanzig Mann liegen wir in der Baracke. Jeder sucht sich eine Bleibe. In einem Gang zwischen den Betten lassen sich meistens solche Gruppen nieder, die sich kennen oder sich miteinander angefreundet haben. Ich liege dieses Mal in der Mitte von so einem dreistöckigen Bettgestell.

Am Nachmittag müssen wir auf einer großen, freien Fläche vor unserer Baracke Aufstellung nehmen und bekommen eine kurze Belehrung. Hier sind wir in Nordfrankreich in der Nähe von Douei-Nord. Dieses Lager ist das Depot 14. Wir sind das Kommando 9 Vuillemin. Im Lager sind ständig zwischen fünfzehn- bis sechzehntausend Kriegsgefangene untergebracht, die alle in den verschiedenen Bergwerken im Bezirk Douei-Nord arbeiten. Die gesamte Baracke ist für ein Bergwerk eingeteilt. Morgen müssen wir schon Einfahren! Gearbeitet wird in drei Schichten, rund um die Uhr. Mit allen einhundertzwanzig Mann gehören wir zur Mittagsschicht. Am Abend gibt es für zwei Mann ein Brot. Es ist ein gelbliches Maisbrot in Kastenform. Dazu gibt es die übliche Margarine, die Portion ist hier wesentlich größer, und zu dritt müssen wir uns eine Dose Pferdefleisch teilen. Dieses Pferdefleisch ist in einem Fleischwolf grob zerkleinert und in der Dose aufgekocht. Es hat eine gelbliche, leicht angegraute Farbe, ist sehr fett und hat einen für mich etwas eigenartigen, süßlichen Geschmack. Diese Verpflegung müssen wir uns einteilen. Man hat uns gesagt, dass wir ca. 13 Stunden unterwegs sind, bis wir von einer Schicht zurück kommen. Die Nacht auf einem neuen Strohsack verbringe ich gut.

Am Vormittag gegen 11 Uhr müssen wir am Tor sein. Hier stehen wir nicht allein. Viele Kolonnen, die je für ein Bergwerk bestimmt sind, haben hier Aufstellung genommen. Auf dem Lagerbahnhof stehen zwei Züge bereit. Sie sind mit Personenwagen und geschlossenen Güterwagen bestückt. Links neben dem Tor, auf dem Bahngelände, ist ein Wachturm aufgebaut, den ich gestern, als wir angekommen sind, nicht wahrgenommen habe. Auf dem Turm stehen zwei marokkanische Soldaten der französischen Armee mit einem Maschinengewehr, das auf das Bahngelände gerichtet ist. Es ist ein deutsches MG 36 der Wehrmacht. Durch das Tor wird immer nur eine Kolonne auf das Bahngelände gelassen. Diese muss auf dem Bahnsteig in Fünferreihe Aufstellung nehmen. Sie wird abgezählt, und nachdem die Stückzahl der Mannschaft in ein Buch eingetragen ist, muss sie in den Zug in vorbestimmte Wagen einsteigen. So vergeht einige Zeit, bis alle Kolonnen abgefertigt sind, und der Zug sich in Bewegung setzen kann. Ich sitze mit einem Teil unserer Kolonne in einem Güterwaggon, der mit Sitzbänken ausgestattet ist. In der Mitte vom Waggon steht noch ein großer Ofen, der vom Winter übergeblieben ist. Die Fahrt zieht sich sehr in die Länge. Die Schiebetüre ist geschlossen, wir sehen nicht viel. Nur jene Kumpel, die an den kleinen Waggonfenstern sitzen, berichten uns, was draußen geschieht. Gelegentlich steht der Zug auf einem Bahnhof, wird hin und her rangiert, oder er hält an einem Bergwerk und Kumpels verlassen den Zug. Manchmal werden auch ganze Wagengruppen abgekoppelt und an andere Züge angeschlossen.

Ungewohnte Arbeit unter Tage

Nach einer ganzen Weile sind auch wir an unserem Ziel angekommen. Wir stehen auf einer Gleisanlage vor einem Bergwerk mit seinem hohen Förderturm und den verschmutzten, grauen Backsteinbauten. Gleich hinter dem Toreingang werden wir zu einem eingeschossigen, nicht sehr großen Haus mit einigen Schiebeschaltern geführt. Hier erhält jeder von uns seine Grubenlampe. Die hat ein ganz schönes Gewicht! Es ist eine ca. 25 cm große Lampe aus Metall, mit einem Leuchtkopf aus einem starken, unzerbrechlichen, runden Glaskopf und dem großen Batterieteil. Das Ganze wird an einem größeren, schwenkbaren, hakenförmigen Bügel über dem Lampenkopf getragen. Jede Lampe hat eine Nummer, die man sich merken muss. Jeder Bergmann bekommt immer, in jeder Schicht, seine gleiche Lampe. „Deine Lampe ist ein lebenswichtiger Teil von dir, ohne den du unter Tage aufgeschmissen bist" sagt der Steiger, der uns führt. In einer Kleiderkammer erhält jeder einen dunklen Arbeitsanzug, einen schweren Ledergürtel, ein Paar ganz leichte Segeltuchschuhe mit einer geflochtenen Strohsohle und einen flachen Lederhelm mit einem ziemlich breiten Rand. Dieser erinnert mich an die Form der englischen Stahlhelme aus dem I. Weltkrieg. Leider reichen die Helme nicht aus. Einige von uns, ich bin auch dabei, haben keinen Helm.

Nun werden wir in einen großen, hohen Raum geführt. Es ist der Umkleideraum. Unsere Kleidungsstücke, die wir komplett auszuziehen, werden an einem großen Haken aufgehängt und bis unter die Decke an einem Drahtseil hochgezogen. Das Drahtseil wir dann an einem Haken an der Seitenwand befestigt. Jetzt sind wir bereit zum Einfahren. Über eine breite Stahltreppe gelangen wir nach oben in den großen Förderraum und stehen vor dem eingefassten Förderschacht. Ein Förderkorb kommt oben an. Die Eisentüre wird geöffnet und mit Steinkohle voll beladene Loren werden auf Schienen heraus geschoben. Wir müssen in den Förderkorb einsteigen. Ich bin gleich bei der ersten Ladung dabei. Dicht gedrängt stehen wir Mann an Mann im Korb. Die große Türe vom Schacht wird geschlossen, und schon setzt sich der Förderkorb in Bewegung. Schnell nehmen wir Fahrt auf und es geht in sehr schneller Fahrt abwärts. Ich habe das Gefühl, als würde mein Körper leichter. Für den Bruchteil von Sekunden sausen wir abwärts an elektrischen Lichtern vorbei. Es sind die Lichter jener Hauptstollen, in denen gearbeitet wird. Die Fahrt dauert nicht lange. Plötzlich, von einer Sekunde zur anderen, verspüre ich von den Beinen aufwärts ein schweres Gewicht. Der Förderkorb wird stark abgebremst und wir halten an einem großen, betonierten Hauptschacht. Die Schachttüre wird geöffnet, wir steigen aus. Wir befinden uns in einer Schachttiefe von achthundert Metern. Von einem Steiger werden wir aufgeteilt. Zwei Kumpels und ich werden einem französischen Bergmann zugewiesen. Dieser sagt zu mir, ich soll meinen Helm aufziehen. „Ich habe keinen" sage ich zu ihm. Er schaut mich kurz an und sagt nur: „Merde" (Scheiße). Dann ziehen wir los. Auf einer Strecke von vielleicht einhundert Metern ist der Schacht breit und betoniert. Er hat hier ein helles, elektrisches Licht und rechts, seitwärts sind einige breite Türen angebracht. Eine davon steht offen. Mein Blick fällt in einen Pferdestall. Der Schacht wir schmaler und es brennen nur noch spärliche Lichter. An der Schachtdecke rechts von unseren Köpfen ziehen sich einige Rohrleitungen entlang. In einem dicken, runden Blechkanal wird Frischluft bis zum Ende des Stollens geleitet. Am Schachtboden verläuft ein Schienenstrang. Wir gehen durch eine Eisentüre, dann kommt eine zweite Türe, die wir sofort hinter uns schließen müssen. Uns kommt ein Zug mit Steinkohle beladener Loren entgegen. Es sind etliche Loren, die von einem ziemlich kleinen Pferd gezogen werden. Wir müssen seitwärts ausweichen und stehen zwischen den Holzstempeln, mit denen der Stollen ausgebaut und stabilisiert wird. Jetzt folgen wir unserem Franzosen nach links in einen Seitenstollen. Dieser Stollen ist enger und auch nicht mehr so hoch. Rings um uns ist Dunkelheit. Nur unsere Grubenlampen, die wir jetzt eingeschaltet haben, geben uns Licht. Beim Gehen hören wir das Schlagen einer Axt und dumpfe Schläge von Metall auf Holz. Wir sind schon eine ganze Strecke gelaufen. Das Schlagen der Axt wird lauter. Der Stollen macht eine leichte Kurve und wir sehen weiter vor uns zwei Lichter, die sich bewegen. Beim Näherkommen nehmen wir zwei Männer wahr, die hier arbeiten. Es sind französische Bergmänner, die hier den Stollen ausbessern.

Die Bergmänner begrüßen uns kurz. Wir werden aufgeteilt und jeder von uns Dreien ist einem Bergmann zugewiesen. Wir arbeiten als Handlanger. An dieser Stelle ist der Stollen leicht eingebrochen. Der Berg arbeitet hier, sagt mein Bergmann zu mir. Das ist auch gut sichtbar. Auf dem Boden im Stollen liegt Gestein, das hier den Schienenstrang bedeckt. Es sind einige schöne große Brocken dabei. Holzpfeiler und Stempel von ca. 20 cm Durchmesser sind eingebrochen, Verstrebungen an der Decke ausgebrochen. Einige liegen zerstört am Boden. Für mich ist das alles neu und unbekannt. Ich habe Angst und mein Blick geht immer wieder nach oben zur Stollendecke. Zeit zum Nachdenken bleibt mir jedoch nicht. Das ist auch ganz gut so. Wir werden von den Franzosen beansprucht. Es ist warm und ich komme ins Schwitzen. Ziemlich eng ist es dazu. Unbeholfen komme ich mir vor und ecke auch immer wieder einmal an. Ein Teil der Verstrebungen ist schon ausgebessert. Auf der Schiene stehen zwei lange, flache Wagen, beladen mit neuen Holzstempeln und Verstrebungen, diese schleppen wir herbei. Die Bergleute bearbeiten dieselben und bauen sie neu ein. Hierbei wird mit Säge, Axt und schwerem Hammer gearbeitet. Immer wieder wird auf das Gestein geachtet. Alte zerbrochene Teile tragen wir zurück und legen sie bei den Wagen ab. Wir sind Handlanger und reichen den Bergleuten Teile, die sie brauchen. Vier Stunden sind wir jetzt unter Tage. Es ist Pausenzeit. Eine halbe Stunde haben wir Ruhe. Wir sitzen etwas abseits von den Franzosen auf dem Stollenboden, mit dem Rücken an der Seitenverstrebung und verzehren unser Brot, das wir mit dem Pferdefleisch von gestern aus der Dose bestrichen haben. Der Stollenboden ist überall mit feinem, schwarzem Staub bedeckt und wir sitzen angenehm weich darin. Die drei Franzosen liegen auf diesem weichen Boden seitlich der Schiene, zwischen den aufgestellten Streben und ruhen. Die Pause ist verstrichen, es geht wieder an die Arbeit. Langsam kommen wir voran. Später kommt uns aus dem dunklen Stollen noch ein Licht entgegen. Es ist ein Steiger, der nach uns schaut, mit den Bergleuten spricht, nach der geleisteten Arbeit schaut, einige Anweisungen gibt und dann wieder mit seinem Licht in der Dunkelheit verschwindet. Es werden noch zwei Stempel gesetzt. Einer der Bergleute schaut auf seine Uhr, und nach einiger Zeit treten wir den Rückweg zum Schacht an. Morgen geht es hier weiter, hat man uns gesagt. Am Schacht angekommen geht es wieder in den Fahrstuhl und die Fahrt geht schnell nach oben. Dieses Mal scheint der Körper schwerer zu sein. Von dem schnell hochfahrenden Fahrstuhl wird das Körpergewicht in die Beine gedrückt.

Über Tage angekommen bemerke ich, dass viele Kumpels vom Kohlenstaub ein ziemlich verrußtes, dunkles Gesicht und schwarze Hände haben. Ihre Augen leuchten hell, die Zähne erscheinen strahlend weiß im dunkel gefärbten Gesicht. Wir entledigen uns unserer Arbeitskleidung, die auch wieder an einem Haken aufgehängt und hoch unter die Decke gezogen wird, bis wir sie morgen wieder brauchen. Wir sind alle splitternackt und verziehen uns in den großen Waschraum. Hier wird geduscht. Aus Brausen, die hoch unter der Decke angebracht sind, strömt das Wasser. Es wechselt von heiß bis kalt, um den Kreislauf anzuregen. Das kalte Wasser ist unangenehm. Die ganze Meute im Waschraum grölt so laut es geht, bis das Wasser wärmer wird. Wir haben nur Tonseife, die reinigt nicht besonders gut. Es geht in den Umkleideraum, wir trocknen unsere Körper und kleiden uns an. Die Grubenlampen werden am Lampenhaus abgegeben. Dort werden diese aufgeladen, damit sie bei der nächsten Schicht wieder einsatzbereit sind. Einige Waggons stehen bereits auf dem Bahngelände für uns bereit. Nach einiger Zeit werden wir an einen Zug angekoppelt und dieser setzt sich langsam in Bewegung. In unserem Waggon ist es dunkel, es gibt kein Licht. Lebhafte Gespräche werden geführt. Die Männer erzählen ihre Erlebnisse vom ersten Arbeitstag in der Grube. Schon bald wird es ruhiger, jeder versucht zu schlafen. Ich bin ziemlich müde und sitze im Halbschlaf auf einer der Bänke neben meinen Kameraden. Ein richtiger Schlaf ist nicht möglich. Immer wieder hält der Zug bei einem Bergwerk. Es wird rangiert und Wagen werden angekoppelt. Von draußen hört man Rufe und die schrillen Töne der Trillerpfeife beim Rangieren. Gegen ein Uhr in der Nacht kommen wir in unserem Lager an. Auf dem Bahnsteig müssen wir wieder antreten, wir werden gezählt und mit den Zahlen in dem Buch verglichen. Schnell geht es dann durch das Tor in unsere Baracke, um im Bett zu verschwinden, denn um elf Uhr müssen wir schon wieder zur nächsten Schicht am Tor stehen.

So geht es nun Tag für Tag. Nur am Sonntag haben wir Ruhe. An diesem Tag bringen wir unsere Sachen in Ordnung. Es wird gewaschen, wir flicken und stopfen oder wir schreiben einen Brief nach Hause. Viel freie Zeit haben wir auch an diesem Tag nicht. An manchem Sonntag müssen wir alle, das ganze Lager, auf dem großen, langen Hof zwischen den Baracken antreten. Das ganze Lager wird dann abgezählt, ob auch wirklich noch alle da sind. Dabei können einige Stunden vergehen.

Es vergeht viel Zeit, bis wir uns eingewöhnt haben und im Lager zurechtfinden. In diesem Lager gibt es ein Kino, eine Kantine, eine Frisierstube und auch eine katholische Kirche mit einem Kaplan. Alles ist in diesen Wellblechbaracken untergebracht. Nur für die Kirche und ein kleines Lazarett hat man eine Holzbaracke aufgestellt. Das Lazarett hat einen deutschen Arzt, auch einige Sanitäter sind hier. Die Kantine, in der es so ziemlich alles zu kaufen gibt, wird von einer französischen Familie betrieben. Auch einen „Bau" (Gefängnis) haben wir hier für solche Jungs, die nicht gehorcht haben. Für ganz Schlimme gibt es darunter einen großen, dunklen, gemauerten Keller ohne jedes Licht. Hier sitzen die, die von den Franzosen zu Dunkelhaft verurteilt wurden.

Die große Küche im Lager ist immer in Betrieb, Tag für Tag, vierundzwanzig Stunden lang. Die ganze Lagerbesatzung arbeitet in drei Schichten in den Bergwerken. Eine Schicht ist eingefahren, die zweite Schicht schläft und die dritte Schicht muss versorgt werden. Morgens erhalten wir in unserer Schicht als erstes einen Kaffee. Dann, gegen zehn Uhr, bekommt unsere Mittagschicht schon die Tagesration Brot, Margarine, Zucker und immer für drei Mann eine Dose von dem Pferdefleisch. Eine dicke Erbsen-, Bohnen-, Nudel-, Kartoffel- oder Gemüsesuppe wird in einem großen Aluminiumtopf aus der Lagerküche abgeholt und unter uns aufgeteilt. Jeder schmiert seine Brote für den Tag, dann ist es auch schon wieder soweit, es geht zur nächsten Schicht.

Noch einige Tage bin ich mit den zwei Kumpels bei den drei Franzosen und wir bessern an verschiedenen Stellen eingedrückte Stempel aus. Nun werden wir neu eingeteilt. Jetzt füllen wir Loren mit Kohle, die von den Bergmännern im Flöz mit einem Presslufthammer geschlagen werden. Wir sorgen dafür, dass die Kohle aus dem Flöz durch einen Durchbruch im Stollen in unsere Loren fällt. Sobald die Lore gefüllt ist, schieben wir leere Loren unter den Durchbruch im Stollen und lassen die Kohle erneut fließen. Eine Lore fasst ca. eine Tonne dieser Steinkohle. Die gefüllte Lore wird von zwei Mann dreißig bis vierzig Meter nach hinten geschoben und an die bereits gefüllten Loren angeschlossen, die dort schon abgestellt sind. Nachdem ein Zug von zehn Loren zusammengestellt ist, wird dieser von einem Pferd zum Schacht gezogen. Für das Pferd ist das Ziehen der Loren zum Schacht nicht schwer. Der Stollen ist so angelegt, dass zum Schacht ein leichtes Gefälle besteht.

Über einen Monat bin ich nun schon im Bergwerk, an die Arbeit im Berg habe ich mich inzwischen gewöhnt. Angst habe ich keine mehr. Nachdem ein Stein, der sich aus der Decke gelöst hat, an meiner Stirn vorbei gefallen ist und meine Haut oberhalb der Schläfe aufgerissen hat, habe ich auch gleich einen Helm bekommen. Hier, über achthundert Meter in der Erde, gibt es auch Ratten. Diese Ratten haben ein weißes Fell. Sie ernähren sich von der Fettschicht, die von der Kohle stammt und sich gelegentlich im Flöz zwischen der Kohle und Steinschicht abgelagert hat. Es kommt auch vor, dass sich so ein Biest in einem Brotbeutel, der an der Stollenwand hängt, am Brot von einem Kumpel zu schaffen macht. Besonders gerne gehen sie an den Hafer, der für die Pferde bestimmt ist. Die Pferde im Bergwerk haben Ihren Stall in der Nähe vom Fahrstuhl im betonierten Hauptstollen. Sie bleiben im Bergwerk immer unter Tage. Nach den Jahren im Berg würden sie im hellen Tageslicht erblinden, hat man mir gesagt.

Noch etwas ist mir aufgefallen. Die französischen Bergleute sind ständig am Kauen und Spucken. Sie priemen! Dieser Priem hält den Rachen, Zunge und Mund feucht. Ein Bergmann hat mir einmal ein kleines Stück von so einer Kautabakstange abgeschnitten. Ich habe diesen probiert, er hat mir nicht geschmeckt. Dieser scharfe, bissige Geschmack hat mir das Wasser zwar im Munde zusammengezogen, aber es war nicht nach meinem Geschmack. Laufend musste ich diese braune Brühe ausspucken, um diesen Priem loszuwerden. Ich glaube, das Priemen ist gewöhnungsbedürftig und es bedarf einiger Zeit, bis man damit zurechtkommt.

Der Berg arbeitet! Immer wieder, fast regelmäßig zu bestimmten Zeiten rumort es im Berg. Das ist ein Grollen und Donnern, das über Sekunden unter Tage in der Erde durch das ganze Bergwerk geht. Gleich in den ersten Tagen habe ich es erlebt. Ich habe einen großen Schreck bekommen, schaue ängstlich den Franzosen an, dieser lächelt kurz und spricht zu mir, dass das nichts Schlimmes ist. Er will mir die Ursache erklären. Mein Französisch ist nicht so gut. Ich kann ihn nicht richtig verstehen. Zum Schluss sprechen wir in Gesten, wir benutzen dabei unsere Hände und Füße. Ich habe soviel verstanden, dass die Erde kein totes, starres Gebilde ist. Sie arbeitet, das Gestein ist immer in leichter Bewegung und verschiebt sich um Bruchteile von Millimetern. Es entstehen Spannungen, die sich entladen und das Grollen verursachen.

Auch ein Erdbeben habe ich in unserem Lager in Vuillemin erlebt. Es ist Samstagabend. Es war ein heißer Sommertag. Den ganzen Tag hat die Sonne unbarmherzig auf das dunkelgrün gestrichene Wellblech der Baracken gestrahlt. Obwohl alle kleinen Klappfenster der Baracken geöffnet sind, ist es in diesen unerträglich heiß. Die Blechwände haben sich so aufgeheizt, dass man diese nicht berühren kann. An Schlaf in den Baracken ist da nicht zu denken. Wie viele der Kameraden habe ich mein Nachtlager mit meinem Strohsack im Hof auf der Schattenseite der Baracke, zwischen zwei Baracken, auf dem Boden aufgeschlagen. Ich liege darauf und bin schon in leichtem Schlaf. Im Halbschlaf nehme ich ein fernes Dröhnen und eine starke Bewegung der Erde wahr. So bemerke ich, wie mein liegender Körper mit der Matratze für den Bruchteil einer Sekunde angehoben wird. Dann bin ich fest eingeschlafen. Am Sonntagmorgen ist mir dieser Vorgang nicht mehr bewusst. Ich nehme meinen Strohsack in meine Hände, komme in die Baracke und sehe das Malheur. Alle Teile, die nicht fest mit dem Bett verbunden sind, liegen umher. Erst jetzt erinnere ich mich schwach an das Geschehen von gestern Abend. Später erfahren wir, dass sich im Süden von England ein großes Unglück in einer Grube ereignet hat.

Nun erhalten wir für unsere Arbeit im Bergwerk einen Lohn. Laut Genfer Konvention sind die Franzosen verpflichtet, für unsere geleistete Arbeit im Bergwerk ein vorgeschriebenes Entgelt zu entrichten. Als Neulinge sind wir Hilfsarbeiter und verdienen nicht das meiste. Für die Arbeit der ersten zwanzig Tage habe ich 129 Franc ausgezahlt bekommen. Das sind an einem Tag 6,45 Franc. Für mich ist das schon ein Geld. So viel Geld habe ich in meiner ganzen

Gefangenschaft nur einmal beim 17+4 Spiel in meiner Hand gehabt. Verdient habe ich jedoch sehr viel mehr. Wir haben hohe Abzüge! Für alles Mögliche haben die eine Abgabe gefunden. Wir müssen für die Unterkunft, Lichtkosten, Wassergeld, Heizungskosten, Tonseife die uns gestellt wird, Fahrtkosten und unsere Verpflegung bezahlen. Diese Kosten werden alle von unserem Lohn abgezogen. Nach einer gewissen Lernzeit erhöht sich dieser Lohn. Kriegsgefangene, die Kohle im Flöz brechen, erhalten einen höheren Lohn. Für manche Arbeiten gibt es auch eine Gefahrenzulage, die auch ich jetzt erhalte.

Unterwegs im Stollen namens „Marokko"

Ein neuer Arbeitsplatz wurde mir zugeteilt, nun arbeite ich im Streckenvortrieb. Mit zehn Mann, einschließlich drei Franzosen, treiben wir einen Seitenstollen vor. Hier am Ende des Stollens werden von erfahrenen Fachleuten der Franzosen mit langen Steinbohrern viele Löcher tief in den Stein gebohrt. Nachdem diese vom Sprengmeister mit Dynamit gefüllt sind, wird eine Sprengung durchgeführt. Unsere Aufgabe ist es, die aus dem Berg gesprengten Steinmassen zu beseitigen. Wir füllen diese in bereitstehende Loren, die anschließend abtransportiert werden. Dieser Stollen nennt sich Marokko. Er gibt sich auch als solcher, richtig heiß ist es hier. Wir arbeiten mit freiem Oberkörper und sind ständig am Schwitzen. Unser Malzkaffee in unserer Feldflasche reicht bei weitem nicht aus. Eine bis zwei Flaschen Wasser trinken wir zusätzlich. Vorne am Vortrieb ist die Luft sehr schlecht. Mit der Frischluftzufuhr klappt es nicht! Es riecht süßlich, Gase beherrschen die Luft. Es arbeiten immer nur drei oder vier Kumpels gleichzeitig. Nur fünfzehn Minuten können wir vor Ort arbeiten, dann ist unsere Energie verbraucht und wir werden von der zweiten Gruppe abgelöst. Die Lungen erhalten nicht genug Sauerstoff und lassen den Körper schnell erschlaffen. Zu unser aller Sicherheit hat der Steiger eine zusätzliche Grubenlampe, die mit Petroleum betrieben wird, aufgestellt. Diese wird ständig beobachtet. Wenn sich das Licht in der

Lampe stark verändert, gehen wir zurück. Mit aller Kraft wird zusätzlich versucht, über die Rohrleitung Frischluft einzublasen. Nach der Schicht sind wir erledigt und sehnen uns nach Frischluft. Über Tage pumpen wir für eine Zeit unsere Lungen voll, dann geht es uns schon besser. Gott sei Dank sind wir nicht lange hier, nach zwei Wochen werden wir abgelöst.

Auf der Nachtschicht

Einem Teil der Kumpels in unserer Baracke wird eine neue Schicht zugeteilt. Ich bin auch dabei! Wir gehören nun zur Nachtschicht, das ist eine verhältnismäßig ruhige Schicht. Unter Tage ist in dieser Schicht nicht viel los. Es wird keine Kohle geschlagen. Unsere Aufgabe besteht darin, den Flöz dort mit Steinen aufzufüllen, wo in der vorigen Schicht die Kohle geschlagen wurde. Wir steigen in den Flöz ein und spannen dort, wo die Kohle geschlagen wurde, einen Maschendraht, der an den Stempeln, die den leeren Flöz abstützen, angeschlagen wird. Unten, dort wo die Kohle aus dem Flöz in den Stollen austritt, wird der Flöz verschlossen. Von dem darüber liegenden Stollen füllen wir den leeren Teil mit Steinen auf. In einer Schicht muss dieser abgespannte Bereich aufgefüllt sein. Das schaffen wir gewöhnlich in unserer Gruppe spielend. Der Höhenunterschied vom oberen zum darunter liegenden Stollen beträgt immer fünfzig Meter.

Hier sind wir alleine. Es ist kein Franzose bei uns! Weit und breit sind wir die einzigen in dieser Schicht, die in diesem Stollen arbeiten. Ringsum dunkle Nacht im Berg, nur unsere Grubenlampen geben uns das Licht an der Stelle, an der wir gerade arbeiten. Unsere Lampen hängen an der Decke im Stollen oder wir haben sie mit dem Tragebügel an unserem Bauchgurt befestigt. Die Lampe hängt dann vorne zwischen den Beinen. Unser Schritt ist dabei etwas breitbeinig, wie bei einem Seemann. Einmal, innerhalb einer Schicht, lässt sich der Steiger bei uns sehen. Schon von weitem sehen wir sein einsames Licht, das langsam näher kommt. Er beschaut sich unsere Arbeit und verschwindet wieder in der Dunkelheit. Unsere dreißig Minuten Pause, nach den ersten vier Stunden der Schicht, ziehen wir jetzt, da uns niemand beaufsichtigt, oft in die Länge. Wir sitzen oder liegen dann bequem im Kohlenstaub, der überall einige Zentimeter hoch im Stollen auf dem Boden liegt. Dieser Kohlenstaub ist angenehm weich und passt sich beim Liegen gut dem Körper an. In demselben lässt es sich angenehm ruhen! Gelegentlich, wenn sich der Körper gut entspannt hat, sind wir auch eingeschlafen.

Einer von uns muss beim Steine auffüllen immer im Flöz sein. Große Steine, die sich im Flöz im Gebälk gerne verklemmen, müssen gelöst werden, da diese sonst einen Stau verursachen können. Das ist eine Aufgabe, die mir Spaß macht. Ich übernehme diese Arbeit gerne. Hier kann ich klettern, meinen Körper schnell auf den Stempeln bewegen und hin und her turnen. Geklettert bin ich schon immer gerne. Das ist eine Sache, die mir Spaß macht. Dabei fühle ich mich wohl und kann die Kräfte in meinem jungen Körper messen. Mit einer kräftigen, langen Stange ausgerüstet, schwinge ich mich von oben in den Flöz. Ich suche mir einen sicheren Platz, damit ich von den hereinstürzenden Steinen nicht getroffen werde. Meine Lampe hängt dabei immer vor meinem Leib und baumelt zwischen den Beinen. Oft kommt es vor, dass ein Flöz über viele Meter steil oder senkrecht nach unten verläuft. In einem solchen Fall muss ich mir zu meiner Sicherheit einen langen Hanfstrick um meinen Körper binden, der an einem Stempel befestigt wird. Einmal habe ich so in einem Flöz gearbeitet, der die ganzen fünfzig Meter senkrecht nach unten fällt. Ich konnte von oben die Lichter von den Kumpels im darunter liegenden Schacht durch die kleine Öffnung im Flöz sehen.

Lore für Lore, bis oben gefüllt mit Steinen, wird in den abgegrenzten Bereich im Flöz gekippt. Oft sind große, sperrige Steine dabei, die an mir vorbei in die Tiefe fallen und gelegentlich einen Stempel mit sich reißen. Einen ohrenbetäubenden Lärm verursachen die in den Flöz gekippten Steine in dieser Enge. Der Schall hat hier keine Möglichkeit sich auszudehnen und wird dadurch von mir sehr viel intensiver wahrgenommen. Dichte Steinstaubschwaden liegen beim Fallen der Steine in der Luft und behindern meine Sicht. Meine Atemwege schütze ich durch ein Tuch, das ich vor Mund und Nase trage. Es wird unter dem Helm über den Hinterkopf gezogen und schützt so auch leicht meine Ohren. Nur meine Augen und die Stirn liegen frei. Die freiliegenden Gesichtsteile sind nach einiger Zeit schwarz eingefärbt. Als ich zur Schichtpause aus dem Flöz steige, meint einer meiner Kumpels lakonisch: „Mann, du siehst aus wie einer, der unerkannt eine Bank ausrauben will."

Die körperliche Arbeit ist nicht schwer. Nur wenn ein Stau entsteht, muss ich diesen mit meiner langen Stange lösen. Dann mache ich mich durch lautes Rufen bemerkbar. Das Einkippen der Steine wird dann unterbrochen, bis ich den Stau gelöst habe. Auf die Dauer halte ich diese Arbeit jedoch nicht aus. Nach einer Woche habe ich die Schnauze voll und lasse mich ablösen. Nun lösen wir uns regelmäßig ab, jeden Tag muss ein Anderer in den Flöz einsteigen.

Wir haben schon Mitte Oktober. Zur Zeit füllen wir einen Abschnitt auf, der sehr niedrig ist und auch nicht viel Gefälle hat. Stellenweise hat er nur eine Höhe von vierzig Zentimetern. Das Arbeiten in diesem Flöz ist schwierig und macht keine Freude. Hier sind wir zu dritt eingestiegen. Die Steine stauen sich immer wieder im Gebälk und müssen gelöst werden. Gelegentlich treten wir sie mit den Füßen los, bis sie wieder ins Fließen kommen. Die Körperbewegungen in diesem niedrigen Abschnitt sind schwierig. Überall stoße ich an. Liege ich auf dem Rücken, habe ich die Decke vom Flöz nur zwanzig Zentimeter über mir. Dabei habe ich kein gutes Gefühl. Achthundert Meter Berg liegen über mir! Manchmal macht sich in dieser Situation auch die Angst wieder bemerkbar. Doch Zeit zum Nachdenken habe ich nicht. Zum Glück ist dieser niedere Abschnitt nicht sehr ausgedehnt. Schon nach zehn Tagen liegt die Kohle wieder höher im Flöz und das Arbeiten im Flöz wird wieder leichter.

Die „Seifenpest" – eine neue Krankheit

Immer noch sind wir Tag für Tag ca. dreizehn Stunden unterwegs. Davon sind wir acht Stunden Untertage. Nur an den Sonntagen haben wir frei. Mit der Zeit geht uns diese lange Zeit, die wir täglich unterwegs sind, ganz schön auf die Nerven. Viele Kumpels haben jetzt im Herbst Schwierigkeiten mit ihrer Psyche. Bei manchen geht das soweit, dass sie sich im Berg Glieder brechen, damit sie eine Auszeit haben, um sich erholen zu können. Auch ich habe schon mit diesem Gedanken gespielt. Dann habe ich diesen wieder aufgegeben. Den Mut habe ich nicht aufgebracht, mir selbst meinen Unterarm zu brechen. Schließlich haben wir eine andere Lösung gefunden. Etliche von uns haben eine Krankheit vorgetäuscht, die vom Lagerarzt, der unsere Probleme kennt, akzeptiert werden. Sie werden dann für eine Woche krankgeschrieben.

Hier stehe ich im
Lager vor der
Krankenbaracke

Eine ganz neue, unbekannte Krankheit ist bei uns im Lager ausgebrochen. Zur Zeit sind sehr viele Kumpels davon betroffen. Sie haben offene Hautwunden an den Armen oder Beinen. Es sind meist kreisrunde Stellen, an denen die Haut stark angegriffen ist und nässt. Auch mich hat diese Krankheit erwischt. Da sie sich so schnell innerhalb des Lagers verbreitet, wird sie von uns als die „Seifenpest" bezeichnet. Vom Arzt werden wir krank geschrieben, bis die Wunde total verheilt ist. Unser Lagerarzt hat die Ursache dieser seltsamen Krankheit natürlich schnell erkannt.

Es ist eine neue Masche, die von einem findigen Gefangenen im Lager ausgeheckt wurde und der sich immer wieder etliche Kameraden bedienen. Man schabt etwas von der Tonseife, die wir zur Reinigung benutzen, auf einen sauberen kleinen Lappen, der stark benetzt wird und bindet diesen auf eine Stelle am Arm oder seltener auf ein Bein. Durch tägliches neues benetzen wird die Haut an dieser Stelle schnell weich und löst sich auf. Nach einigen Tagen geht man dann in die Krankenbaracke und wird krank geschrieben. Es sind acht bis zehn Tage, an denen man nicht einfahren muss und sich erholen kann.

In der Krankenbaracke habe ich einen Sanitäter kennengelernt, der hier beschäftigt ist. In einem Gespräch hat sich herausgestellt, dass wir aus dem gleichen Landkreis kommen. Er stammt aus Petersberg, ein Ort bei Fulda. In Fulda war er in einer bekannten Weinhandlung im Außendienst als Vertreter beschäftigt. Als solcher ist er auch nach Hilders gekommen und hat auch die Gaststätte meiner Eltern aufgesucht. Er kann sich gut an diese erinnern und hat den Wein seiner Firma gelegentlich an meine Eltern verkauft. Sein Name ist Paul Medler. Er gehört hier zum Lagerstamm und weiß immer das Neueste. Gelegentlich treffen wir uns und führen Gespräche, meistens über unsere Heimat und die Zeit vor der Gefangenschaft.

Ein neuer Fluchtplan wird reif

Anfang Dezember haben wir jetzt. In meinem Kopf ist der Gedanke an eine neue Flucht wieder in den Vordergrund gerückt. Gedanklich beschäftige ich mich schon einige Zeit damit. Mit Medler und ein paar Kameraden, denen ich vertrauen kann, führe ich Gespräche über das Für und Wider einer Flucht aus dem Lager. Diese halten eine Flucht aus diesem großen Lager, das sehr stark bewacht wird, für sehr schwierig. Das Lager hat einen doppelten, hohen Stacheldrahtzaun. Die Zäune stehen in einem Abstand von vier Metern, sind über drei Meter hoch und nachts beleuchtet. Rings um das ganze Lager sind am Außenzaun Wachtürme aufgestellt. Jeder Wachturm ist immer mit zwei Soldaten besetzt und mit Scheinwerfer und einem Maschinengewehr ausgerüstet. Bisher haben es nur wenige Gefangene versucht, aus dem Lager auszubrechen. Einigen ist die Flucht gelungen. Mir ist klar, dass eine Flucht aus diesem Lager eine gute Vorbereitung braucht.

Das erste Drittel des Dezembers ist mittlerweile vergangen. Ich glaube, dass ich eine Lösung gefunden habe. In meinem Kopf weiß ich, wie ich aus dem Lager komme. Ich muss nur noch die richtigen Leute finden, die mir dabei helfen. Dieser Ausbruch muss aber jetzt im Winter geschehen. Einen Kameraden, der mit mir die Flucht wagt, habe ich auch schon gefunden. Er ist etwas älter als ich, etwas kleiner, sehr schlank und schnell. Seine Heimat ist Schlesien. Unser erstes Ziel steht fest. Es ist „Melle" in Belgien. Es liegt unweit von Gent. Von anderen Kameraden wissen wir, dass hier ein großer Güterbahnhof ist und auch Güterzüge nach Deutschland zusammengestellt werden. Bei der Deutschen Wehrmacht hat dieser Bahnhof eine große Rolle gespielt und ist einem Gefangenen, der bei der Wehrmacht zeitweise hier stationiert war, gut bekannt. Von ihm bekommen wir einige Hinweise.

Ein deutscher Freiarbeiter, der bei uns im Bergwerk arbeitet, hat mir für gutes Geld eine Zivilhose aus einem Geschäft in Douai besorgt. Von einem Schneider im Lager habe ich mir einen Mantel der US-Armee umändern lassen. In der Krankenbaracke gibt es einen großen Topf und einen Herd. In diesem Topf habe ich den Mantel dunkelbraun eingefärbt. In der freien Welt falle ich so nicht auf. Niemand kann jetzt in mir einen Kriegsgefangenen erkennen. Auch mein Kumpel hat sich, wie ich, als Gefangener unkenntlich gemacht. Mit Paul Medler habe ich meine Pläne durchgesprochen. Der hat den Lagerarzt eingeweiht. Beide haben sie mir eine Verbindung zu den Kameraden hergestellt, mit deren Hilfe wir das Lager verlassen werden.

Weihnachten 1947

Heute, am 24. Dezember, werden mein Kamerad und ich vom Lagerarzt erneut krankgeschrieben, damit wir uns ausruhen und für die Flucht stärken und vorbereiten können. Den Ausbruchsversuch haben wir für die ersten Januartage vorgesehen. Es sollte ein möglichst kalter Tag sein, an dem wir diesen Versuch unternehmen. Wir hoffen, dass die Aufmerksamkeit der Wachmannschaften durch die Kälte an einem frostigen Tag abgelenkt wird.

Unsere Nachtschicht ist die letzte Schicht, die vor dem Heiligen Abend eingefahren ist. Für unsere Clique habe ich heute Vormittag so etwas wie eine Torte hergestellt, die wir heute Abend in einer bescheidenen, kleinen Feier verzehren wollen. Dazu habe ich ein Maisbrot, das in einer Kastenform gebacken wurde, der Länge nach in drei Schichten aufgeschnitten. Aus einem halben Pfund Margarine, Zucker und einem Glas Marmelade habe ich eine süße Füllung hergestellt, mit der ich zwei Schichten des aufgeschnittenen Maisbrotes gut belegt habe und mit der oberen Brotschicht abgedeckt. Mit dem Rest der Füllung habe ich die Seiten und die Deckschicht bestrichen.

Am Abend haben wir gemeinsam in unserer Baracke einige Weihnachtslieder gesungen. Danach haben sich die Kameraden in einzelne Gruppen aufgeteilt und so den Abend verbracht. Wir sind zu sechst.

Wir verstehen uns gut und haben unsere Betten rechts und links, immer drei Stück übereinander, in einem Gang. Hier sitzen wir auf den unteren Betten. Als Tisch dient uns ein Kistendeckel, den wir einmal aus dem Bergwerk mitgebracht haben. Diesen haben wir in der Mitte zwischen den Betten über den schmalen Gang auf den unteren Betten aufgelegt. Ein Teil einer alten Schlafdecke dient uns als Tischtuch. Darauf steht unsere „Torte" und ein Glühwein, den wir mit einer Flasche Rotwein auf dem großen Kanonenofen in der Baracke zubereitet haben. Wir lassen uns unsere Torte schmecken und trinken unseren heißen Glühwein. Unsere Gespräche führen wir wieder einmal über die Heimat. Über Erlebnisse, die wir Zuhause hatten und natürlich über das gute Weihnachtsessen aus früheren Tagen.

Gegen zehn Uhr haben wir uns in unsere Kojen verkrochen. Das Licht wird gelöscht, nur auf einem Tisch in der Barackenmitte brennt noch eine große Kerze, die auf einem Blechteller aufgestellt ist und ihr schwaches Licht in der Baracke verbreitet. Einer der Kameraden hat diese Kerze von einem französischen Grubenarbeiter bekommen. Doch heute Nacht will keine Ruhe einkehren. Aus allen Teilen der Baracke wird gesprochen und erzählt. Ein Kamerad, er ist aus Dresden und schon älter, erzählt sein Erlebnis, das er vor dem Krieg bei einer Paddelboottour auf der Elbe und der Moldau, in Prag mit einer jungen tschechischen Lehrerin hatte. Jetzt herrscht völlige Ruhe im ganzen Bau. Nur das Kerzenlicht auf dem Tisch flackert einsam und leise vor sich hin. Alle lauschen seiner Erzählung, besonders wir jungen Krieger. Nach einiger Zeit löscht einer die Kerze auf dem Tisch. Nun wird es in der Baracke langsam stiller, bis alle eingeschlafen sind.

Das war dann für uns der Heilige Abend 1947. Trotz allem, den Nöten der Gefangenschaft, fern von unseren Lieben, dem hohen Stacheldrahtverhau mit seinen Maschinengewehren und Scheinwerfern bestückten Wachtürmen, war es für uns in der Geborgenheit unserer Blechbaracke ein friedlicher und schöner Abend. Die Marokkaner der französischen Armee auf ihren Wachtürmen, die in der dunklen, kalten

Winternacht widerwillig ihren Dienst verrichten und ständig das Scheinwerferlicht in dieser friedvollen Nacht über das Lager gleiten lassen, haben es da weniger gut.

Die Weihnachtsfeiertage verlaufen ruhig. Am Morgen des ersten Weihnachtstages liegen die meisten länger in ihrer Koje. Sie schlafen, dösen vor sich hin oder sprechen miteinander. Einige sitzen auch schon um einen Tisch und spielen Karten. Es geht um Geld. Das Spiel „Siebzehn und Vier" ist auch hier an der Tagesordnung. Zu Mittag gibt es einen guten Eintopf. Einige Fleischstückchen finde auch ich in meiner Konservendose, die mir immer noch als Essnapf dient. Am Nachmittag habe ich Paul Medler in der Krankenbaracke aufgesucht. Er hat hier mit einem anderen Sanitäter eine kleine Stube, die wie das Zimmer des Arztes und der große Krankenraum, vom Rest der Baracke abgeteilt ist. Wir sitzen in dem kleinen Raum und unterhalten uns. Unser Gespräch geht über die Freiheit, die ich wie viele andere Kameraden über alles liebe, und über die Flucht. Wir sind zum Ausbruch bereit. Alles ist vorbereitet! Sobald die Schichten wieder Einfahren kann es losgehen. Wir warten nur auf einen kalten Tag.

Ein weiterer Fluchtversuch

Flucht aus dem Lager

Die Tage vergehen. Das Jahr 1948 ist angebrochen. Seit Tagen haben wir Regenwetter. Wir warten darauf, dass es kälter wird. Doch richtige Frosttage wollen nicht kommen. Das Warten wird uns zu lange. Wir haben uns entschlossen, heute Nacht, es ist die Nacht vom 5. auf den 6. Januar, die Flucht aus dem Lager zu wagen. Die Kameraden, die uns beim Verlassen des Lagers behilflich sein sollen sind verständigt. Der Abend ist angebrochen. Ich liege auf meinem Bett und versuche noch einige Stunden zu schlafen. Es will mir nicht gelingen. Zu viele Gedanken sind es, die mir durch den Kopf gehen. Irgendwann bin ich doch eingeschlafen. Dann, mitten in der Nacht, werde ich durch ein kräftiges Rütteln an meinem Oberarm aus dem Schlaf gerissen. Es ist Paul Medler aus der Krankenbaracke, der mit einer Taschenlampe vor meinem Bett steht und in einem gedämpften Ton zu mir spricht „Hugo, aufstehen, es ist halb drei". Ich brauche einige Sekunden bis ich zu mir komme und begreife sofort, um was es geht.

In der Krankenbaracke haben sie einen Wecker, und wir hatten besprochen, dass uns Paul um diese Zeit weckt. Ich höre den Regen, wie dieser kräftig auf das Blech der Baracke aufschlägt und seinen trommelnden Ton in die Baracke abgibt. Schnell bin ich aus dem Bett, wasche mich und ziehe meine Zivilklamotten an. Paul hat mir noch aufgetragen, dass ich, falls die Flucht gelingt, seine Eltern aufsuche. Wir haben uns verabschiedet und er ist in der Nacht verschwunden. Auch mein Fluchtkamerad ist bereits angekleidet. Wir essen noch etwas, verlassen unsere Baracke und begeben uns Richtung Bahntor.

Es regnet ziemlich heftig. Das Tor zum Bahnsteig ist schon geöffnet und einzelne Gruppen werden schon zur Frühschicht abgefertigt. Wir zwei begeben uns abseits vom Bahntor in den Schatten einer Baracke, der nicht direkt von den Scheinwerfern auf den Wachttürmen eingesehen werden kann. Wir warten auf die Gruppe, mit deren Hilfe wir das Lager verlassen wollen. Eigentlich sollte diese wie abgemacht um diese Zeit schon hier stehen. Wir warten etliche Minuten, die mir wie eine Ewigkeit vorkommen. Ich befürchte schon, dass die sich nicht an unsere Abmachung halten und uns im Stich gelassen haben. Doch dann sehen wir eine größere Gruppe gemütlich auf die Baracke zukommen. Mir fällt ein Stein vom Herzen, und schon sind alle Bedenken und Ängste wie weggeblasen.

Jetzt beginnt das Handeln. Die Kameraden nehmen uns zwei in ihre Mitte und umringen uns. Mein persönlicher Fluchthelfer ist ein großer, kräftiger Kamerad und weit über einen Kopf größer als ich. Bei der Wehrmacht gehörte er zur Militärpolizei. Bekleidet mit seinem langen, wasserdichten Kradmantel der Wehrmacht kommt er auf mich zu. Wir besprechen uns kurz. Nun ziehe ich meinen Mantel aus und übergebe diesen einem anderen Kameraden, der heute, wie besprochen ohne Mantel ist und meinen Mantel überzieht. Jetzt verberge ich mich auf der Rückseite des Körpers meines Fluchthelfers unter dem großen, breiten Kradmantel, der sehr weit nach unten reicht. Nur meine Schuhe sind noch zu sehen. Mit meinem Armen umklammere ich fest seinen Körper. Wir setzen uns in Bewegung und laufen in einer lockeren Gemeinschaft zum Bahnsteigtor. Beim Gehen bin ich fest an seinen Körper angelehnt. Ich mühe mich, mit ihm Gleichschritt zu halten, was mir auf Anhieb auch gut gelingt. So bilden wir zwei eine perfekte Einheit und fallen in der Mitte der Gruppe nicht auf.

In der Nähe des Tors nehmen wir in einer Fünferreihe, wie gewöhnlich, Aufstellung und warten bis unsere Gruppe mit dem Namen vom Bergwerk aufgerufen wir. Mein Fluchthelfer, mit mir unter dem Mantel, hat in der Mitte der angetretenen Gruppe und auch in der Mitte einer Fünferreihe Aufstellung genommen. Unsere Gruppe wird aufgerufen und wir gehen im Gleichschritt durch das Tor auf den Bahnsteig. Hier stehen wir, etwas dichter aufgerückt, bis unsere Gruppe abgezählt wird. Ich verberge mich unter dem Kradmandel meines Helfers, dicht an seinen Körper angepresst. Meinen Kopf habe ich nach links gedreht und fest an seinen Rücken angepresst. Er hat seine Beine leicht auseinander gestellt, damit ich meine Füße zwischen seinen Beinen verbergen kann. Ich bin angespannt und voll konzentriert. Bum, Bum, Bum macht es gleich zweimal. Ich verspüre deutlich seinen Herzschlag in meinem rechten Ohr und gleichzeitig den eigenen kräftigen Herzschlag in meiner Brust. Dazu höre ich den Regen, wie dieser auf den wasserdichten Mantel aufschlägt. Mein Blick ist nach unten gerichtet. Unter dem Mantel herrscht Dunkelheit. Nur auf dem Bahnsteigboden kann ich das Licht der Bahnsteigbeleuchtung wahrnehmen. In meinem Kopf geht viel vor. Meine Sinne bemerken die Posten, die beim Zählen der Reihen an unserer Gruppen entlang schreiten. Diese Minuten kommen mir wie eine Ewigkeit vor. Doch dann ist es soweit, unsere Gruppe setzt sich in Bewegung. Wir gehen den Bahnsteig entlang zu unserem alten Wagen. Der Aufstieg auf die Trittbretter ist unter dem Mantel meines Helfers schwierig. Zwei Kumpels, die dicht hinter uns aufgerückt sind, helfen mir nach. An meinem Gesäß drücken sie mich nach oben. Im Eisenbahnwagen angekommen krieche ich unter dem Mantel meines Helfers hervor und ziehe meinen Mantel wieder an.

Unter uns herrscht jetzt eine freudige Stimmung. Wir sind glücklich, dass bis jetzt alles so gut gegangen ist. Jeder in dieser Gruppe hat etwas dazu beigetragen. Alle sind wir innerlich beglückt, dass wir den Franzosen ein Schnippchen geschlagen haben. Wir zwei bedanken uns bei ihnen. Doch davon wollen diese Kameraden gar nichts wissen. Für sie war und ist es eine Selbstverständlichkeit uns zu helfen. Alle wünschen uns Glück und alles Gute auf der Flucht. Eine große Hilfe für uns beim unbemerkten Verlassen des Lagers war auch der starke Regen in dieser Nacht, der die Aufmerksamkeit der Wachen beeinträchtigt hat. Nun sitzen wir hier in diesem alten, ausgedienten Eisenbahnwagen auf den Holzbänken und warten darauf, dass sich unser Zug in Bewegung setzt. Doch das dauert noch eine ganze Weile.

Andere Gruppen nach uns werden abgefertigt und gehen in ihre Wagen. Dann, endlich, ertönt das bekannte langgezogene, laute Pfeifen der Lokomotive und unser Zug setzt sich langsam in Bewegung. In unserem Wagen werden die Lichter gelöscht. Die Kumpels versuchen noch eine Stunde zu schlafen. Sie haben einen langen, schweren Tag vor sich, der ihre Kräfte aufzehrt. Wir zwei Flüchtlinge müssen wach bleiben. An einer bestimmten Haltestelle in Douai müssen wir den Zug verlassen.

Douai ist bald erreicht. Unser Zug hält auf einer Gleisanlage bei einem Bergwerk. Kumpels, die hier arbeiten, steigen aus dem Zug. Wir verlassen unseren Zug auf der entgegengesetzten Seite, die nicht beleuchtet ist und springen hinter einen langgestreckten Schuppen. An diesen Schuppen anschließend ist eine kahle Hecke. Zwischen dieser und dem Schuppen verbergen wir uns im Dunkel der Nacht. Wir warten einige Minuten, um sicher zu gehen, dass wir nicht bemerkt wurden. Nun verlassen wir unser Versteck und begehen einen Weg, welcher uns auf eine Straße führt, der wir Richtung Stadt folgen. Nach einiger Zeit erreichen wir ein Barackenlager, das unser erstes Ziel ist. Hier sind Freiarbeiter aus Deutschland und ehemalige Kriegsgefangene untergebracht, die mit den Franzosen Arbeitsverträge abgeschlossen haben. Sie arbeiten in den einzelnen Bergwerken dieser Region. Wir betreten das Barackenlager. Hinter einzelnen Fenstern der Baracken brennt schon Licht.

Es regnet immer noch ziemlich stark. Im Dunkel dieser Nacht und bei dem kräftigen Regen sind die einzelnen Baracken nur an den paar erleuchteten Fenstern zu erkennen. Es sind fünf Baracken, die in einem offenen Karo um einen langgestreckten Hof aufgebaut sind. Unser Ziel ist die Baracke C, die sich auf der Stirnseite des Hofes befindet, wie wir von unseren Helfern wissen. Es sind zwei Kumpels, die mit uns im gleichen Bergwerk arbeiten und in dieser Baracke wohnen. Mit Ihnen haben wir vereinbart, dass wir für eine Nacht bei Ihnen Unterschlupf finden.

Über eine Holztreppe gelangen wir in einen langgestreckten Gang, der nur schwach beleuchtet ist. Viele Türen rechts und links entlang des Ganges führen zu den einzelnen Stuben. Wir folgen dem Gang nach links und klopfen an der dritten Tür auf der rechten Seite. Hier wohnen die zwei Freiarbeiter, mit denen wir die Vereinbarung getroffen haben. Sie sind jedoch noch nicht von ihrer Nachtschicht zurück. Wir stehen oder sitzen im Gang auf dem Fußboden, mit dem Rücken an die Holzwand des Gangs gelehnt und warten auf ihr Kommen. Nach einiger Zeit kommt ein Freiarbeiter in einem langen weißen Nachthemd aus einer Stube und huscht an uns vorbei. Er wirkt verschlafen, hat es eilig und streift uns nur von oben herab mit einem verwunderten Blick und verschwindet am Gangende in einer Tür. Es vergeht einige Zeit bis er in seinem Nachthemd im Halbdunkel des Ganges zurückkommt. Jetzt bleibt er vor uns stehen und will von uns wissen, warum wir hier im Gang auf dem Boden sitzen. Wir bleiben sitzen und beschreiben ihm unsere Situation. Aufmerksam geworden, betrachtet er uns von oben. Ein aufhellendes, zartes Lächeln liegt nun in seinem Gesicht. Dann sagt er uns, dass er auch als Kriegsgefangener in unserem großen Lager war. Vor einigen Monaten hat er einen Vertrag abgeschlossen und sich für drei Jahre als Bergmann verpflichtet. Nun ist er ein freier Mann, kann gehen wohin er will und in seiner Freizeit machen, was er will. Er arbeitet als Hauer und hat einen guten Verdienst. Mit einem Freund wohne er in einem Zimmer und die Abgaben seien hier auch nicht höher als im Gefangenenlager, sagt er uns. Dann wünscht er uns Glück und verschwindet in seinem Zimmer.

Wir warten noch einige Zeit im Gang. Nach und nach kommen Bergarbeiter von ihrer Nachtschicht zurück. Gegen halb acht kommen unsere zwei Helfer von ihrer Schicht. Sie begrüßen uns und freuen sich, dass der Ausbruch aus dem Lager gelungen ist. Wir verschwinden mit Ihnen in ihrer Stube. Hier ist es noch angenehm warm. Ihr Raum ist ca. 4 x 5 Meter groß. Rechts und links an der Wand stehen zwei Eisenbetten. An der Fußseite der Betten angelehnt, für jeden einen Spind, der noch von der deutschen Wehrmacht stammt. Links an der

Wand angebracht ein Waschbecken, darüber eine Ablage und ein Spiegel. In der Mitte vom Raum ein kleiner Tisch mit zwei Stühlen und noch ein Hocker. An der Außenwand befinden sich zwei Fenster, die mich stark an die Fenster der Deutschen RAD-Baracken erinnern. Mein Blick fällt durch die Fenster auf die Lichter der Stadt, die in einem Abstand von einigen hundert Metern beginnt. Langsam will ein neuer Tag anbrechen.

In ihrer Stube unterhalten wir uns noch kurze Zeit. Unsere Helfer sind müde und gehen zu Bett. Wir legen uns auf dem Fußboden auf eine alte Wehrmachtsdecke und versuchen auch zu schlafen. Am Nachmittag gehen wir die fünfhundert Meter bis zur Stadt und versuchen uns unauffällig in dieser zu bewegen. Hier fallen wir nicht auf und fühlen uns bald sicher. Es regnet immer noch. Nun erkunden wir den Platz, von dem verschiedene Busse in alle Richtungen abgehen. In einer kleinen Holzhütte hinter einem Schiebefenster sitzt ein älterer Mann, der die Fahrkarten für die Busse verkauft. Aus einem Ofenrohr, das aus dem Blechdach der Hütte ragt, steigt dunkler Rauch, der sofort vom Wind verweht wird. Wir kaufen uns noch etwas zu Essen und gehen zurück in das Barackenlager. Die Nacht verbringen wir in den Betten unserer Helfer, die jetzt auf ihrer Schicht sind. Auch am Tag halten wir uns noch in ihrer Stube auf.

Auf der Flucht nach Belgien

Dann ist es soweit. Es ist dunkel geworden. Die Nacht vom 7. zum 8. Januar ist angebrochen. Wir verabschieden uns von unseren Helfern, verlassen das Lager und gehen nach Douai. Hier laufen wir zum Bushalteplatz und kaufen uns eine Fahrkarte nach Lille an der belgischen Grenze. Wir besteigen den Bus, der bis jetzt nur schwach besetzt ist. Um achtzehn Uhr setzt sich unser Omnibus in Bewegung. Diese Januarnacht ist ziemlich ungemütlich. Es ist kälter geworden und es regnet immer noch stark. Die Fahrt geht nur langsam voran. Starker Wind drückt den Regen gegen die Fensterscheiben des Busses und behindert dem Fahrer die Sicht in der regnerischen Nacht. Auch in dem Bus ist es kalt. Dieser durchfährt kleinere und größere Orte, die uns nur durch ihre beleuchteten Fenster im Dunkel der Nacht auffallen. Nach längerer Fahrzeit kommen wir in Lille an. Hier verlassen wir den Omnibus und begeben uns auf einer mäßig beleuchteten Straße in nordöstlicher Richtung nach Tourcoing. Der Regen hat jetzt nachgelassen. Wir durchqueren die Stadt auf dem linken Bürgersteig einer breiten Straße, die um diese Nachtzeit und bei dem ungemütlichen Wetter nur wenig belebt ist. Nach einem längeren Marsch sehen wir den französischen Schlagbaum ungefähr zweihundert Meter voraus. Die Grenze ist geöffnet. Der Schlagbaum ist hochgestellt. Nun bleiben wir unauffällig stehen, unterhalten uns zum Schein und beobachten dabei die Grenze.

Die Straße fällt hier etwas ab. Zwei französische Grenzbeamte, bekleidet mit einem schützenden Umhang, stehen auf der rechten Straßenseite in einem Hauseingang und schützen sich vor dem Regen. Von einer richtigen Grenzstation, wie ich mir diese vorgestellt habe, ist nichts zu sehen. Nur ein Schild und der geöffnete Schlagbaum zeigen die Grenze an. Die Bürgersteige sind nicht versperrt und werden von einzelnen Personen ohne jede Kontrolle frei passiert. Das macht uns Mut. Nun gehen wir auf dem Bürgersteig weiter zur Grenze. Um unauffällig zu erscheinen reden wir miteinander und passieren diese ohne Zwischenfälle. Jetzt befinden wir uns im sogenannten Niemandsland, das hier aber auch rechts und links mit Wohnhäusern bebaut ist. Wir kommen zum belgischen Grenzübergang. Es regnet wieder stärker und der Wind hat kräftig aufgefrischt. Auch hier ist der Schlagbaum hochgestellt und versperrt den Übergang nicht. Die Bürgersteige sind, wie auf der französischen Seite, frei passierbar. Belgische Zollbeamte sehen wir nicht.

Der ganze Grenzübergang war für uns kein Problem. Wir wussten schon vorher von den Freiarbeitern, dass diese Grenze von Frankreich nach Belgien kein Hindernis ist und leicht zu überwinden sein wird. Damit es uns warm wird, gehen wir in einem schnellen Gang weiter.

Mein Mantel ist von dem langen Gehen durch den Regen schwer geworden. Das Regenwasser tropft von meinem Hinterkopf und fließt langsam in meinen Nacken, wo es von meinem Unterhemd aufgesaugt wird und sich auf meiner Haut erwärmt. Nach einiger Zeit kommen wir aus der belgischen Grenzstadt heraus. Jetzt begehen wir eine Landstraße, die in nordöstlicher Richtung zu der Stadt Gent führt. Wir folgen dieser Straße bis weit in die Nacht. Niemand begegnet uns. Bei diesem Sauwetter sind wir allein auf der Landstraße unterwegs. Ab und zu kommen wir durch Ortschaften oder die Straße führt an diesen vorbei. Der Regen und die Kälte machen uns zu schaffen. Unsere Kräfte lassen langsam nach. Wir sind abgespannt und müde. Schon eine ganze Weile halten wir Ausschau nach einer Bleibe für den Rest der Nacht.

Links von uns, in freier Landschaft etwas abseits der Landstraße, nehmen wir im Dunkel der Nacht die Umrisse von einem Gebäude wahr. Wir gehen über eine Wiese darauf zu und bemerken, dass es eine freistehende Scheune ist. Diese umgehen wir zweimal, bis wir in der Dunkelheit eine Türe finden. Diese Türe befindet sich in einem gemauerten Teil der Scheune. Doch zu unserem Verdruss bemerken wir, dass die Türe mit einem kräftigen Vorhängeschloss verschlossen ist. Es gelingt uns nicht dieses Schloss zu öffnen. Rechts von der Türe ist ein kleines Fenster, das ziemlich hoch angebracht ist. Kleine Glasscheiben sind im Karo in einem Eisenrahmen angebracht, wie wir mit dem Licht von einem Streichholz bemerken. Doch der Wind löscht das Zündholz sofort wieder. Das Fenster gibt gleich bei dem ersten Versuch nach und lässt sich nach innen hochklappen. Die Fensteröffnung ist nicht groß. Wir haben unsere Last, da hindurch zu kommen. Es gelingt uns erst, nachdem wir unsere Mäntel ausgezogen haben. Ich helfe meinem Kamerad nach oben, dieser zwängt sich durch die Fensteröffnung und lässt seinen Körper an der Mauer nach unten gleiten, indem er sich gleichzeitig an dem schmalen Fensterrahmen festhält. Nun werfe ich ihm unsere Mäntel durch die Öffnung zu, die ich zuvor zu zwei Bündel zusammengelegt habe. Jetzt versuche ich mit meinen Händen an dem Fensterrahmen einen festen Halt zu bekommen. Doch das gelingt erst, nachdem ich mich auf die Fußspitzen stelle und meinen Körper stark gestreckt habe. Mit meinen Füßen stütze ich mich am Mauerwerk ab und ziehe meinen Körper nach oben. Oben angekommen mache ich mich so klein wie es nur geht und zwänge mich so durch die kleine Fensteröffnung, dass ich zuerst mit den Füßen nach unten komme.

Hier in diesem Raum ist es stockdunkel. Unsere Stimmen klingen hohl. Wir zünden ein Streichholz an und stellen fest, dass wir uns in einem kleinen Stall befinden. Dieser ist leer und fein säuberlich aufgeräumt. Das hochgeklappte Fenster schließen wir als erstes. Ein weiteres Streichholz, das wir angezündet haben, zeigt uns gegenüber von dem Fenster eine Türe, die wir öffnen und so kommen wir nun in die Scheune. Ein neues Streichholz gibt uns so viel Licht, dass wir sehen, dass diese Scheune mit Stroh gefüllt ist, welches zu Ballen gepresst wurde. Eine Leiter, schräg an die Strohballen angelehnt, führt nach oben. In der Dunkelheit tasten wir uns an dieser Leiter hoch. Wir gehen einige Schritte weiter. Vorsichtig müssen wir auf dem Stroh ein weiteres Streichholz zünden, damit wir sehen wo wir sind. Nachdem wir uns orientiert haben, kriechen wir auf den zusammengestellten Strohballen nach rechts in eine Scheunenecke. Hier legen wir uns auf die Strohballen. Wir liegen eng nebeneinander und decken uns mit den Mänteln zu. So wird es uns etwas wärmer und nach kurzer Zeit sind wir vor Müdigkeit auch eingeschlafen.

Als wir erwachen ist es schon hell. Sofort sind wir auf den Beinen. Mit einem Taschentuch säubern wir unsere Mäntel und Kleider von kleinen Strohteilen, die an diesen haften und essen unsere letzten Weißbrotscheiben, die mit Käse belegt sind. Durst macht sich bemerkbar. Doch zum Trinken haben wir nichts. Wir gehen die Leiter hinab und sehen jetzt das Scheunentor. Doch es lässt sich nur einen Spalt öffnen. Es ist von außen mit einer Kette verschlossen. Auf der anderen Seite, der rechten Torseite, drücken wir es soweit nach außen, dass wir hindurchschlüpfen können. Wir beobachten die Gegend. Es regnet nicht mehr. Der Himmel ist von dichten Wolken behangen, die in südlicher Richtung ziehen. Richtig kalt ist es geworden. Keine Menschenseele ist zu sehen. Über die Wiese gehen wir zurück zur Straße und setzen unseren Weg in Richtung Gent fort.

Auch am Tag sind wir auf dieser Straße allein unterwegs. Wir begegnen keinem Menschen. Selbst die paar Ortschaften, die wir passieren, wirken wie ausgestorben. Nur die Schornsteine auf den Dächern der Häuser qualmen vor sich hin und verraten uns, wo die Leute sind. Gegen Mittag begegnen wir einigen Kindern, die aus der Schule kommen. Auch sie haben es heute eilig. Doch neugierig wie Kinder sind, beobachten sie uns aufmerksam beim Vorübergehen. Wir beachten sie nicht. Wieder ist einige Zeit vergangen, in der wir eine gute Strecke zurückgelegt haben. Der scharfe Nordwind bläst uns ins Gesicht und lässt uns unsere Schritte auf der Straße beschleunigen, damit wir die Kälte weniger spüren.

Es ist gegen drei Uhr am Nachmittag. Auf einer freien Strecke begehen wir die Landstraße. Diese fällt hier ungefähr einen Kilometer lang leicht ab in eine Senke, um auf der anderen Seite wieder anzusteigen. Nun sehen wir, dass uns auf dieser anderen Seite zwei Polizisten auf ihren Fahrrädern entgegen kommen. Damit haben wir nicht gerechnet. Was machen wir nun? Ein Ausweichen ist nicht möglich. So gehen wir weiter und besprechen uns kurz was wir diesen erzählen, wenn sie uns anhalten, was wir befürchten. Im Tal angekommen steigen die Polizisten von ihren Rädern ab und schieben diese bergauf. Dabei haben sie uns schon fest im Blick. Zwei Männer zu Fuß auf einer Landstraße unterwegs, das scheint es in Belgien nicht zu geben. Und dann noch bei diesem Wetter. Wenn das schon sein muss, ist man hier mit einem Fahrrad unterwegs. Wir laufen in ihrer Richtung weiter. Auf unserer Höhe angekommen bleiben sie mit ihren Rädern stehen und schauen uns mit einem festen Blick von oben bis unten an. Auch unser Blick richtet sich auf sie und wir grüßen sie im Vorbeigehen mit einem „Bon Jour". Jetzt halten sie uns an und wollen von uns wissen, wohin uns unser Weg führt? Wir erklären ihnen, dass wir nach Gent wollen. Nun bemerken sie, dass unser Französisch nicht so gut ist und einen deutschen Akzent hat. Sie fragen uns, ob wir Deutsche sind. Wir bejahen das. Sie wollen wissen, was wir in Gent wollen? Wir sagen ihnen, dass wir in Kortrijk arbeiten würden und wir uns in Gent neue Arbeitspapiere holen wollen. Wahrscheinlich glauben sie uns das nicht. Sie gehen zwei Meter abseits und besprechen sich kurz mit gedämpfter Stimme. Ich bekomme mit, wie der eine Polizist zum andern sagt: „ ... die erwischen sie ja sowieso!" Jetzt ist es mir klar, die wollen sich nicht mit uns beschäftigen. Sie wissen, dass wir für sie nur eine zusätzliche Belastung sind. Sie müssten uns bei diesem Wetter nach Gent bringen. Das möchten die zwei vermeiden. Wir kommen aus Richtung Frankreich und sind noch nicht sehr weit in Belgien. Wahrscheinlich vermuten sie, dass wir Kriegsgefangene aus Frankreich sind und uns auf der Flucht befinden. Denn aus Frankreich ausgebrochene Kriegsgefangene kommen hier immer wieder über die Grenze mit dem gleichen Ziel wie wir.

Die Polizisten beschreiben uns, wo wir uns in Gent melden müssen. Sie gehen weiter und schieben ihre Fahrräder bergauf. Nach unseren Ausweisen haben sie uns gar nicht gefragt. Solche Papiere besitzen wir auch überhaupt nicht. Junge, da haben wir aber Glück gehabt! Von unserer inneren Last befreit, ziehen wir erleichtert weiter. Früh setzt die Dämmerung ein und es wird dunkel. Wir gehen, gehen und gehen auf der Straße, die uns unserem Ziel nur langsam näher bringt. Die Kälte macht uns zu schaffen. So vergeht Stunde um Stunde. Vor einem Dorf, etwas abseits der Landstraße gelegen, gehen wir an einem Haus vorüber, das etwas tiefer als die Straße liegt. Es muss ein neues Haus sein, es hat nur ein Stockwerk. Ein großes, rechteckiges Fenster ist hell beleuchtet. Dahinter sind durch die Gardinen eine Frau und ein Mann zu sehen. Sie sitzen an einem Tisch und spielen ein Brettspiel. Es könnte Schach sein. Ich kann es aber nicht genau erkennen.

In mir kommt bei diesem friedlichen Anblick eine große Sehnsucht nach Wärme und Geborgenheit auf. In einem solchen Haus wäre ich jetzt auch am liebsten. Aber wir müssen weiter. Wir wollen nach Deutschland, nach Hause! Wir laufen noch eine kurze Strecke. Plötzlich bleibt mein Kamerad stehen, schaut mich an und sagt ohne jede Vorwarnung laut zu mir: „Ich kann nicht mehr". Ich rede gut auf ihn ein und sage ihm, dass er durchhalten soll bis wir ein Schlupfloch für den Rest der Nacht gefunden haben. Darauf geht er aber nicht ein. „Ich gehe keinen Schritt mehr weiter, ich bleibe hier" spricht er zu mir. Dabei geht er drei Schritte nach links zum Straßenrand und lässt sich in einen flachen Straßengraben fallen. Dort liegt er mit seinem Gesicht nach unten und jammert. Ich rede weiter auf ihn ein. Es hilft nichts. Er sagt zu mir, dass ich ihn liegen lassen und alleine weitergehen soll. Das kann ich natürlich nicht. Ich kann ihn in dieser Situation nicht sich selbst überlassen. Das würde mit großer Wahrscheinlichkeit in dieser kalten Nacht sein sicheres Ende bedeuten. Da jedes Einreden auf ihn nichts bringt, komme ich jetzt selbst in Verzweiflung. Ich stehe über ihm. Meine Beine habe ich rechts und links über dem Straßengraben stehen. Sein Mantel ist hochgerutscht. Ich bekomme ihn von hinten an seinem Hosengurt zu fassen und schüttele in so heftig wie ich nur kann. Dabei schreie ich ihn an, dass er sich zusammennehmen und aufstehen soll. Das hilft, nun steht er auf.

Einige hundert Meter rechts von unserer Straße in einer Senke liegt das Dorf. Ich sage ihm, dass wir jetzt in dieses Dorf gehen, um eine Bleibe für den Rest der Nacht zu finden. Damit ist er sofort einverstanden. Im Dorf ist es dunkel. Alle Lichter hinter den Fenstern auf unserem Weg sind bereits erloschen. Jetzt bemerken wir in einer großen Scheune ein helles Licht. Wir hören Stimmen und Geräusche. Zu allem bereit gehen wir mutig auf diese Scheune zu. Das Scheunentor ist leicht geöffnet. Wir treten ein. In der Scheune steht ein Lastwagen, der von drei jungen Leuten mit gefüllten Salatsteigen beladen wird. Das Lastauto ist schon bis zum Rand einer hohen Bordwand beladen. Fein säuberlich sind die Steigen mit Kopfsalat gefüllt, übereinander aufgeschichtet. Bei Ihrer Arbeit reden die jungen Leute miteinander. Uns hat noch niemand am Eingang, dem Scheunentor, bemerkt. Jetzt machen wir uns mit dem Gruß „Bon Soir" bemerkbar. Alle Augen schauen auf uns. Sie betrachten uns! Wir sagen ihnen, dass wir französische Kriegsgefangene sind und aus Frankreich geflüchtet sind. Die Überraschung ist groß. Für kurze Zeit herrscht in der Scheune Totenstille. Ihre Augen sind starr auf uns gerichtet. Sie haben ihren Mund geöffnet und betrachten uns. Ich spüre ihre ungläubigen Blicke. Nun sage ich ihnen, dass wir schon den ganzen Tag auf der Straße nach Gent unterwegs sind, dass wir erschöpft sind und nicht mehr weiter können. Wir bitten sie um ein Nachtquartier irgendwo in ihrer Scheune. Jetzt löst sich ihre Starre. Nun werden wir ungläubig befragt von wo wir genau herkommen und wo wir hin wollen. Willig haben wir alle ihre Fragen beantwortet. Nun hilft man uns gerne.

Wieder haben wir Glück gehabt. Wir sind auf eine flämische Bauernfamilie gestoßen. Diese Leute sind uns gut gesinnt. Sie sprechen nun in ihrer flämischen Muttersprache mit uns. Wir können Sie gut verstehen. Nachdem der Lastwagen voll beladen ist führen sie uns in einen Kuhstall. Hier ist es angenehm warm! Vier Milchkühe stehen in diesem Stall, links vom Eingang ist eine Box frei. Schnell ist ein großer Strohballen auf dem Boden der Box verteilt. Die Tochter des Hauses bringt uns einige Wolldecken. Eine dieser Decken wird über dem Stroh ausgebreitet, zwei Decken haben wir zum zudecken. Darauf legen wir unsere Mäntel, so wird es uns schnell schön warm. Wir sind froh, dass wir eine für unsere Verhältnisse so wunderbare Bleibe für den Rest dieser Nacht gefunden haben. Ich schätze, dass wir wohl schon bald Mitternacht haben. Schnell sind wir eingeschlafen. Ein tiefer, fester Schlaf lässt uns alle Mühen des Tages vergessen. Wir erwachen erst am Morgen durch Geräusche im Stall. Es sind diese typischen Melkgeräusche, wenn die Kuhmilch beim Melken aus dem Euter in den Eimer fliest. Geräusche, die mir vertraut sind. Sofort steigen Erinnerungen aus meiner Jugend auf. Bilder werden mir bewusst und bauen sich vor meinem geistigen Auge auf. Es sind jene Bilder, wie ich mit meinen Freunden oben auf der „Hohen Rhön" die Kühe ihrer Eltern gehütet habe. Nun öffne ich meine Augen und richte meinen Blick in die Richtung der Melkgeräusche. Eine Frau im mittlerem Alter sitzt auf einem Schemel mit einem Eimer zwischen den Beinen und melkt die Kühe. Ihre Haare und die Stirne sind mit einem roten Kopftuch bedeckt. Auch mein Kamerad ist wach und blickt in ihre Richtung. Wir beobachten sie eine ganze Weile. Sie bemerkt unsere Blicke und schaut zu uns herüber. Sie sieht, dass wir erwacht sind, lächelt uns freundlich zu. Wir wollen uns von unserem Strohlager erheben. Doch sie gibt uns mit der Hand ein Zeichen und sagt auf flämisch, dass wir liegen bleiben sollen. Gleich bekämen wir Kaffee. Dann verschwindet sie mit ihrem mit Milch gefüllten Eimer aus dem Stall.

Wir müssen nicht lange warten. Die Stalltüre öffnet sich, herein kommt die Tochter des Hauses, die wir schon aus der Scheune kennen. Ein junges, blondes Mädchen von 18 Jahren, mit einem Korb im angewinkelten rechten Arm, der mit einem hellen Tuch abgedeckt ist. Mit einem sehr freundlichen Lächeln in ihrem schönen, jungen Gesicht schaut sie auf uns herab. In ihrem Korb hat sie Kaffee und belegte Brote für uns. Es ist echter Bohnenkaffee! Etwas, das wir gar nicht mehr kennen. Auf einem Schemel, den sie in den Stall bringt, breitet sie das kleine rechteckige Tuch aus, mit dem ihr Korb abgedeckt war. Darauf stellt sie zwei Unterteller und Kaffeetassen. Aus einer Kanne füllt sie die Tassen mit dampfendem Kaffee. Ein wunderbarer Geruch erfüllt den Raum und verändert den Stallgeruch. Gierig nimmt mein Geruchsinn diesen wunderbaren Duft auf und speichert diesen tief in meinem Bewusstsein. Ich fühle mich jetzt hier in diesem Kuhstall wie im Himmel. Beim Anblick der mit Butter und Landwurst belegten Brote und den mit Kaffee gefüllten Tassen auf dem mit dem Tuch abgedeckten Schemel werden alle meine Sinne geweckt. Und dann dieses freundliche Mädchen! Ein Anblick, den ich lange entbehrt habe. Nun setzt sie sich zu uns auf das Stroh und redet mit uns. Sie befragt uns über die Gefangenschaft in Frankreich. Sie will wissen, wie und wo wir über die Landesgrenze gekommen sind. Ihr älterer Bruder kommt jetzt in den Stall und gesellt sich auch zu uns. Er fragt uns, wie es uns geht und sagt uns, dass er in zwei Stunden mit dem beladenen Lastwagen nach Gent fährt. Er will uns mitnehmen.

Es ist soweit. Die Zeit der Abfahrt ist gekommen. Wir verabschieden uns im Stall von der Mutter und der Tochter des Hauses und besteigen mit dem Sohn das Führerhaus des Lastwagens. Er lässt den Motor warmlaufen und die Fahrt aus dem Dorf in Richtung Gent beginnt. Nach einer halben Stunde Fahrt bremst unser Freund das Auto ab. Die Fahrt geht über die Schelde und schon hält er an einer Straßenkreuzung an. „Hier müsst ihr aussteigen und dieser Straße folgen", sagt er zu uns. Dabei zeigt er mit seiner rechten Hand nach rechts auf die Querstraße. „Auf dieser Straße müsst ihr gehen. Der Güterbahnhof ist gar nicht weit von hier und liegt auf der linken Seite der Straße." Wir bedanken und verabschieden uns bei ihm. Jetzt verlassen wir das Führerhaus des Lasters und winken unserem Freund noch einmal zu.

Ein frischer Wind weht auf der Straße. Es ist hier an der Schelde noch kälter als gestern auf der Landstraße. Liegt es an der feuchten Luft hier am Wasser oder ist das Thermometer noch weiter gefallen? Wir wissen es nicht!

Nun folgen wir dieser schmalen Straße, die am Fluss entlang führt. Schon nach kurzem Fußmarsch überqueren wir die Schienen und sehen westlich von uns den großen Güterbahnhof mit vielen Schienensträngen, auf denen etliche Güterzüge abgestellt sind. Wir bleiben stehen und beobachten den Bahnhof. Ein hoher Fußgängersteg überquert die Gleisanlage. Links am Übergang steht noch ein Flakturm der Wehrmacht. Hier gehen wir hin und betrachten die Bahnanlage von oben. Die ganze Anlage ist mit einem über drei Meter hohen Stacheldrahtverhau abgesichert. Damit niemand diesen Zaun übersteigen kann, ist dieser Zaun oben auf der Krone noch zusätzlich mit einer v-ähnlichen Stacheldrahtanlage nach beiden Seiten gesichert.

Die Mittagszeit ist herangerückt. Jetzt am Tag können wir nichts erreichen. Wir müssen uns gedulden und die Dunkelheit abwarten. So gehen wir über die schmale Fußgängerbrücke, die über die Gleisanlage führt, in nördlicher Richtung. Auf einer Treppe kommen wir nach unten und gelangen auf einem schmalen Pfad in einen kleinen Wald. Es ist mehr ein Buschwerk mit einigen hohen Bäumen, das hier von Fußgängerpfaden durchzogen ist. Auf den schmalen Wegen durchstreifen wir diese kleine Anlage in alle Richtungen. Nur um uns zu bewegen und die Körperwärme zu behalten. So laufen wir über längere Zeit. Das Wäldchen kennen wir jetzt in allen Winkeln schon auswendig und werden das Gehen in demselben schon Leid. In der ganzen Zeit, die wir hier gehen, sind wir keiner Menschenseele begegnet. Den Leuten ist es zu kalt, um sich hier herumzutreiben. Um die Zeit bis zum Einbruch der Nacht totzuschlagen, bauen wir uns jetzt auf einem abgelegenen Pfad ein Lager. Vom Buschwerk sammeln wir dünne Zweige, die wir auf den gefrorenen Boden legen. Die Zweige bedecken wir mit langem dürren Gras, das wir gleich hinter dem Wäldchen am Rande eines kleinen Sees finden. Wir ziehen unsere Mäntel aus, legen uns auf das Graswerk und decken unsere Körper mit unseren Mänteln ab. Um unsere Körperwärme zu halten, liegen unsere Körper eng beieinander. Die Beine haben wir angezogen. Jetzt kommt wieder meine alte Technik zum Einsatz. In einen Ärmelansatz von meinem Mantel habe ich meinen Kopf gesteckt, in den anderen Ärmelansatz das angezogene rechte Knie. Ein kleiner Teil des Mantels liegt dabei unter meinem Körper auf dem Gras. Mit dem größeren Teil der Mäntel sind unsere Körper vollkommen bedeckt, wobei beide Mäntel auf unseren Körpern übereinander liegen.

Wir liegen schon eine Weile so. Unsere Körperwärme und die warme Atemluft unter den Mänteln lässt es uns hier aushalten. Nur von unten steigt etwas Kälte der gefrorenen Erde durch das Gras auf. Plötzlich vernehmen wir Schritte auf dem gefrorenen Boden die näher kommen. Damit hatten wir hier in diesem abgelegenen Winkel des Wäldchens bei diesen niederen Temperaturen nicht gerechnet. Eine Flucht ist zwecklos, dafür sind die Schritte schon zu nahe bei uns. Es sind die Schritte von einer Person, die direkt auf uns zukommt. Vor uns angekommen verstummen die Schritte. Die Person bleibt stehen. Sie hat das Bündel von zwei Menschen unter den Mänteln wahrgenommen und betrachtet uns eine ganze Weile, ohne sich zu äußern. Wir behalten unsere Körper unter den Mänteln verborgen, als könnten wir uns so vor dieser Person verstecken. Wir bewegen uns nicht! Ich halte meine Atemluft an. Meine Sinne sind angespannt und ich bin auf das Äußerste konzentriert. Gespannt warte ich unter dem Mantel darauf, was im nächsten Moment geschehen wird?

Es vergeht einige Zeit bis sich die Schritte wieder in die Richtung, aus der sie gekommen sind, entfernen. Immer noch verbergen wir uns regungslos unter unseren Mänteln. Dann, nach einigen Minuten, nach denen wir uns wieder allein und unbeobachtet fühlen, haben wir es eilig. Schnell ziehen wir unsere Mäntel über und verlassen unser Nest. Wir gehen wieder zurück zum Fußgängerübergang an der Gleisanlage und überqueren diesen. Nun besteigen wir den betonierten Flakturm am Übergang und verbergen uns oben hinter der halbhohen Brüstung dieser Anlage. Auf dem Betonboden sitzend, warten wir auf die Dunkelheit. In dieser sitzenden Stellung, ohne Bewegung dringt die Kälte tief in unsere ausgefrorenen Körper ein. Am Nachmittag, es mag gegen vier Uhr sein, halten wir die Kälte nicht länger aus. Mein Kamerad hat wieder Schwierigkeiten mit seiner Psyche und spricht vom Aufgeben. Wir müssen uns bewegen! Unweit der Bahnanlage, in südlicher Richtung liegt ein Dorf. Merlebeck ist der Name. In diese Richtung gehen wir auf der Straße und überqueren den Fluss. Im Dorf angekommen durchlaufen wir den Ort. Einige Jungen sammeln sich hinter uns und verfolgen uns in sicherem Abstand. Sie pöbeln uns an und bewerfen uns mit Steinen. Scheinbar hat es sich schon herumgesprochen, dass sich Fremde herumtreiben. Wahrscheinlich hält man uns für Landstreicher. Durch die gute Erfahrung, die wir in der vergangenen Nacht gemacht haben, sind wir ermutigt und beschließen, Leute in einem Haus anzusprechen. Rechts von uns befindet sich ein Bauernhaus. Es liegt etwas zurück. Im Hof sehen wir einen großen Misthaufen. An das Haus angelehnt eine hohe Sandsteintreppe, die zur Haustür führt und auf der anderen Seite wieder nach unten geht. Wir fassen den Entschluss, in dieses Haus zu gehen! Sofort betreten wir den Hof, besteigen die Treppe und gelangen durch die Haustüre in einen Vorraum. Einen Moment bleiben wir hier stehen. Im Vorraum ist es ziemlich dunkel. Nur durch ein kleines Fenster in der Haustüre fällt etwas Licht. An den drei Innenseiten des Vorraumes befinden sich Türen, die in die einzelnen Räume führen. Rechts, hinter der ersten Türe hören wir Stimmen. Es sind Frauenstimmen. Ich klopfe an der Türe, wir werden hereingebeten und sind in der Wohnküche des Hauses. Zwei Frauen, Mutter und Tochter, schauen uns mit großen Augen an. „Zwei fremde Männer am Samstag Nachmittag, was wollen die von uns?", lese ich aus ihren fragenden Blicken. Ich trage wieder meinen Spruch vor, den ich in der letzen Nacht in der Scheune abgegeben habe. Ich sage noch, dass wir total durchgefroren sind und frage, ob sie uns helfen können. Ihre Blicke hellen sich auf. Sofort werden uns zwei Stühle an einem großen Tisch angeboten, auf denen wir uns niederlassen. In der Küche ist es angenehm warm. Auf der Herdplatte steht ein Topf, gefüllt mit frischem, noch dampfendem Inhalt. Die Hausfrau nimmt den Topf von der Herdplatte und stellt diesen auf den Tisch. Die Tochter kommt mit zwei Suppentellern, zwei Suppenlöffeln und einer großen Kelle, die sie in den Topf eintaucht und die Teller füllt. Es ist frisch gekochter Schokoladenpudding! Sie schiebt uns die hochgefüllten Teller zu. Unsere Gesichter hellen sich auf. Wir machen uns sofort über den Pudding her. Welch eine Köstlichkeit! Pudding, und dann noch Schoko-ladenpudding, den ich immer so gerne gegessen habe. Ich habe seit Jahren keinen Schokoladenpudding mehr gesehen. Die warme Speise und die Freundlichkeit dieser zwei Frauen gibt uns neuen Mut. Wir dürfen uns noch etwas aufwärmen. Sehr höflich bedanken wir uns bei Mutter und Tochter und verlassen das Haus.

Draußen ist es inzwischen dunkel geworden, der Abend ist angebro-chen. Wir kommen aus dem Licht und müssen uns erst an die Dunkel-heit dieser Nacht gewöhnen. Unser Weg führt uns wieder zurück zum Güterbahnhof. Dort besteigen wir den ausgedienten Flakturm und beobachten von hier die abgestellten Waggons auf den Gleisen. Die Anlage ist nur spärlich beleuchtet. Wir haben den Eindruck, dass die

Güterzüge, die von Gent in die einzelnen Richtungen gehen, hier nur zusammengestellt werden. Außer einer kleinen Verschiebelok sind keine Lokomotiven zu sehen. Auf der Nordseite dieser Anlage ist ein einstöckiger fester Bau hell beleuchtet. Er ist nicht sehr groß. Hinter einem großen Fenster, das über die ganze Front dieses Bauwerks geht, sind einige Bahnangestellte zu sehen, die lebhaft miteinander reden.

Wir verlassen den Flakturm und begeben uns auf die Gleisanlage, um die Waggons näher in Augenschein zu nehmen. Hier bemerken wir, dass alle Wagen in dafür vorgesehenen kleinen, offenen Kästchen mit einem Leitblatt beschriftet sind. Eine Zusammenstellung der Waggons geht nach Brüssel. Einige Waggons haben die Beschriftung „Douai", dorthin von wo wir gekommen sind. Eine große Zusammenstellung von Waggons geht nach „Antwerpen". Nach einiger Zeit stoßen wir auf Güterwagen mit der Beschriftung „Aachen". Das ist der richtige Zug für uns! Es ist eine größere Zusammenstellung, bestehend aus offenen und geschlossenen Güterwagen. Wir suchen uns eine Gruppe von geschlossenen Güterwagen. Die Verriegelungen der Schiebetüren sind nicht verplombt. Wir nehmen den mittleren Wagen dieser Gruppe und öffnen die Schiebetür langsam soweit, dass wir einsteigen können und schwingen uns in den Waggon. Von innen schieben wir die Türe vorsichtig wieder zu. Den schweren Eisenverschluss der Türe können wir von innen nicht mehr in seine Verankerung einrasten. Auch das Öffnen und das Schließen der schweren Schiebetüre ist uns nicht ohne das Geräusch der Gleitrollen auf der Türschiene möglich. Der Güterwagen ist leer, wie wir mit einem Streichholz, das wir angezündet haben, feststellen. In der rechten Ecke des Waggons lassen wir uns auf dem Holzboden des Wagens nieder. Das haben wir geschafft, denke ich mir. Wir reden leise miteinander und hoffen, dass dieser Zug nicht all zu lange hier stehen bleibt. Es ist noch nicht sehr viel Zeit vergangen seit wir in diesem Waggon eingestiegen sind. Plötzlich hören wir, wie in unserer Waggongruppe die Schiebetüren geöffnet und auch wieder geschlossen werden. Dieses Geräusch von den Türen kommt unserem Waggon näher. Wir sind hellhörig geworden, sind schnell auf den Beinen und postieren uns links der Schiebetüre, eng an die Bordwand angelehnt. Im Bruchteil einer Sekunde wird es uns bewusst, dass diese Burschen über uns Bescheid wissen. Die Geräusche, die wir beim Bewegen der Türen verursacht haben, haben sie mitbekommen.

Mit einem kräftigen Ruck wird unsere Türe aufgeschoben. Ein ausgestreckter Arm mit einer brennenden Sturmlampe in der Hand, streckt sich in die weit geöffnete Türe. Gleichzeitig beugt sich der Kopf eines Mannes in den Waggon. Mit einer schnellen Kopfbewegung blickt er kurz nach rechts und links. In der gleichen Sekunde springen wir mit einem gewaltigen Satz an ihm vorbei auf die Gleisanlage. Im Sprung aus dem Waggon bemerke ich, dass der Mann mit der Laterne nicht alleine ist. Links, seitlich hinter ihm, stehen noch vier Männer neben dem Güterwagen. Im Sprung nehme ich für den Bruchteil einer Sekunde ihre Körper wahr. Diese sind von unserem plötzlichen Sprung aus dem Waggon im Moment so überrascht, dass sie einen Augenblick brauchten, um zu begreifen und unsere Verfolgung aufnehmen. Hierdurch haben wir einen kleinen Vorsprung. Beide nutzten wir diesen, um blitzschnell unter einem der abgestellten Waggons auf dem Nachbargleis hindurch zu schlüpfen. Wir rennen in östlicher Richtung weiter. Jetzt sind unserer Verfolger hinter uns her. Noch einmal husche ich unter einem abgestellten Waggon hindurch. Meinen Kameraden habe ich aus dem Blick verloren. Ich renne zwischen zwei abgestellten Güterzügen weiter ostwärts bis zum Ende des Zuges zu meiner linken Hand. Nun überspringe ich hinter dem letzten Wagen das Gleis und renne im Halbdunkel der schwachen Beleuchtung der Anlage nach Norden. Zwei der Verfolger sind in einem Abstand von fünfzehn Metern hinter mir her. Plötzlich sehe ich in einer geringen Entfernung vor mir den hohen Stacheldrahtzaun. Reflexartig, ohne jede weitere Überlegung, springe ich an den Zaun und klettere an dem Karogeflecht des Stacheldrahtzaunes hoch. Oben an der v-artigen Erweiterung des Zaunes gelingt es mir nicht diesen zu überwinden. Meine Verfolger haben mich eingeholt und ziehen an meinen Beinen. Ich wehre mich einen Moment und versuche mich durch Tritte von ihrer Umklammerung zu befreien. Doch dann habe ich eingesehen, dass es für mich in dieser Situation kein Entkommen mehr gibt. Ich habe verloren! Ich gebe auf und komme herunter. Unten angekommen, ergreifen sie sofort meine Handgelenke und drücken meine Arme kräftig auf meinem Rücken nach oben. Ich verspüre einen heftigen Schmerz in meinem Rücken unter den Schulterblättern und rufe laut „Auuu". Sofort lassen sie mit dem Druck auf meine Arme leicht nach. Jetzt drängen sie mich mit dem Ausruf „alléz vite" unter Anwendung eines Druckes in meinen Rücken nach vorne. Es geht in Richtung des hell beleuchteten Bahngebäudes. Nun sehe ich meinen Kameraden auch wieder. Ungefähr einhundert Meter vor mir wird er im Licht des Bahngebäudes abgeführt. Auch er wird von zwei Männern gehalten. Der dritte Mann, der mit der Sturmlaterne, geht hinter den Anderen her. Ich sehe, wie sie alle im Gebäude verschwinden. Auch mich bringt man dort hin. Hier werden wir in eine Ecke gestellt und von zwei Männern bewacht.

Wieder Eingefangen

Die Bahnangestellten sind heftig am diskutieren und am telefonieren. An ihren freudigen Gesichtsausdrücken bemerke ich, dass sie glücklich und zufrieden über ihren Erfolg sind. Immer wieder fallen ihre Blicke auf uns. Wir selbst dürfen nicht miteinander reden. Aus ihren Gesprächen höre ich heraus, dass wir nicht die Ersten sind, die man hier erwischt hat. Ich selbst bin bedrückt. Wieder einmal hatte ich Pech! Dabei hatte ich mich in dem Waggon, in dem wir uns versteckt hatten, für kurze Zeit im Geiste schon in Deutschland gesehen. So stehen wir über eine Stunde in unserer Ecke, ohne das etwas geschieht. Dann öffnet sich die Tür zur Gleisanlage. Herein kommen zwei Polizisten. Wieder entsteht eine freudige Diskussion. Wir zwei müssen unsere Arme nach hinten halten und bekommen von den Polizisten Handschellen angelegt. Zusätzlich werden wir an den Handschellen durch eine leichte Kette verbunden, die mich an meinem gefesselten Handgelenk drückt und reibt. Nun führen sie uns in Freie. Hier gehen sie zu ihren Fahrrädern, die an der Hauswand abgestellt waren. Wir werden abgeführt. Einer der Polizisten geht vor uns, der andere ist hinter uns. Wieder einmal werde ich in Handschellen abgeführt. Es ist kein schönes Gefühl! Ich glaube wir gehen in östlicher Richtung. Wir gehen wieder auf einer Brücke über den Schelde. Hier, auf der Brücke, bemerke ich, dass der Polizist hinter uns seine Pistole in der Hand trägt. Ob er vor uns Angst hat, frage ich mich? Der Gendarm vor uns hat eine Taschenlampe in der Hand, deren Schein die Straße schwach beleuchtet.

Nun kommen wir in einen Ort. Auch hier ist die Nacht dunkel und wird nur durch schwaches Licht erleuchtet, das aus einigen Fenstern auf die Straße fällt und sich dort gleich wieder in der Nacht verliert. Vor einem Haus machen wir halt. Der Polizist mit der Taschenlampe öffnet die Haustüre. Wir werden in den Keller geführt. Hier werden wir in eine Zelle gesperrt, die durch eine starke Eisentüre verschlossen wird. Ein schwaches Licht beleuchtet die Zelle, sie ist nicht groß. An der einen Längswand steht eine schmale Holzpritsche, die nicht für zwei Gefangene vorgesehen ist. Darauf liegen zwei Wolldecken. Gegenüber an der Wand steht ein kleiner Tisch und ein einzelner Stuhl. In der Ecke links neben der Eisentüre auf dem Steinboden steht ein Eimer, der mit einem Deckel abgedeckt ist. Er ist für eine Notdurft gedacht. Unter der Zellendecke, an der Außenwand, ist ein kleines, vergittertes Fenster angebracht. Nun meldet sich bei mir der Durst. Aber Wasser zum Trinken finde ich nicht. Wir legen uns auf die Holzpritsche und decken uns mit den Wolldecken und unseren Mänteln zu. Das Licht brennt die ganze Nacht. Stören tut es mich nicht. Mein Kopf befindet sich unter der Wolldecke. So ist es mir wesentlich wärmer.

Ich befinde mich noch im Halbschlaf. Plötzlich höre ich, wie der kräftige Riegel an der Eisentür zurückgeschoben wird. Schlaftrunken befreie ich meinen Kopf von der Wolldecke und meinem Mantel. Mein Blick fällt auf die Tür, die sich langsam öffnet. Herein kommt eine Frau im mittleren Alter. Sie bringt uns Kaffee und Brote, die mit Marmelade bestrichen sind. Sie stellt alles auf den kleinen Tisch und geht ohne ein

Wort zu sprechen wieder zurück durch die Türe, die sie hinter sich verriegelt. Sofort verlassen wir die Pritsche und machen uns über das Frühstück her. Der heiße Kaffee in zwei emaillierten Blechtassen wärmt uns von innen auf. Mein Durst wird davon nicht gestillt. Dafür reicht das bisschen heiße Brühe nicht aus. Es vergeht einige Zeit ohne dass etwas geschieht. Wir fragen uns was nun mit uns passieren wird? Gegen 10 Uhr am Morgen wird der Türriegel wieder bewegt, die Tür wird geöffnet. Herein kommt der Polizist, der gestern die Taschenlampe hatte. Jetzt trägt er die zwei Handschellen mit der Kette, die diese beiden Fesseln verbindet, in seiner linken Hand. Wieder müssen wir unsere Hände nach hinten halten und die Handschellen schnappen hinter unseren Handgelenken zu und werden verschlossen. Wir werden im Parterre in ein kleines Büro mit zwei Schreibtischen gebracht. Dort müssen wir warten. Es dauert nicht lange, da kommt der zweite Polizist mit seinem angelegten Umhang und Handschuhen herein. Beide Polizisten bringen uns auf die Straße. Hier werden wir von dem zweiten Polizisten abgeführt. Wir müssen vor diesem hergehen. Von den wenigen Menschen, denen wir begegnen, werden wir aus fragenden Augen angesehen. Einige bleiben stehen und schauen uns nach. Unser Weg führt uns noch einmal über die Schelde. Nach einem Fußmarsch von einigen Kilometern werden wir in einem Ort bei Gent in ein Haus geführt. Auch hier bringt man uns in den Keller. Von den Handschellen befreit, werden wir in einer Zelle eingeschlossen. In dieser Zelle ist es ziemlich dunkel. Nur durch ein kleines, vergittertes Kellerfenster fällt schwaches Licht in den kleinen Raum, der mit einer starken Eichentüre verschlossen ist. Ein kleiner Durchlass ist in diese Türe eingelassen, eine von außen zu bedienende Klappe, sie ist geöffnet. Nach einiger Zeit wird uns durch diese Klappe von einer Frau auf zwei Tellern ein Mittagessen in die Zelle geschoben. Es gibt Kartoffeln mit Gemüse und eine Scheibe Braten. Wir freuen uns darüber. Es ist keine Gefangenenkost!

Die Zeit wird uns lang. Aus Zeitvertreib beginnen wir zu singen. Es sind deutsche Lieder unserer Heimat, die aus unseren Kehlen in den

Raum und durch das Haus dringen. Eine Portion Heimweh klingt in unserem Gesang mit. Nach einer gewissen Zeit stellen wir das Singen wieder ein. Es dauert nicht lange und das Gesicht eines freundlichen, jungen Mädchens von vielleicht zwanzig Jahren erscheint in der geöffneten Türklappe und bittet uns doch weiter zu singen. Dabei schiebt sie einen Teller, gefüllt mit Apfelsinen, durch den Durchlass. Unsere Stimmung hellt sich auf und wir singen gerne weiter, nachdem wir einige von den Apfelsinen zu uns genommen haben. Es wird früh dunkel in dieser Zelle. Elektrisches Licht gibt es in diesem Keller nicht. Wir liegen auf der Pritsche und erzählen Erlebnisse aus unserer Jugend. In der Dunkelheit werden wir schnell ruhiger und sind bald eingeschlafen. Als wir erwachen, ist der neue Tag bereits angebrochen. Durch das kleine Kellerfenster unter der Zellendecke fällt nur wenig Licht in den Raum. Jetzt bemerke ich in dem Dämmerlicht, dass die Klappe in der Türe verschlossen ist. Das Verschließen derselben haben wir nicht mehr mitbekommen. Wir waren bereits eingeschlafen. Die Klappe in der Türe wird geöffnet. Jetzt bringt uns ein Mann Kaffee und Brote. Gleichzeitig spricht er uns an und sagt, dass wir uns nach dem Frühstück fertig machen sollen. Es vergeht auch wenig Zeit und dieser Mann kommt in die Zelle und legt uns wieder Handschellen an. Dieses Mal sind unsere Hände nach vorne vor dem Bauch gefesselt. Er ist in zivil gekleidet. Wieder laufen wir vor unserem Wächter auf dem Bürgersteig. Er sagt uns, dass wir in einem Vorort von Gent sind und er uns in Gent in einem Gefängnis abgeben muss. Wir gehen über eine Stunde. Hier in der Stadt begegnen wir vielen Menschen. Es ist mir unangenehm, in Handschellen gefesselt durch die Stadt geführt zu werden. Ich verberge meine Handschellen so gut es geht in den Ärmeln meines Mantels.

Allein in einer Zelle

Wir sind an der Pforte des Gefängnisses angekommen und werden hier von unserem Wächter abgegeben. Hinter uns schließt sich eine schwere Eisentüre und wir befinden uns hinter hohen Mauern, die oben zusätzlich mit gerolltem Stacheldraht abgesichert sind. Ein Wächter führt uns in einen Gefängnisblock. Im Erdgeschoss werden wir von einem anderen Wärter erwartet. Dieser will unsere Ausweise haben. Ausweispapiere haben wir keine, sagen wir ihm. Wir erklären ihm, dass wir Kriegsgefangene sind und aus Frankreich kommen. Er füllt für jeden von uns ein Formular mit unseren Angaben aus, das wir unterschreiben müssen. Es werden Fotografien von uns gemacht und Fingerabdrücke genommen. Wir müssen uns ausziehen und werden zum Duschen einzeln in eine winzig kleine Duschzelle gesteckt. Das Wasser wird von draußen auf- und abgedreht. Es ist nur lauwarm und fließt auch nur spärlich. Nachdem das Wasser abgestellt wurde, bekomme ich ein Handtuch zum Abtrocknen in die Zelle gereicht und ich muss mich wieder anziehen. Die Schnürsenkel meiner Schuhe und den Gürtel meiner Hose muss ich abgeben. Auch meine Streichhölzer und mein Zigarettenpapier werden mir abgenommen. Selbst mein Taschentuch wird mir genommen. Meine Mantel- und Hosentaschen werden durchsucht, alles wird gesammelt und kommt in einen Karton. Nur den Tabak, den ich bei mir habe, darf ich behalten. Von meinem Kameraden sehe ich nichts mehr. Seit den Fingerabdrücken sind wir einzeln behandelt worden. Ich werde von einem weiteren Wärter abgeführt. Es geht eine Treppe hoch, einen langen Gang entlang. Zu meiner rechten Hand öffnet er eine Zelle, ich werde hineingeführt, die Zellentür fällt hinter mir ins Schloss und wird verriegelt.

Hier stehe ich nun, zwei Schritte hinter der Tür, und betrachte die Zelle. Darin bin ich alleine! Es ist eine kleine, schmale Einzelzelle, eintönig in einem schmutzigen, leicht grauen weiß getüncht. Die Wände sind bemalt und beschrieben. Kleine Strichmuster sind aufgezeichnet, die für die Gefangenen, die vergangenen Tage und Wochen, die sie in der Zelle verbracht haben, aufzeigen. Es sind immer sechs senkrechte Striche und ein Querstrich. Mir gegenüber, an der Außenwand der Zelle, wieder ziemlich hoch unter der Zellendecke eingebaut, ein kleines vergittertes Fenster in der Größe von ca. vierzig mal sechzig Zentimeter.

Es ist für drei kleine Glasscheiben in einem Eisenrahmen vorgesehen. Doch die mittlere Scheibe fehlt. Zwei Heizungsrohre laufen an der Außenwand entlang. An der linken Wand ist die Pritsche mit einem Strohsack angebracht. Die Pritsche ist hochgeklappt. Vor der Pritsche ein kleiner Tisch, den man auch hochklappen kann und ein Schemel zum Sitzen. Auf dem Tisch liegt ein Blatt von einer Zeitung. Rechts neben der Türe steht wie immer der Eimer mit Deckel für die Notdurft. Das ist die ganze Ausstattung in dieser Zelle. Wasser gibt es hier nicht.

Mich interessiert die hochgeklappte Pritsche. Ich erkunde, wie man diese herablassen kann, löse den Verschluss aus und lasse sie herunter klappen. Auf einem alten Strohsack, auf dem schon viele Gefangene gelegen haben, liegen zusammengelegt zwei dunkelgraue Wolldecken. Ich lege mich auf den Strohsack und versuche mit mir ins Reine zu kommen. In meinen Gedanken gehe ich das Erlebte durch. Wie lange werde ich in diesem Gefängnis bleiben? Wie wird es weitergehen, frage ich mich? Ein ruckartiges Öffnen der großen Zellentüre reißt mich aus meinen Gedanken. Mit schnellen Schritten kommt ein Wärter herein, zieht mich von der Pritsche, klappt diese mit seinen schnellen Händen zurück an die Wand und erklärt mir, dass ich diese nur am Abend, ab neun Uhr, herunter lassen und zum Schlafen benutzen darf. So schnell er in die Zelle gekommen ist, ist er aus dieser auch wieder verschwunden. Das war die erste unangenehme Belehrung in dieser Zelle. Es folgen noch einige bis ich alle Regeln begriffen habe.

Es ist Mittag! Ich sitze auf dem Schemel vor dem Tisch und betrachte mir das Zeitungsblatt, das noch aus einer Zeitung vom vergangenen Jahr stammt. Plötzlich öffnet sich mit einem lauten Geräusch der Durchlass in der Türe und es wird mir ein Blechtopf hereingeschoben. Sofort wird die Öffnung wieder verschlossen. Der Topf ist mit einer dicken Suppe gefüllt, mein Mittagessen. Langsam, mit Bedacht, schlürfe ich die Suppe und kaue sorgfältig die Karottenscheiben, Bohnen und Kartoffelstückchen, die in der Suppe schwimmen. Ohne jede Vorwarnung öffnet sich am Nachmittag wieder die kleine Öffnung in der Türe. Ein dunkler Stab mit einem stumpfen, glühenden Ende wird hereingereicht. Es ist ein fester, glühender Docht. Schon nach einer Sekunde wird dieser wieder zurückgezogen und der Durchlass schnell geschlossen. Ich bin überrascht und weiß im Moment nichts damit anzufangen. Bis es mir dämmert, dass ich damit eine Zigarette anzünden kann. Ich besitze Tabak, habe aber keine Zigarettenblättchen! In meiner Not nehme ich das Zeitungsblatt, zerlege es in kleine Papierstücke und drehe mir damit einige Zigaretten. Für den nächsten Durchgang bin ich gewappnet. Ich muss aber schnell sein und schon an der Türe stehen, wenn die Klappe geöffnet wird. Bald habe ich herausgefunden, dass dieser Glühstab drei Mal am Tag hereingereicht wir. Immer zur gleichen Zeit am Vormittag, Nachmittag und am Abend.

Die Zeit! Ja, die Zeit ist in dieser Einzelzelle wieder einmal das große Problem. Sie will nicht vergehen. Ich sitze auf meinem Schemel und betrachte mir die vier Wände. Viele mal schreite ich durch die Zelle von Wand zu Wand, indem ich Fuß vor Fuß setze und dabei meine Schritte zähle. In der Länge sind es siebzehn Schritte in der Breite neun. Von draußen, aus dem Gefängnishof, höre ich Stimmen und bin neugierig geworden. Ich stelle meinen Schemel unter das Fenster, steige darauf und komme so mit meinem Kopf in Fensterhöhe, um hinauszuschauen. Unten im Hof laufen Gefangene in Sträflingskleidung. Immer Einer hinter dem Anderen in einem großen Kreis. Sie werden von zwei Wärtern beaufsichtigt. An mir vorbei strömt kalte Luft durch die Öffnung der fehlenden, kleinen Glasscheibe in die Zelle. In der Zelle ist es nur mäßig warm. Auch die dicken Heizungsrohre, die an der Außenwand entlang durch die Zelle geführt werden, bringen nicht viel Wärme in den Raum. Ich begreife, das Ganze hat einen Sinn! Der Gefangene in der Zelle bleibt dadurch immer in Bewegung und seine Durchblutung wird angeregt. Durch die Heizungsrohre dringen laufend Klopfgeräusche in den Raum. Es sind Morsezeichen. Die Gefangenen verständigen sich durch das Klopfen an die Rohre auch über größere Entfernung innerhalb des Traktes. Für mich sind die Zeichen Spanische Dörfer. Ich verstehe sie nicht und kann nichts mit diesen Klopfzeichen anfangen. Langsam wird es dunkel. In der Zelle geht das Licht an. Am Abend gibt es Tee und Brote zum Essen. Abends, um 9 Uhr, dürfen wir auf ein Zeichen hin, die Pritschen ablassen. Schnell habe ich mein Nachtlager bereitet, liege mit meinen Kleidern am Leib unter der Wolldecke und versuche zu schlafen. Das gelingt mir nicht, mir ist kalt und auch das helle Licht an der Zellendecke, das die ganze Nacht brennt, stört. Erst nachdem ich die zweite Wolldecke, mit der ich den alten Strohsack abgedeckt habe, über mich lege, wird es mir unter den Decken warm und ich schlafe ein. In der Früh am nächsten Morgen ist Wecken. Die Wolldecken werden zusammengelegt, der Strohsack wird mit der Liege hochgeklappt und die Zelle muss gereinigt werden. Dann wieder Langeweile! Der Tag vergeht wie der Gestrige.

Am Vormittag des dritten Tages öffnet sich die Zellentür. Ein Wärter kommt herein und macht mir durch ein Zeichen mit der Hand klar, dass ich ihm folgen soll. Unten im Parterre erhalte ich meinen Mantel und meine anderen persönlichen Gegenstände zurück. Man sagt mir, dass ich nach Brüssel in ein Internierungslager komme. Mir werden Handschellen angelegt und es geht in den Gefängnishof. Hier werde ich in einen Gefangenentransporter verfrachtet. Wieder einmal ist es ein umgebautes Funkfahrzeug der deutschen Wehrmacht. Die Fenster sind vergittert. In der Kabine an den Seitenwänden sind zwei Holzbänke angebracht. Auf diesen sitzen schon drei Männer, alle in Handschellen. Einer von ihnen ist Engländer, die anderen zwei stammen aus der Tschechoslowakei. Sie wollen natürlich auch wissen wer ich bin und woher ich komme. Gerne gebe ich mich ihnen zu erkennen. Wir sitzen schon eine ganze Weile in diesem Kasten und warten, dass die Fahrt beginnt. Die Türe wird noch einmal aufgeschlossen und es kommt noch ein Mann zu uns in die Kabine. Er ist, wie ich, ein Deutscher.

Nun setzt sich unser Fahrzeug in Bewegung. Mein Landsmann erzählt mir auf der Fahrt, dass er hier in Gent eine Freundin hat, die er besucht hatte, und zwar schwarz, ohne einen gültigen Einreisepass, da ihm ein solcher Pass verweigert wurde. Früher bei der Wehrmacht war er einige

Zeit in Gent stationiert. Er hat diese junge Frau kennen gelernt und beide haben sich verliebt. Nach seiner Abkommandierung haben sie sich regelmäßig geschrieben. Die lange Trennung und die Sehnsucht nach ihr trieb ihn zu ihr hin. Hier in Gent hatte er Pech, bei einer Kontrolle wurde er festgenommen.

Im Internierungslager in Brüssel

Nach längerer Fahrt sind wir in Brüssel. Durch die zwei vergitterten, kleinen Fenster sehen wir die Häuser der Stadt. Unser Fahrzeug bleibt stehen, die Türe wird geöffnet, wir stehen mit dem Fahrzeug in einem Hof vor einem großen, alten Gebäude. Es ist ein Schloss, in dem das Internierungslager untergebracht ist. Wir werden an dieses Lager übergeben und in das Gebäude gebracht. Wieder beginnt eine Aufnahme, dann werde ich in einen großen Schlafsaal geführt. Der Raum ist gefüllt mit vielen Betten. Es sind die bekannten Holzgestelle, wie ich sie schon aus der französischen Gefangenschaft kenne. Immer drei Betten übereinander und als Auflage in jedem Bett ein Strohsack! Die Betten sind zu einem großen Teil schon belegt. Belegt von Männern, die aus vielen Nationen kommen. Es sind Abenteurer, Schmuggler, Heimatlose, Leute, die illegal auf der Durchreise waren und etliche Kriegsgefangene, die wie ich, aus Frankreich geflüchtet sind. Alle, die wir hier sind, haben wir eines gemeinsam: uns fehlen die gültigen Aufenthaltserlaubnisse. Wir sollen wieder in unsere Herkunftsländer abgeschoben werden. Eine Ausnahme gibt es jedoch. Man kann sich für zwei Jahre Arbeit in einem Bergwerk verpflichten. Einige gehen eine solche Verpflichtung ein, damit sie in diesem Land bleiben können.

Langeweile kommt in dieser Gesellschaft nicht auf, die Zeit vergeht hier schnell. Jeder hat etwas zu berichten, und verständigen kann man sich irgendwie auch. Landsleute haben sich meistens zusammengetan und belegen eine Ecke für sich. Viele beherrschen einige Brocken Deutsch oder Französisch, andere sprechen Englisch. Es ist ein lustiger, zusammengewürfelter Haufen. Viele Kunststücke und Geschicklichkeiten werden gezeigt. Auch ein Taschendieb verrät seine Tricks. Neu hinzugekommen ist ein Jugoslawe. Der will nichts von uns Deutschen wissen. Im Krieg war er bei den Partisanen und hat aus den Bergen und Wäldern heraus gegen uns Deutsche gekämpft. Er ist ein Sonderling, der gerne alleine ist und sich vorwiegend mit sich selbst beschäftigt. Von fast allen wird er weitgehend gemieden.

Vier Tage bin ich jetzt in diesem Internierungslager. Nach dem Mittagessen kommt einer der Wachleute in unseren Saal. Er ruft einige deutsche Namen auf, die er von einem Zettel abliest. Mein Name ist auch dabei! Wir müssen unsere Sachen von unseren Betten holen und ihm folgen. Von ihm werden wir in den Schlosshof geführt und hier in einen Gefangenentransporter verladen. Mit sieben Mann sind wir in dem Fahrzeug. Alle sind wir Kriegsgefangene, die aus Frankreich geflüchtet sind. Was geschieht mit uns? Auf unsere Fragen bekommen wir keine Antwort. Es ist uns jedoch klar, dass wir zurück nach Frankreich gebracht werden. Schon nach kurzer Zeit setzt sich unser Gefangenentransport in Bewegung. Nach einer längeren Fahrt bleibt unser Fahrzeug stehen. Wir müssen aussteigen und werden einer belgischen Polizeistation übergeben. Hier erfahren wir, dass wir in Mouscron an der belgischen Landesgrenze zu Frankreich sind. Alle sieben werden wir gemeinsam in eine kleine Zelle eingeschlossen. Hier steht nur eine einfache Holzpritsche von ca. zwei Meter in der Länge im Raum. Zum Essen und Trinken bekommen wir nichts. Auf dem blanken Holz der Pritsche verbringen wir zusammengepfercht die Nacht. Ein Liegen auf dem Rücken ist uns nicht möglich. Nur in der Seitenlage kommen wir alle auf der Pritsche zum Liegen, wie Heringe in einer Konservendose. In der Seitenlage auf dem blanken Holz schlafen uns unsere Arme ein, auf denen wir liegen. Ein Seitenwechsel ist nur gemeinsam auf ein Kommando möglich. Die Zelle ist kalt, Wolldecken gibt es nicht, also nehmen wir unsere Mäntel. An richtigen Schlaf ist in dieser Nacht nicht zu denken. Wir sind froh, als der Morgen anbricht. Auch an diesem Morgen gibt es keine Verpflegung.

Dunkelhaft – Die Franzosen haben mich wieder

Schon früh am Vormittag werden wir aus der Zelle geholt und gehen, bewacht von zwei belgischen Polizisten, zur Grenze. Hier werden wir einem französischen Leutnant und zwei Soldaten übergeben, die schon in einem kleinen Lastwagen auf uns warten. Jetzt sind wir in Tourcoing in Frankreich. Von hier bin ich am 7. Januar über die Grenze nach Belgien geflohen. Frankreich hat mich jetzt wieder! Bewacht von einem der zwei Soldaten sitzen wir unter dem Verdeck des Autos. Die Fahrt geht über Lille nach Douai und ich komme als einziger zurück in das große Gefangenenlager nach Vuillemin. Hier werde ich dem Lagerkommandanten vorgeführt und soll Bericht erstatten. Der will von mir wissen, wie ich aus dem Lager gekommen bin. Ich stelle mich stur und gebe keine Auskunft. Vom Kommandanten werde ich daraufhin zu vierzehn Tagen Dunkelhaft verurteilt. Sofort werde ich abgeführt und es geht im Lager in ein Gefängnis, in dem es so dunkel ist, dass man seine Hand nicht vor den Augen sieht.

Hier in der Dunkelhaft bin ich nicht der Einzige. Mit elf Gefangenen sind wir in einer großen Zelle eingesperrt. Es ist sprichwörtlich stockdunkel in der Zelle und ich sehe zuerst einmal überhaupt nichts. Nur langsam gewöhne ich mich an diese ewige Nacht. Mit der Zeit passen sich meine Augen der Dunkelheit an und ich komme ganz gut in ihr zurecht. Auch unsere Malzeiten, die uns zu bestimmten Zeiten gereicht werden, verspeisen wir ohne Licht. Nur durch den Morgenkaffee, das Mittagessen und das Brot, das es am Abend gibt, wissen wir welche Zeit wir haben. Am vierten Tag meiner Zeit in diesem Bau bekommen wir einen Neuzugang. Es ist einer, der schon einmal eine Woche hier verbracht hat. Er kennt die Dunkelheit in diesem Loch. Ihm ist es gelungen, einen Nagel herein zu schmuggeln, den er im Kragen seines alten Wehrmachtsmantels verborgen hatte. Mit diesem Nagel hat er ein kleines Loch durch das Blech getrieben, mit dem die kleinen Fenster in dem Raum verdunkelt wurden. Sofort, nachdem er den Nagel aus dem Blech gezogen hat, fällt ein kleines, aber sehr helles Licht in unsere Zelle und erzeugt einen dünnen Lichtstrahl, der sich seinen Weg durch die Dunkelheit sucht und an der gegenüber liegenden Wand einen hellen Punkt erzeugt. Mir scheint es, als wäre es jetzt ein klein wenig heller geworden. Nun bekommen wir mit, wann die Tag- und Nachtzeit beginnt. Auch hier vergeht die Zeit nur sehr langsam. Doch auch diese vierzehn Tage vergehen. Am fünfzehnten Tag, vormittags, komme ich aus dem Bau heraus. Ohne Übergang komme ich aus der Dunkelheit in die grelle Helligkeit eines schönen, sonnigen Tages. Für meine Augen, die dieses helle Sonnenlicht nicht mehr gewöhnt sind, ist das ein großer Schock. Sofort schmerzen meine Augen. Von einer Sekunde zur anderen verspüre ich einen heftigen Schmerz in meinen Schläfen. In meinen Ohren spüre ich ein helles Pfeifen. Instinktiv suche ich sofort den Schatten der nächsten Baracke auf, kneife meine Augen zu und bleibe zuerst einmal stehen und lehne mich an der Außenwand dieser Baracke an. Es vergeht einige Zeit, bis ich meine Augen langsam ein wenig öffne und sie mit der Hand abdecke, indem ich meine linke Hand an meinen Augenbrauen anlege. Langsam geht es mir besser.

Wo steht meine alte Baracke?

Es ist einige Zeit vergangen, bis ich meine Augen soweit geöffnet habe, um mich orientieren zu können. Wo steht meine alte Baracke, in der ich vor meiner Flucht untergebracht war? Weiter rechts, auf der gegen-überliegenden Seite vom Hof, entdecke ich sie und mache mich auf den Weg zu ihr. Angekommen, öffne ich die Eingangstür und trete ein. Meine alten Kumpels sind hier. Sie sind von ihrer Nachtschicht zurück. Der größte Teil von ihnen liegt in den Betten und schläft. Nur einige sind auf den Beinen und beschäftigen sich mit irgendwelchen Dingen. Ihre Augen werden groß und sie sehen mich ganz überrascht an, als ich so plötzlich am Eingang der Baracke vor ihnen stehe. Meine Augen habe ich nun ganz geöffnet. Bei ihrem Anblick kann ich ein Lächeln nicht verbergen. Nun geht es los! Ich werde mit Fragen überrumpelt. Sie glaubten, meine Flucht sei geglückt und dass ich bereits in der Heimat bin. Wieder und wieder muss ich an diesem Tag über mein Schicksal berichten. Am Nachmittag mache ich einen Besuch in der Krankenbaracke. Auch mein Freund Paul und der Arzt sind überrascht, als ich so plötzlich vor ihnen stehe. Wieder muss ich über meine Erlebnisse berichten. Die zwei wollen alles wissen. Vom Arzt bekomme ich einige Tropfen in meine Augen.

Am Abend, als ich in meiner alten Koje liege, die noch nicht wieder neu belegt ist, bin ich froh, dass dieser Tag mit seinen vielen Fragen zu Ende geht. Meine sieben Sachen, die ich in einer kleinen, alten Aktentasche am Kopfende unter meinem Strohsack zurückgelassen hatte, sind verschwunden. Am anderen Tag bekomme ich sie zurück. Ein Wiener hatte sie an sich genommen. Schon am folgenden Tag muss ich wieder mit auf die Nachtschicht. Auch an die Arbeit unter Tage gewöhne ich mich wieder. Es ist immer das gleiche. Nacht für Nacht füllen wir die von der Kohle befreiten Teile der Flöze mit Steinen auf. Drei Wochen geht das noch so. Dann erfahren wir, dass wir nach Sedan versetzt werden. Es sind zweihundert Mann. Alle Männer aus unserer Baracke sind dabei.

Depot 24 – Sedan

Es geht nach Sedan

Vormittags, am 3. März, werden wir verladen. In einigen alten Personenwagen, die in Douai einem Zug angehängt werden, geht die Fahrt über
Stunden nach Sedan. Auf einem Abstellgleis werden wir hier von Marok-
kanern der französischen Armee in Empfang genommen. Sie führen uns
in nördlicher Richtung eine Anhöhe hinauf in eine Militäranlage. Es geht
durch ein hohes Stacheldrahttor in ein mit Stacheldraht eingezäuntes
Gelände. In einem Hof vor einer alten Kaserne bleiben wir stehen. Wir
werden in einzelne Schlafsäle aufgeteilt, in denen die bekannten dreistöckigen Holzbetten stehen. Der Blick aus dem Fenster fällt auf die Stadt,
die unten in einem Tal liegt. Es ist eine kleine beschauliche Stadt, die mir
durch die Erzählungen von meinem Vater bekannt ist. Im Ersten Weltkrieg hat er auf den Höhen von Sedan gegen die Franzosen gekämpft.

Am Nachmittag erkunden einige Kameraden und ich unser neues
Gefangenenlager. Es ist das Depot 24. Von hier gehen Arbeitskommandos an Unternehmer und viele Kriegsgefangene an die Bauern in
dieser ländlichen Region. Unsere Unterkunft ist ein langgestreckter,
alter Kasernenblock mit dem Parterre und nur einem Stockwerk
darüber. Sein Dach ist eine ebene Betonabdeckung. Ein schmuckloser
Kasten, der mich an eine einfache Zigarrenkiste erinnert. Gleich rechts
davon steht ein Haus, in dem der Kommandant sein Büro mit einigen
Schreibstuben und eine kleine Wohnung hat. Dem großen Block gegenüber steht noch ein kleineres Haus. Hier ist im Parterre das Gefängnis
für die Kriegsgefangenen eingerichtet, die sich etwas zu Schulden haben
kommen lassen. Es scheint jedoch nicht belegt zu sein. Hier gibt es
anscheinend nur brave Jungen. Eine breite Treppe führt in nördlicher
Richtung in den französischen Teil der Militäranlage. Hier stehen etliche
schmale, langgezogene, einstöckige Steinbauten.

Wir erkunden unser neues Gefangenenlager.
Rechts im Vordergrund das Gefängnis. Am linken Bildrand die
Unterkunft der Kriegsgefangenen. Das Haus im Hintergrund
beherbergt das Büro des Kommandanten und die Verwaltung
der Gefangenen.

Dieser Tag ist mein Geburtstag

Es ist der 3. April. Genau einen Monat bin ich jetzt hier in Sedan.
Heute geht es auf ein Kommando. Wir sind sechs Gefangene, die in
einem kleinen Lastauto von unserem neuen Patron (Inhaber eines
Geschäfts) abgeholt werden. Die Fahrt geht nicht weit. Schon nach
einigen Kilometern halten wir in dem kleinen Ort Douzy bei Sedan.
Unser neues Heim sind zwei Stuben in einem alten, leerstehenden
Haus. Gleich nebenan in einem Neubau wohnt unser Patron mit seiner
Familie. Er ist Bauunternehmer und hat einen Auftrag über einen größeren Neubau erhalten. Wir sind seine Hilfsarbeiter! Schon kurz nach
der Ankunft heißt es für uns wieder aufsitzen auf der Ladefläche des
Lasters. Er bringt uns zur Baustelle. Sofort werden wir in unsere Arbeit
eingewiesen. Jeder von uns bekommt einen von diesen schweren,
klobigen Holzschubkarren, die wir mit einer Schippe mit frisch ange-

machtem Beton füllen und über starke Holzbohlen bergauf zur Baustelle schieben. Die mit dem Beton gefüllten Schubkarren sind schwer. Nur mit großer Kraftanstrengung lassen sie sich bergauf bewegen. Für mich ist es eine ungewohnte, schwere Arbeit, die ich nicht lange durchhalten werde. Schon nach einigen Karren, die ich den Hang hinauf geschoben habe, muss ich in der Mitte der Strecke meine Karre absetzen, um eine kurze Verschnaufpause einzulegen. Das geht fünf Tage so. Irgendwie habe ich mir den Zeigefinger meiner linken Hand verletzt. Dieser ist inzwischen stark angeschwollen. In meiner Hand habe ich Schmerzen. Im Finger spüre ich ein starkes Klopfen. Das Anheben der Schubkarre am Griff und das Bewegen dieser mit meiner verletzten Hand geht nicht mehr. Unser Patron bringt mich zum Arzt. Dieser macht dem Patron klar, dass ich mit der Hand nicht arbeiten kann. Meine linke Hand muss ich regelmäßig in einer Lauge aus Kernseifenwasser baden und diese in einer Schlinge tragen. Zusätzlich bekomme ich von dem Arzt eine kleine Flasche mit reinem Alkohol zur Behandlung der Wunde. Ich habe diesen jedoch nicht zur Wundbehandlung benutzt. Den Alkohol habe ich sorgfältig aufbewahrt, mit Wasser soweit verdünnt, dass er gut zu trinken ist. Täglich trinke ich einen kleinen Schluck davon. Ein wahrer Genuss ist das für mich!

Am 10. April werde ich zur Mittagszeit in das Haus vom Patron gerufen. Dieser Tag ist mein Geburtstag. Heute werde ich einundzwanzig Jahre alt. Ich denke an meinen Geburtstag und bin überrascht. Beim Hineingehen in sein Haus denke ich ziemlich naiv bei mir: „Woher weiß der, dass ich heute Geburtstag habe?" Dabei habe ich eine freudige Erwartung. Doch es kommt anders! In der Küche angekommen, sitzt die Familie um den Küchentisch beim Mittagessen. Der Patron schaut mich an und sagt zu mir, dass ich meine Sachen zusammenpacken soll. Er werde mich gleich nach dem Essen zurück nach Sedan bringen. Jetzt begreife ich. Als Faulenzer komme ich ihm zu teuer. Es macht mir nichts aus, für mich ist es ein Geburtstagsgeschenk. Hier, bei dieser kräfteraubenden Arbeit, hat es mir nicht gefallen. Ich bin froh, dass ich zurück ins Lager komme.

Mein kleines Fläschchen mit dem Alkohol ist aufgebraucht. Meine Hand ist geheilt. Der Alkohol hat dabei von innen geholfen! Soweit fühle ich mich wieder wohl. Nur werde ich in letzter Zeit öfter von Kopfschmerzen geplagt und bekomme nicht genügend Luft durch meine Nase. Ich befürchte, dass es wieder eine Wucherung im Knochengewebe meiner Nase und Nebenhöhle ist, die ich als vierzehnjähriger Junge schon einmal hatte. Ich beachte es aber zur Zeit nicht weiter.

Auf Kommando beim Pferdebauer

Das Gefangenenlager ist leer geworden. Jetzt im Frühjahr werden überall billige Arbeitskräfte gebraucht. Alle sind auf einem Einsatz. Nur einige Kranke sind noch im Lager und werden hier von einem deutschen Arzt behandelt. Sofort nach meiner Genesung komme auch ich wieder auf einen Arbeitseinsatz. Von einem Bauern werde ich abgeholt, der einen kranken Kameraden zurückgebracht hat. In einer Kutsche mit zwei Pferden vorgespannt, geht die Fahrt durch Douzy, dem Dorf, in dem ich bei der Baufirma war, in den nächsten Ort nach Brevilly. Schon auf der Fahrt dorthin spricht der Bauer von seinen Pferden. Aus seinem Gespräch vernehme ich, dass diese Pferde seine Leidenschaft sind. Zwölf Pferde hat er in seinem Stall stehen. Sie sind sein ganzer Stolz. Auch ich mag Pferde. So verstehen wir uns schon bald.

Brevilly ist ein kleines, überschaubares Bauerndorf. Sein Bauernhof liegt am östlichen Ortsausgang an einer Straße, die in den Nachbarort Pouru-Saint-Remy führt. Es ist ein langgestreckter Gebäudekomplex mit Kuhstall, Wohnhaus, Pferdestall und einer Scheune. Im schmalen Hof, zwischen Stall und Straße, ein großer Misthaufen. Gleich nach der Ankunft in seinem Hof spannen wir die Pferde aus, die abgerieben werden und über die Straße in eine Koppel kommen. Nun führt er mich in den Pferdestall. Hier stehen in einer langen Reihe zehn weitere Pferde. Er betreibt mit seinen Tieren eine Pferdezucht und verkauft diese an Bauern hier in Flandern. Alle sind schwere Arbeitstiere. Im Stall sind noch zwei junge Fohlen, die bei ihren Müttern in Boxen stehen.

Nun stellt er mich in der Wohnküche seiner Frau vor. Wie er ist sie in den fünfziger Lebensjahren. Eine kräftige Person mit einem festen, energischen Blick. Die hat hier die Hosen an, denke ich sofort. Sie führt mich in meine Kammer, die über dem Kuhstall liegt. Diese ist klein, spärlich, aber sauber eingerichtet. An der Wand, an einem Haken, hängt blaue Arbeitskleidung, eine Jacke und eine Hose. Sie hält diese Sachen vor mich und schaut, ob sie meiner Größe entsprechen. „Die passen", sagt sie. Sie drückt mir die Kleidung in die Hand und spricht zu mir, dass ich diese Kleider anziehen und zurück in die Küche kommen soll. Dann verlässt sie meine Kammer. Die Beine der Hose sind mir zu lang und um den Bauch ist mir diese zu weit. Auch die Arbeitsjacke ist für mich etwas zu groß ausgefallen. Ich ziehe die Sachen an und gehe in die Küche. Sie bemerkt, dass mir dieser Arbeitsanzug zu groß ist und grinst vor sich hin. In einer Schrankschublade sucht sie zwei Bänder, die sie mir überreicht. Ich soll die Hosenbeine über den Schuhen zusammenbinden, was ich auch gleich tue. Jetzt habe ich in meiner Hose über den Füßen einen Überwurf. So werde ich von ihr dem Bauern im Pferdestall übergeben. Ihm fällt meine zu große Kleidung nicht auf. Er ist mit seinen Pferden beschäftigt. Ich muss den Stall ausmisten. Anschließend nimmt er mich noch mit zu einem Pferd, das in der Mitte zwischen den anderen Pferden steht. Dieser Gaul beißt und würde mit seinen Hufen an seinen Hinterbeinen austreten, sagt er zu mir. Das Pferd sei an seinen Weichteilen sehr empfindlich. Ich soll morgens beim Putzen des Pferdes vorsichtig sein. „Das fängt ja gut an", denke ich bei mir. Nun muss ich noch in den Kuhstall. Es stehen fünf Kühe im Stall. Die Frau sitzt zwischen den Kühen auf einem Schemel mit einem Eimer zwischen den Beinen. Sie ist beim Melken. Auch dieser Stall muss von mir ausgemistet werde. Der Boden wird mit neuem Stroh ausgelegt.

Nach der Arbeit geht es zum Abendessen. Wir drei sitzen in der Küche um den Tisch. Es gibt Brot, Butter, Käse und Rotwein. Kinder gibt es in dieser Familie nicht. Es ist bereits dunkel. Nachdem mir der Bauer einen alten Wecker in die Hand gedrückt hat, der auf halb fünf in der Frühe gestellt ist, verdrücke ich mich in meine Kammer. Schon bald liege ich in meinem Bett auf einem frischen Strohsack. Zum ersten Mal seit vier Jahren habe ich ein richtiges Federkissen unter meinem Kopf und liege unter einer Federdecke. Ein herrliches Gefühl! Doch einschlafen kann ich lange nicht. Zuviel Neues ist auf mich eingeströmt, das ich in meinen Gedanken verarbeiten muss. Irgendwann bin ich dann doch eingeschlafen.

In aller Frühe, noch in der Dunkelheit, werde ich durch das laute Klingeln des Weckers, der auf einem kleinen Tisch steht, geweckt. Es dauert eine kleine Weile bis ich zu mir komme und ich begreife wo ich bin. Ich denke an meinen Patron, den ich natürlich nicht warten lassen will. Aber der ist schneller als ich. Ich bin noch nicht fertig, da ruft er schon von unten aus dem Hof „Hügo, allez vite". Nun beeile ich mich hinunter zu kommen. Mein Bauer ist schon im Pferdestall. Er steht an der Seite des ersten Pferdes und ist dabei, dieses zu striegeln und zu bürsten. Er schaut mich nur an und winkt mit der Bürste in der Hand, dass ich zu ihm kommen soll. Nun zeigt und erklärt er mir die Arbeit, die ich jeden Morgen im Stall an den Pferden zu verrichten habe, indem wir diese Arbeit heute gemeinsam erledigen. Anschließend geht es in den Kuhstall zum Ausmisten. Die Milchkühe sind von seiner Frau schon gemolken. Nach dieser Arbeit geht es in die Küche. Dort steht der Malzkaffee schon auf dem Tisch.

Nun muss ich diese Arbeit jeden Morgen tun, nur bin ich jetzt allein im Pferdestall. In den Kuhstall brauche in morgens nicht, das erledigen der Patron und seine Frau gemeinsam. Schon bald habe ich mich in meine Arbeit eingelebt. Sie geht mir gut von der Hand. Ja, es macht mir sogar Freude, mich mit den Pferden zu beschäftigen. Mit dem nervösen Pferd, das nach dem Bauer beißt und austritt, habe ich mich angefreundet. Gleich am ersten Morgen habe ich aus der Küche etwas Brot und Zucker mitgenommen, das ich dem Pferd auf meiner flachen

Hand zum Fressen gereicht habe. Nur an seine Weichteile darf ich mit der Bürste nicht kommen, da reagiert es empfindlich. Der Bauer ist sichtlich überrascht, dass ich so gut mit diesem Tier zurechtkomme, mit dem er selbst diese Schwierigkeiten hat.

Heute Mittag war die Patronin in Sedan auf dem Markt. Mit Freude in ihrem Blick überreicht sie mir am Abend einen neuen Arbeitsanzug, den sie für mich erworben hat. Auch ich freue mich. Nur die Farbe! Eine solche habe ich an einer Arbeitskleidung noch nicht gesehen. Ein mittleres grau. Im Licht der Küchenlampe leuchten grellgrüne Fäden durch den Stoff, die senkrecht von oben nach unten verlaufen. Bestimmt eine Fehlfarbe! Eine Arbeitsbekleidung, die sie für billiges Geld erworben hat. Aber sie passt mir. Das ist für mich die Hauptsache. Zum Angeben brauche ich sie nicht.

Tag für Tag bin ich am Vormittag im Pferdestall und in der Scheune beschäftigt. Im Stall steht eine große Holztruhe gefüllt mit Hafer, als Futter für die Pferde. Ich fülle einen Eimer mit Hafer aus dieser Truhe und stoße dabei mit meinem Eimer an einen harten Gegenstand, der nichts in dieser Haferkiste verloren hat. Neugierig geworden, greife ich mit der Hand in den Hafer in der Truhe und habe eine Flasche in der Hand. Es ist eine Cognacflasche, die noch dreiviertel voll ist. Ich suche weiter und finde weiter unten am Boden der Truhe noch zwei volle Flaschen. Siehe da, mein Patron hat ein heimliches Schnapslager im Stall, von dem seine Frau nichts wissen darf! Natürlich gönne ich mir auch einen Schluck, bevor ich die Flasche in das Haferdepot meines Patrons zurücklege. Als Mitwisser des Verstecks erlaube ich mir gelegentlich, einen Schluck dieser Köstlichkeit zu mir zu nehmen.

Ein anderer Vormittag im Stall. Ich bin am Entmisten. Plötzlich sehe ich vor einem Pfeiler auf dem Stallboden einen Geldschein liegen. Instinktiv greife ich danach und will diesen aufheben. Doch dann überlege ich: „Will der Bauer mich prüfen?" Ich lasse den Schein liegen. Nun geht mein Blick nach oben zu einem Balken, der unter der Stalldecke entlang führt. Mit meiner Hand greife ich auf den Balken und erfühle dort ein Lager mit Geldscheinen und Hartgeld. Aha, der Bauer hat also auch noch seine geheime Kasse in Stall! Am nächsten Morgen liegt der Geldschein immer noch auf dem Stallboden. Ich hebe diesen auf und überreiche ihn dem Bauern mit der Begründung, dass ich diesen im Stall gefunden habe. Er fragt mich wo, ich beschreibe es ihm. Am nächsten Morgen ist das Geldlager geräumt. Schade, denke ich und begebe mich auf die Suche nach dem neuen Lagerplatz, den ich nach einigem Suchen jetzt in einer kleinen Zigarrenkiste unter der Haferkiste, die auf vier Backsteinen steht, finde.

Geld brauche ich hier nicht. Ich habe keine Gelegenheit es auszugeben. Ich besitze auch noch genügend Geld, das ich im Bergwerk verdient habe. Also lasse ich die kleine Geldkiste des Bauern in Ruhe. Nur am Sonntagabend gebe ich einige Franc aus. Da gehen wir regelmäßig im Nachbarort in ein Kino. Diese „wir" sind zwei Kameraden und ich. Sie sind ebenfalls hier im Dorf, jeder bei einem Bauern. Einer von den beiden ist schon seit 1944, gleich nach seiner Gefangenschaft hier in Frankreich, bei dem gleichen Bauern im Ort. An den Sonntagen treffen wir uns nach der Arbeit und verbringen die Zeit gemeinsam.

Der Bauer und ich (links) an einem Sonntag bei den Pferden

Meine Arbeit an den Nachmittagen ist abwechslungsreich und es gibt immer neue Erlebnisse. Einmal haben wir, der Patron und ich, ein läufiges Pferd zum Besamen in ein anderes Dorf geführt. Dort hält ein Bauer einen Hengst zum Befruchten der Stuten. Das habe ich bisher noch nicht gesehen. An einem anderen Tag haben wir ein Jungtier auf einer Wiese beschnitten. Das Beschneiden wurde von einem älteren Mann durchgeführt, der sich mit diesem Handwerk auskennt. Wir haben den jungen Hengst gefesselt und ihn von den Beinen gezogen, sodass er auf der Wiese zum Liegen kam. Mit einem mit einer Flüssigkeit gedrängten Lappen, der ihm an die Nüstern gehalten wurde, wurde er leicht betäubt. Das Beschneiden war schnell geschehen. Die Fußfesseln wurden entfernt, doch das Pferd brauchte einige Zeit, um auf die Beine zu kommen.

Auf den Äckern, die zum Hof gehören, ist der Samen aufgegangen und die junge Frucht treibt aus dem Boden. Jetzt stehe ich an den Nachmittagen auf dem Acker und steche mit einer speziellen Klinge, die an einem langen Haselnussstock befestigt ist, die Disteln aus dem Boden, die zwischen der Frucht wuchern. Eine langweilige Arbeit! Jeden Nachmittag stehe ich allein einige Stunden auf dem Acker und komme wegen den vielen Disteln nur langsam voran. Die Luft ist trocken und feiner Staub, der mit dem Wind vom Acker aufwirbelt, liegt in der Luft. Dabei brennt die Sonne an diesen Tagen unerbittlich auf meinen Kopf und Rücken. Das bekommt mir nicht gut! Nun macht sich mein altes Leiden wieder bemerkbar. Ich bekomme wenig Luft durch meine Nase und habe starke Kopfschmerzen. Nach längerer Zeit, in der ich meine Beschwerden immer wieder bei dem Bauern vortrage, geht er mit mir zum Arzt in den Nachbarort. Diesem berichte ich nun. Der Arzt schaut in meine Augen, Nase und Rachen. Ich muss Luft durch meine Nasenflügel blasen. Anschließend spricht der Arzt mit meinen Bauern, ich bekomme jedoch nichts von diesem Gespräch mit, da ich in das Wartezimmer geschickt werde. Auf dem Heimweg sagt mir mein Bauer, dass der Arzt meinte, ich soll zurück nach Sedan ins Depot. Es vergehen noch zehn Tage, an denen ich fleißig weitergearbeitet habe. Dann spannen wir wieder unsere Kutsche an, und am vierzehnten Juni bringt er mich zurück in das Lager.

Mein Bauer wollte wieder einen Kriegsgefangenen als billige Arbeitskraft mit auf seinen Hof nehmen. Doch die Gefangenen sind inzwischen im Lager knapp geworden. Es stehen keine freien Arbeitskräfte zur Verfügung. Die Kriegsgefangenen werden weniger. Es gehen vermehrt Entlassungstransporte nach Deutschland. Im Lager angekommen, muss ich mich bei unserem Sicherheitsoffizier melden. Dieser und auch der Bauer wollen, dass ich wieder mit auf den Hof zurückgehe. Ich bestehe jedoch darauf, dass ich zumindest unserem Arzt vorgestellt werde. Damit sind beide einverstanden. Der untersucht mich und ich werde von ihm krankgeschrieben und bin nur noch für leichte Lagerarbeit einsatzfähig. Das bedeutet für mich, ich bleibe im Lager und gehe nicht mit dem Bauer zurück!

Habe ich einen Stacheldrahtkoller?

Einige Zeit ist vergangen. Ich liege noch in der Krankenstube, obwohl ich nicht mehr krankgeschrieben bin. Die Verpflegung ist jetzt besser als im März, als wir nach Sedan kamen. Am Morgen gibt es Malzkaffee, zum Mittag eine dicke Erbsensuppe, am Abend eine Gemüsesuppe mit Bohnenmehl angerührt und Kartoffelstückchen darin. Abends erhält jeder für den Tag noch 300 g Brot, 20 g Fett und einen gestrichenen Teelöffel voll Zucker. An Hunger leide ich dabei nicht. Doch mit der Zeit wird es mir hier langweilig und ich denke viel ans Essen, ärgere mich über meine beraubte Freiheit und habe Heimweh. Ja, mit meinen Gedanken bin ich oft in der Heimat. Ich verfluche diese scheiß Gefangenschaft. Habe ich einen Stacheldrahtkoller? Am liebsten würde ich noch einmal abhauen. Und wenn es nur ist, um den Franzosen ein Schnippchen zu schlagen. Doch jetzt macht das keinen Sinn mehr. Es braucht Vorbereitung. Und noch in diesem Jahr sollen wir ja alle entlassen werden!

Wir haben den 24. Juli, die Nacht ist angebrochen. Heute will die Zeit
wieder einmal nicht vergehen. Ich denke an Freiheit und die Heimat.
Habe mich ans Schreiben gemacht. Das ist dabei herausgekommen:

Fern bei Sedan!

Fern bei Sedan, wohl auf den Höhen,
steht ein Prisonnier in der Sommernacht
neben seinem Kameraden,
den das Heimweh hat gepackt.
Ihre Augen gleiten leise,
zu der Sternen herrlicher Pracht,
die auch dich erleuchten Heimat,
in dieser heiligen Sommernacht.
Sie suchen dich, du teure Heimat,
um zu grüßen dich aus fremdem Land,
zu erzählen dir von sehnsuchtschweren Herzen,
dir anzutrauen unsren Schmerz.
Von dem langen, langen Warten,
gequälter Seelen, die treu dir ergeben,
in Verbannung gebunden, sich sehnend gedulden,
hinter Stacheldraht.
Ihr glitzernden Sterne am Firmament,
strahlt Verheißung uns im Dunkel der Nacht,
erneuert in uns Hoffnung, gebt Mut uns und Kraft,
für neues Leben, das in uns erwacht!

Scheußliches Wetter haben wir, seit einigen Wochen regnet es täglich,
und das drückt auf das Gemüt. Die Sonne lässt sich nur selten blicken.
Ich gammele hier im Lager herum und würde gerne eine Arbeit erledigen, doch es gibt keine Beschäftigung für mich. Oben im Militärlager
der Franzosen arbeiten ein Dutzend von uns, die dort eine sichere

Stellung in der Verwaltung und im Bekleidungsdepot haben. Die sind alle gut genährt und tragen ordentliche Kleidung. Sie haben in dem kleinen Haus, in dem im Parterre das Gefängnis untergebracht ist, im ersten Stock einige Zimmer belegt, in denen sie mit zwei bis vier Mann wohnen. Man sieht es ihnen an, dass sie mit ihrer Beschäftigung zufrieden sind. Sie sind ausgeglichen und führen ein erträgliches Leben. Einige von ihnen kenne ich inzwischen. Diejenigen, die im Depot beschäftigt sind, sind besonders gut gestellt. Bei ihnen werden Klamotten verschoben, wie ich unter der Hand erfahren habe. Da würde ich auch gerne arbeiten, aber es ist keine Stelle frei.

Es ist Nachmittag. Die Sonne lässt sich wieder einmal blicken. Ich stehe rechts neben dem Gefängnis, in dem ich übrigens nie einen Gefangenen gesehen habe. Mein Blick geht hoch zu den Bauten im französischen Militärlager. In Gedanken bin ich bei denen, die im Depot arbeiten. Mit aller geistigen Kraft, die ich mir geben kann, denke ich: „Hier will ich arbeiten" und stelle mir dabei vor, wie ich dort oben schon beschäftigt bin. Das gleiche wiederhole ich an den folgenden zwei Tagen. Es vergehen einige Tage, dann habe ich es vergessen und denke nicht mehr daran. An einem Abend spricht mich der dienstälteste Kamerad aus dem Depot an und fragt mich, ob ich morgen im Depot aushelfen will. Sie bekommen einen Transport mit Uniformteilen und Unterwäsche der US-Armee und können da eine Aushilfe gebrauchen. Gerne nehme ich an und stehe am Morgen um acht Uhr an der Treppe zum französischen Lager. Den ganzen Tag und auch am nächsten Tag arbeite ich hier.

Beschäftigt im Bekleidungsdepot

Im Lagerraum des Depots liegen die großen Überseeballen mit einge-presster Kleidung und warten darauf, dass sie entleert werden. Ich bin über einen solchen Ballen gebeugt, der mit Winterunterhosen der US-Armee gefüllt ist. Mein rechter Arm ist mit Unterhosen beladen, die ich in einem Regal stapeln will. Plötzlich steht der französische Offizier vor mir, ein Leutnant, der für dieses Depot zuständig ist. Ich habe ihn nicht gesehen. Er schaut mir zu, wie ich arbeite. Als ich ihn so unerwartet vor mir sehe, frage ich ihn einfach, ob ich immer hier arbeiten darf? Er betrachtet mich aufmerksam mit einem langen, strengen Blick, dann hellt sich dieser auf und er sagt nur „oui, si" und nickt dabei bejahend mit dem Kopf. Ich freue mich riesig und wundere mich gleichzeitig darüber, woher ich diesen Mut besessen habe, ihn einfach so zu fragen. Diese Frage ist ohne jede Überlegung einfach so erfolgt. Er stand plötzlich vor mir und die Frage kam blitzschnell aus meinen Inneren heraus. War das nun ein Zufall oder wurde dieser Erfolg durch die Bündelung der geistigen Kraft auf diesen einen Wunsch hervorgerufen? Ich weiß es nicht! In Brüssel, im Internierungslager, hat mir einer von der Wirkung solcher geistiger Willenskräfte erzählt. Ich habe mich daran erinnert und einen Versuch unternommen.

Nun bin ich hier beschäftigt! Am nächsten Morgen, pünktlich um acht Uhr, stehe ich im Depot und tue meine Arbeit. Drei Mann arbeiten hier, ich bin der Vierte. Von den anderen werde ich nun zuerst einmal gemieden. Die wollen keinen neuen in ihrem Club. Das kann ich gut verstehen! Ihnen hat es nicht gefallen, dass ich so selbständig gehandelt habe. Von ihren Geschäften bekomme ich nichts mit. Die meiden mich nun in jeder Hinsicht, obwohl ich mich sehr um ihre Kameradschaft bemühe. Hier bin ich isoliert und werde kaum von ihnen beachtet. Ich komme euch doch noch auf die Schliche, denke ich in meiner Einsamkeit so bei mir. Nur langsam komme ich den anderen näher. Es vergehen zwei Wochen, bis ich ihr Vertrauen erworben habe. Inzwischen haben sie bemerkt, dass ich ein echter Kumpel bin, dem man vertrauen kann.

Ich ziehe um, von der Krankenstube in ihre Behausung über dem Gefängnis. Ein neues Eisenbett besorge ich mir aus einem Lager bei den Franzosen. Das bauen wir gemeinsam in ihrer Stube auf. Zu viert hausen wir jetzt darin. Es ist angenehm da zu wohnen. Sie haben hier ziemlich alles, was man zum täglichen Leben braucht. Auch ein Radio steht in der Stube. Leise läuft es bis weit in die Nacht hinein! Wir hören Musik aus der Heimat und erfahren immer das Neuste aus unserem Vaterland. Als Neuling in der Stube muss ich einen Einstand geben. Es ist nicht viel, zwei Flaschen Rotwein, die ich einem der Marokkaner abgekauft habe, die oben im Militärlager stationiert sind.

Unsere Stube
direkt über dem
Gefängnis

Ich (dritter von
links) und meine
Kameraden vom
Depot

Nun weihen sie mich in ihre illegalen Geschäfte ein. In Sedan haben sie einen Mittelsmann. Es ist eine Frau, eine Italienerin, die hier ein kleines Café betreibt. Sie gibt ihre Bestellungen auf und die Kumpels im Depot liefern. Die Lieferung geschieht auch wieder über einen Mittelsmann. Das ist ein Marokkaner der französischen Armee, der mit einem Planwagen, bespannt mit zwei Pferden, jeden Morgen in aller Frühe aus dem Lager zu einer Militärbäckerei in die Stadt fährt und dort für das Militär und die Gefangenen Brot abholt. Er liefert die Ware ab und bringt auch die Bestellungen mit. Auch die Bezahlung erfolgt über ihn. So verdienen drei Partien daran: die Italienerin, der Fahrer und die Männer im Depot. Sie haben ihren Anteil zu drei gleichen Teilen unter sich aufgeteilt. Ab heute wird in vier Teile geteilt. Das bedeutet jeder bekommt nun weniger Geld. Jetzt verstehe ich erst richtig, warum die nichts von mir wissen wollten!

Geliefert wird von uns nur in kleinen, überschaubaren Mengen, damit der Schmuggel aus dem Depot nicht auffällt. Abgeholt wird die Ware von dem Fahrer aus einem verdeckten Fenster auf der Rückseite von unserem Bau. Er versteckt diese im Nachbarbau, in dem die Pferde, der Wagen und das Futter für die Pferde untergebracht sind. Auch eine große Menge an gepressten Strohballen lagern hier, die unter anderem zum Auspolstern der Waggons der Heimkehrertransporte gebraucht werden. Der Fahrer ist allein für die Pferde und das Gebäude verantwortlich und geht dort unauffällig ein und aus.

Unser Leutnant lässt sich nur selten in unserem Block sehen. Er ist für die Lagerhaltung, das Waffenlager, die Verpflegung und das Strohlager verantwortlich. Bei uns im Depot hat er einen Gefangenen zum Chef ernannt, der auch für die Buchhaltung im Bekleidungsdepot zuständig ist. Dieser hat ein eigenes, kleines Büro. Hier muss er nun die fehlenden Sachen so verbuchen als wären diese zu einem Arbeitskommando gegangen. Das geschieht, indem den ausgegebenen Waren an Kommandos, die fehlenden Stücke zugeschrieben werden oder auch eine Unterschrift auf einem erfundenen Warenzettel gefälscht wird. Geprüft wurden diese Unterlagen bisher noch nie. Am Monatsende wird eine Zusammenstellung gemacht, die vom Leutnant ohne Kontrolle unterschrieben wird.

Wir haben Anfang September. Mittlerweile kenne ich mich bestens im Depot aus. Meine Aufgabe ist es jetzt, die Ware an Kommandos auszugeben. Ich stehe in einem größeren Raum hinter einem brusthohen Tresen und gebe die Waren für die einzelnen Kommandos raus. Dieser Raum ist mit allen möglichen Bekleidungsstücken vollgepackt, die hier in Regalen lagern. Es sind Bauern und viele Unternehmen aus der ganzen Region, die Gefangene als Arbeitskraft beschäftig haben und für diese Bekleidung, Unterwäsche und Schuhe abholen. Auch Militärs kommen, die Kriegsgefangene in Ihren Einheiten beschäftigt haben.

Oft kommen auch Marokkaner aus unserem Militärlager mit alten, verbrauchten Sachen an, die sie irgendwoher haben. Wir tauschen ihnen dies um, obwohl wir nicht für sie zuständig sind. Sie verscheuern diese Dinge dann gewöhnlich unter der Hand an Zivilisten in der Stadt. So auch an diesem Morgen. Ein Soldat, ein Marokkaner, war heute Morgen schon dreimal hier am Tresen und brachte jedes Mal ein paar abgelaufene, alte Schuhe mit, die ich ihm umgetauscht habe. Es dauerte nicht lange, da steht er wieder mit alten Schuhen vor mir. Ich frage mich, wo hat der diese Schuhe her? Dieses Mal habe ich ihm den Umtausch verweigert. Daraufhin wird er frech und beschimpft mich mit Worten, die uns Deutsche beleidigen. Mich packt die Wut. Mit einem kräftigen Satz springe ich über den Tresen. Er ergreift schleunigst die Flucht, springt durch die Tür auf den breiten Gang, der durch den ganzen Bau zum Ausgang führt. Ich renne ca. zehn Meter hinter ihm her, vorbei an unserem Leutnant, der dort mit einem Bauern steht und sich mit diesem unterhält. Der Bauer ist verdutzt und schaut den Leutnant fragend mit den Worten an: „Was geht hier vor?" Ein französischer Soldat vor einem Kriegsgefangenen auf der Flucht? Das konnte er sich nicht vorstellen. Beim Zurückgehen bekomme ich aus dem Gespräch mit, wie der Leutnant antwortet: „Lassen sie nur, der weiß schon was er macht!" Später habe ich dann bemerkt, dass das unsere eigenen, alten Schuhe sind, die wir einmal gegen Neue umgetauscht haben. Es waren Schuhe, die nicht mehr zu reparieren sind und zum Verbrennen hinter unserem Depot zu einem Haufen gestapelt wurden.

Der Zufall kommt mir zur Hilfe

Schon über zwei Monate bin ich jetzt im Depot. Langsam sammelt sich nun bei mir wieder Geld an. Noch habe ich wenig Möglichkeit, dieses sinnvoll anzulegen. Die Italienerin besorgt uns zwar alles was bei ihr bestellt wird, doch mir geht ein Anzug im Kopf herum. Den möchte ich mir aber selbst besorgen. Er muss mir passen und natürlich auch gefallen. Da kommt mir der Zufall zur Hilfe. In der Krankenstube ist ein Arzthelfer tätig, der in meinem Alter ist. Ich kenne ihn gut. Er lag zur gleichen Zeit mit mir auf der Krankenstube. Dieser wird jetzt in die englische Zone entlassen. Es gehört zu seiner Aufgabe, die Medizin, welche im Lager gebraucht wird, aus einer Apotheke in Sedan zu besorgen. Dafür braucht er einen Passierschein, der auf seinen Namen mit seiner Gefangenennummer ausgestellt ist. Mit diesem kann er die Wache am Tor zu jeder Zeit passieren. Den braucht er nun nicht mehr. Ich habe ihm diesen Passierschein abgekauft. Damit komme ich jetzt unbehelligt zu jeder Zeit durch die Wache in die Stadt. Es genügt, dass ich diesen Schein vorzeige und seine Nummer vortrage. Weiter gibt es keine Kontrolle, da es außer unserer Gefangenennummer, die wir im Kopf haben, keine Papiere für uns gibt, die wir bei uns tragen. Nur diese Nummer auf dem „Laisser Passer" (Passierschein) trage ich der Wache vor, dann kann ich gehen.

Jener Kamerad, der den Posten des Chefs in unserem Bekleidungsdepot hatte, wurde in die Heimat entlassen. Jetzt bin ich vom Leutnant für diese Aufgabe bestimmt. Meine Arbeit verrichte ich nun in diesem kleinen Büro und bin dafür verantwortlich, dass am Monatsende die Abrechnung stimmt. Das ist kein Problem und bereitet auch keine Schwierigkeit. Hier führe ich ein angenehmes, gemütliches Leben. Ich bekomme die Warenausgabescheine, trage diese ein und mache am Monatsende meine Abrechnung, die vom Leutnant gegengezeichnet wird. Zudem habe ich freien Zugang überall hin, wofür unser Leutnant die Verantwortung trägt. Selbst die Schlüssel für die Waffenkammer, die uns gegenüber liegt und gut gesichert ist, liegen hier bei mir verschlossen in einem kleinen Tresor.

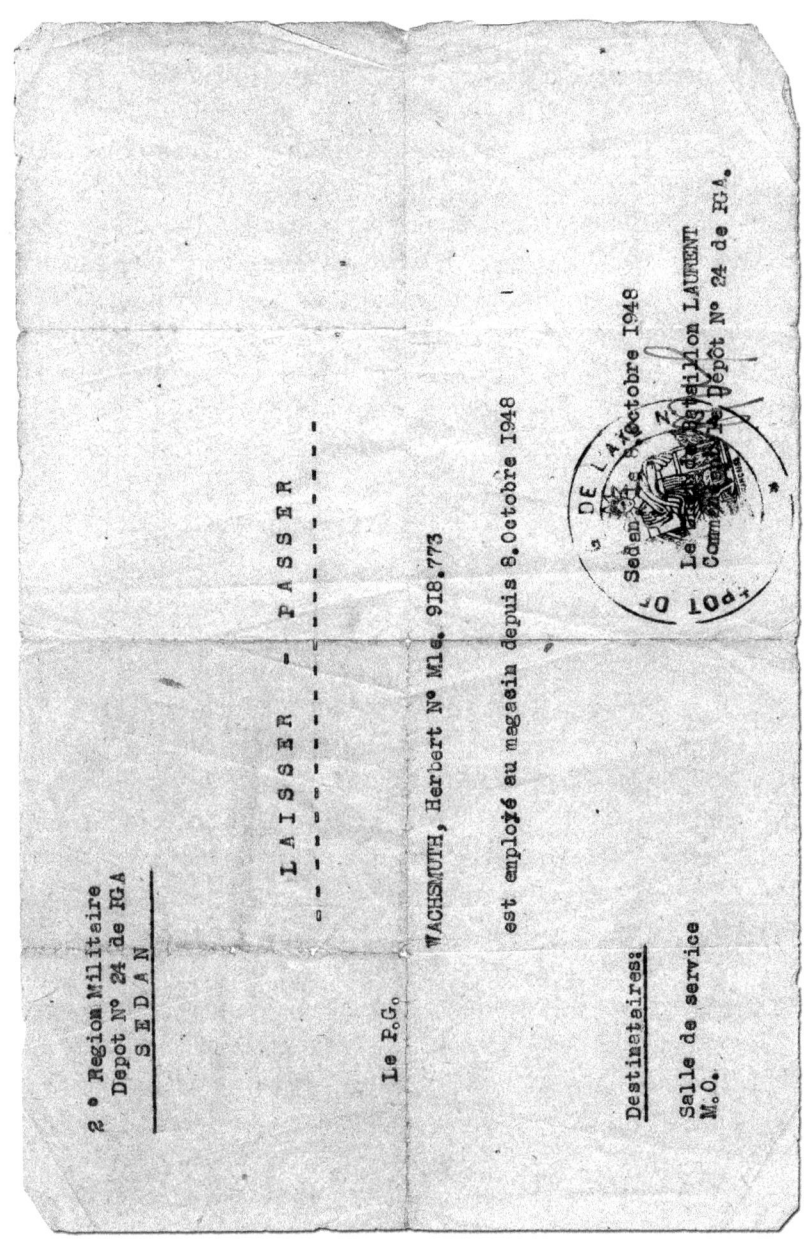

2° Region Militaire
Depot N° 24 de R.A
S E D A N

L A I S S E R - P A S S E R

Le P.G.

WACHSMUTH, Herbert N° Mle. 918.773

est employé au magasin depuis 8.Octobre 1948

Sedan, le 8.Octobre 1948
DE L'A.... octobre 1948
Le ... Bataillon LAURENT
Comm... le Dépôt N° 24 de R.A.

Destinataires:

Salle de service
M.O.

Der von mir erworbene Passierschein eines Kameraden

Vom Depot 24, also unserem Lager, gehen jetzt fast wöchentlich Transporte nach Deutschland. Viele Kameraden kommen nun von den Kommandos zurück und füllen den Kasernenbau im Lager. Das gibt auch für uns neue Arbeit. Jeder Heimkehrer bekommt zusätzlich, zu dem was er am Leib trägt, eine neue Garnitur Unterwäsche. Also Unterhemd, Winterunterhose, Strümpfe und ein Handtuch. Alles Bestände aus der US-Armee. Wir geben diese Sachen als geschlossenen Posten an das Gefangenenlager ab. Auch die Strohballen zur Bodenabdeckung für die Waggons kommen von uns. Es herrscht eine freudige Aufbruchstimmung unten im Gefangenenlager. Nur unsere Franzosen machen lange Gesichter. Sie sind nicht so fröhlich. Die Parole geht um, dass Sie nach Auflösung des Gefangenenlagers nach Indochina versetzt werden. Dort führen die Franzosen Krieg.

Die Italienerin

Mit meinem Passierschein war ich nun schon einige Male in Sedan. Als erstes habe ich mir in einem Geschäft einen Fotoapparat gekauft. Ich habe den Marktplatz aufgesucht und mir einen guten, englischen Anzug aus einem dunklen Kammgarn gekauft. Ein schönes Stück, das mir gut steht und an dem ich meine Freude habe. Auch einen hellen Regenmantel habe ich hier erstanden, der mir gefallen hat. Für meine Mutter und Schwestern habe ich Seidenstrümpfe, gute Seifen und andere Dinge besorgt, die in Deutschland immer noch Mangelware sind.

Unsere Italienerin habe ich in ihrem kleinen Café auch besucht. Eine schlanke Frau von vielleicht 35 Jahren. Nicht mit dunklen Haaren, wie ich sie mir als Italienerin vorgestellt habe. Hellbraune Haare hat sie, ein freundlicher Gesichtsausdruck prägt ihre Züge. Sie trägt ein ständiges Lächeln im Gesicht. Mit ihrem freundlichen, aufgeweckten Wesen scheint sie eine tüchtige Geschäftsfrau zu sein. Ihr Café ist an diesem Nachmittag gut besucht. Für mich hat sie ein großes Stück Kuchen und einen Kaffee bereit, den sie mir in einem kleinen Nebenraum serviert.

Einmal, am Sonntagabend, war ich auch mit meinem neuen Anzug in Sedan in einem Kino. Diesen Kinobesuch in meinem Anzug habe ich schon seit Tagen geplant. Ich wollte mich einmal als Zivilist fühlen. Nur habe ich Bedenken, dass ich in diesem Anzug nicht aus dem Lager komme. Trotzdem wage ich den Versuch. Und siehe da, ich bin ohne Zwischenfall durch die Wache gekommen. Ich habe nur meinen Schein gezeigt, um meine Kleidung hat sich der Posten nicht gekümmert. Nach dem Kino stehe ich noch im Vorraum, da kommt unser Kommandant in seiner Uniform mit seiner Frau aus dem Kinosaal. Er schreitet in geringem Abstand an mir vorbei. Sein Blick geht in meine Richtung. Ich bekomme einen Schreck und denke: „Hoffentlich hat er mich nicht erkannt". Dann bin ich schleunigst aus der Stadt, den Berg hinauf zurück in das Lager.

Im neuen Anzug auf dem Weg ins Kino

Auch andere Kameraden aus dem Gefangenenlager, die länger hier sind, sich auskennen und über die Gegebenheiten hier Bescheid wissen, scheinen einen Weg gefunden zu haben, um aus dem Lager zu kommen. Gefangene haben früher einen kleinen Park im Lager angelegt, der sich links von dem alten Kasernenblock befindet und bis zum Lagerzaun geht, um hier einige Meter hinter diesem Block das Lager einzugrenzen. Hier wurden auch Büsche angepflanzt. Hinter so einem Busch haben wir beim Ballspielen ein Loch im Zaun bemerkt, das einen Durchmesser von ungefähr fünfzig Zentimeter hat und sich am Boden befindet. Gräser, die direkt am Zaun hoch wachsen, sind an dieser Stelle niedergetreten. Auf der anderen Seite vom Zaun fällt das Gelände ab und ist mit Hecken bewachsen, sodass dieses Schlupfloch nicht auffällt.

Hier ist es anders als in dem großen Lager in Vuillemin. Es gibt keine Wachtürme, keine Scheinwerfer und auch keine Maschinengewehre oder einen Posten, der den Zaun bewacht. Es gibt nur eine Wache oben am Ausgangstor des französischen Teils der Militäranlage. Hier geht alles gelassen zu. Die Kriegsgefangenen sind in dieser ländlichen Gegend freier. Auch in Sedan bin ich immer wieder Kameraden begegnet, die sich frei bewegen, was oben in Douai nicht möglich war. Die Menschen in der Stadt haben sich an uns gewöhnt. Schon viele laufen auch ohne das große „PG" auf dem Rücken ihrer Jacken herum.

In Freiheit entlassen

Es ist soweit!!!

In meinem Büro geht die Türe auf, herein kommt mein Leutnant mit einem freudigen Lächeln im Gesicht. Er steht vor mir, schaut mich strahlend an und sagt ohne Übergang zu mir: „Du kommst nach Hause, am 30. Oktober geht dein Transport nach Deutschland." Ich bin freudig überrascht, verlasse schnell meinen Stuhl, in ein paar hastigen Schritten bin ich um den Schreibtisch, stehe vor dem Leutnant, gebe ihm mit einem überglücklichen Lächeln meine Hand, sage „merci Monsieur Lieutenant". Er freut sich über meine Reaktion. Doch dann verdunkeln sich seine Züge. Mit einem ernsten Gesicht schaut er mich jetzt an und sagt mir, dass auch er versetzt wird. Sobald alle Gefangenen im Dezember entlassen sind, kommt er zu einer Einheit, die neu aufgesellt wird. Wahrscheinlich geht es dann nach Indochina, meint er. Er geht ans Fenster und schaut versonnen hinaus, hinab in die Stadt. Da hat er seine Freundin! Indochina ist bei den Soldaten nicht beliebt!

Den 30. Oktober haben wir schon in einer Woche. Diese Woche wird schnell vergehen. Jetzt heißt es packen! Ich muss auch nochmal hinab in die Stadt. Ich habe noch Geld, das ich für nützliche Dinge anlegen möchte, die ich in der Heimat gebrauchen kann. Noch vor vier Monaten habe ich mir vorgestellt, wie ich mit meiner kleinen, alten Aktentasche nach Hause komme und darin alle meine Habseligkeiten untergebracht habe. Das hat sich in kurzer Zeit geändert. Ich habe in der Zeit im Bekleidungsdepot gut an mich gedacht und alles, was ich für einen Neuanfang als Zivilist brauche, zusammengehamstert. Ja, den Franzosen aus dem Bekleidungslager geklaut! Bedenken und Schuldgefühle habe ich dabei keine. Andere, die an der Quelle gesessen haben, machten es genauso. Auch Franzosen! Schließlich wurden wir von den Franzosen über Jahre ausgenutzt und mussten die Arbeit machen, die sie selbst nicht verrichten wollen.

Und dann das Feindbild, es sitzt immer noch tief in uns. Auf beiden Seiten! Manche haben uns gehasst und drangsaliert, wo sie nur konnten. Da ist vor allem jener Sergeant, „Der Schwarze Teufel", der uns bis auf das Blut hasste. Vielleicht hatte er, wie die anderen, seine Gründe? Wahrscheinlich! Ich weiß es nicht! Ich verzeihe ihnen heute dieses Drangsal an uns! Bitte aber auch um Vergebung für die Untaten, die in ihrem Land von unseren Leuten verübt wurden. Ob sie es können? Viele können es! Der größte Teil der Franzosen hat sich neutral verhalten. Dann gab es welche, die sich sehr menschlich benommen haben, denen unser Wohl am Herzen lag. Das waren meist diejenigen, denen wir anvertraut waren, aber auch solche, die auch in uns Kriegsgefangenen, dem Feind, die Würde des Menschen geachtet haben. Das waren, gleich am Anfang der Gefangenschaft, jener ältere Herr im Gaswerk, der für uns zuständig war, und sich sehr um unser Wohl sorgte. Dann die englischen Flieger, die uns drei Gefangenen gegenüber ein sehr natürliches Verhalten gezeigt haben. Bei ihnen hatten wir nicht das Gefühl, Kriegsgefangene zu sein. Da sind auch jene Frauen, die uns auf dem Holzplatz täglich belegte Brote hinabgeworfen haben, obwohl sie selbst nicht im Überfluss lebten und dazu noch damit rechnen mussten, dass man ihnen die Haare vom Kopf schneidet. Da sind die drei Soldaten, die jungen Südfranzosen, die uns am Waldrand in der Baracke von der „Präfektur Paris" zu bewachen hatten. Das waren echte Kerle, mit ihnen haben wir uns eher wie unter Freunden gefühlt! Die Besatzung aus dem Fort de Montmorency muss ich auch erwähnen. Nach anfänglichem Zögern, haben wir uns bei ihnen sehr wohl gefühlt. Auch die Bewohner in Brevilly in Flandern, die sich uns Gefangenen gegenüber ganz natürlich verhalten haben. Wir gehörten zu ihnen im Dorf, wurden geachtet und waren frei. All denen sage ich meinen Dank!

Es gibt ein paar Franzosen, denen bin ich zu einem sehr persönlichen Dank verpflichtet. Da ist einmal jener Soldat, der uns auf dem Segelflugplatz bewachte, der bemerkt hatte, dass ich sehr abgemagert und schwach war. Dem ich es zu verdanken habe, dass ich zu den Franzosen in die Küche kam. Auch die Belegschaft der Küche selbst. Sie waren echte Kameraden und ich fühlte mich bei ihnen als ein anerkannter Mitarbeiter. Auch der Bauer Bouche in Brevilly, mit dem ich mich gut verstanden habe. Es waren seine Pferde, die uns zusammenführten. Dann ist da der Leutnant hier im Depot! Ihm verdanke ich diese Stelle, die ich jetzt einnehme. Ich komme gut mit ihm zurecht. Unter seiner Führung fühle ich mich weitgehend frei.

Erwähnen muss ich aber auch unseren Kameraden Salz. Er war der einzige, den ich in der Gefangenschaft erlebt habe, der es wagte, den Franzosen immer mit viel Mut und ohne jede Hemmung seine Meinung zu sagen. Es störte ihn nicht, dass es für ihn zum Nachteil führte. Er konnte nicht anders! Ich habe ihn bewundert und hatte gleichzeitig Angst um ihn, als er auf dem aufgestapelten Holzhaufen stand, seine schwarze Panzerjacke über seiner Brust aufriss und dem Soldaten zuschrie „Erschieß mich doch, wenn du Mut hast". Ihm gilt heute meine besondere Anerkennung!

Ich habe gut vorgesorgt

Hier im Depot haben wir alles, was man am Körper trägt, vorrätig und ich habe die Auswahl. Von einem Schreiner, der in der Schreinerei arbeitet, habe ich mir einen großen Holzkoffer herstellen lassen. Diesen habe ich zusätzlich auf dem Kofferboden und dem Deckel, von innen und außen, mit hochwertigem Schuhsohlenleder bis an die Kofferkanten belegt. Mit Leim habe ich das Leder sorgfältig aufgeklebt. Das Ganze habe ich anschließend mit einer braunen Farbe bestrichen. So kann man das Leder nicht sehen. Der Koffer ist unauffällig! Auch ein ganzes Kalbsfell, fein gegerbt zu einem rotbraunen Schaftleder, habe ich mitgehen lassen. Dieses habe ich säuberlich zusammengelegt und tief unten in meinem Seesack verstaut. Ja Seesack! Ich habe mir zwei Stück aus dem Depot besorgt. Einen großen, aus starkem Segeltuch mit zwei Tragriemen und einen gewöhnlichen, mit einem Schlaufenbandverschluss, der auf der Schulter getragen wird. Beide sind bis obenhin gefüllt. Damit ich alle Sachen darin verstauen kann, habe ich alles in den Seesäcken mit den Füßen zusammengepresst. Nun steht alles gut verpackt am Fußende vor meinem Bett und wartet darauf, dass ich es gut durch die Schlusskontrolle bekomme. Das ist das große Problem! Viele hatten schon gut vorgesorgt und in dieser Kontrolle haben sie wieder alles verloren. Andere, die gute Verbindungen hatten, haben Pakete mit der Post verschickt.

Ich habe meine zwei Seesäcke und den Koffer am Vorabend des 30. Oktober, nach Einbruch der Dunkelheit, in den Block mit dem Pferdestall und Strohlager gebracht und dort verborgen. Nur der Marokkaner, unser Brotfahrer, weiß Bescheid. Morgen Vormittag wird hier ein Lastkraftwagen mit den Strohballen für den Heimkehrertransport beladen. Mit diesem Stroh werden die Böden der Waggons ausgelegt.

Zurück in die Heimat

Der 30. Oktober ist angebrochen. Es ist ein Samstag. Der letzte Tag in Sedan! Wie jeden Tag bin ich oben im Bekleidungsdepot und arbeite. Ich sitze in meinem kleinen Büro und mache meine Übergabeabrechnung, die ich gegen Mittag abgeschlossen habe. Nur der Leutnant muss noch unterschreiben. Das zögere ich aber hinaus bis zum späten Nachmittag. In der Mittagspause bin ich hinüber ins Strohlager. Dort habe ich meine drei Gepäckstücke auf der Ladefläche des Lastwagens zwischen den Strohballen verstaut. Am Nachmittag gegen drei Uhr kommt der Leutnant kurz herein und schaut, ob ich immer noch nicht mit der Abrechnung fertig bin. Zum Schein bin ich noch am Rechnen. Ich sage ihm, dass ich in einer halben Stunde soweit bin. Ich muss die Zeit bis vier Uhr überbrücken. Zu dieser Zeit soll die Kontrolle der Heimkehrer abgeschlossen sein. Auch die Abfahrt des Lastwagens mit dem Stroh zum Bahnhof ist für vier Uhr vorgesehen.

CERTIFICAT DE DEMOBILISATION
CERTIFICATE OF DISCHARGE
ENTLASSUNGSSCHEIN

№ 299288

MODELE D. 2
CONTROL FORM D. 2
Kontrollblatt D. 2

RENSEIGNEMENTS PERSONNELS
PERSONAL PARTICULARS
Personalbeschreibung

NOM / SURNAME OF HOLDER / Familienname	REINHART
PRENOMS / CHRISTIAN NAMES / Vorname	HUGO
PROFESSION CIVILE / CIVIL OCCUPATION / Beruf	FLEISCHER
ADRESSE CIVILE / HOME ADDRESS / Heimatanschrift	HILDERS KRS FULDA
	HESSEN

DATE DE NAISSANCE / DATE OF BIRTH / Geburtsdatum 10-4-27

LIEU DE NAISSANCE / PLACE OF BIRTH / Geburtsort HILDERS

SITUATION DE FAMILLE / FAMILY STATUS / Familienstand

CELIBATAIRE SINGLE ledig
MARIE MARRIED verheiratet
VEUF WIDOWER verwitwet
DIVORCE DIVORCED geschieden

NOMBRE D'ENFANTS MINEURS / NUMBER OF CHILDREN WHO ARE MINORS / Zahl der minderjährigen Kinder 0

JE CERTIFIE PAR LA PRESENTE QUE LES RENSEIGNEMENTS CI-DESSUS SONT EXACTS. JE RECONNAIS AVOIR PRIS CONNAISSANCE DES „INSTRUCTIONS POUR LA DEMOBILISATION".

I HEREBY CERTIFY THAT TO THE BEST OF MY KNOWLEDGE AND BELIEF THE PARTICULARS GIVEN ABOVE ARE TRUE.

I ALSO CERTIFY THAT I HAVE READ AND UNDERSTOOD THE „INSTRUCTIONS TO PERSONNEL ON DISCHARGE".

SIGNATURE DU PORTEUR / SIGNATURE OF HOLDER / Unterschrift des Inhabers

Ich erkläre hiermit nach bestem Wissen und Gewissen, daß die obigen Angaben wahr sind. Ich bestätige außerdem, daß ich die „Anweisung für Soldaten und Angehörige militär-ähnlicher Organisationen" usw. gelesen und verstanden habe.

Hugo Reinhart

CERTIFICAT MEDICAL
MEDICAL CERTIFICATE
Aerztlicher Befund

SIGNES DISTINCTIFS / DISTINGUISHING MARKS / Besondere Kennzeichen

INAPTITUDE AVEC DESCRIPTION / DISABILITY, WITH DESCRIPTION / Dienstunfähigkeit, mit Beschreibung APTE

CATEGORIE MEDICALE / MEDICAL CATEGORY / Tauglichkeitsgrad

CAPTIVITE DE FRANCE

JE CERTIFIE QU'A MA CONNAISSANCE LES RENSEIGNEMENTS CI-DESSUS, CONCERNANT LE PORTEUR SONT EXACTS, QU'IL EST EXEMPT DE VERMINE ET NE SOUFFRE D'AUCUNE MALADIE CONTAGIEUSE OU INFECTIEUSE.

I CERTIFY THAT TO THE BEST OF MY KNOWLEDGE AND BELIEF THE ABOVE PARTICULARS RELATING TO THE HOLDER ARE TRUE AND THAT HE IS NOT VERMINOUS OR SUFFERING FROM ANY INFECTIOUS OR CONTAGIOUS DISEASE.

SIGNATURE DE L'OFFICIER MEDICAL / SIGNATURE OF MEDICAL OFFICER / Unterschrift des Sanitäts-Offiziers

Ich erkläre hiermit nach bestem Wissen und Gewissen, daß die obigen Angaben wahr sind, daß der Inhaber ungezieferfrei ist und daß er keinerlei ansteckende oder übertragbare Krankheit hat.

Le Médecin Lt Colonel PASCAL
LE MEDECIN
DU SECTEUR SUD

NOM ET GRADE DU MEDECIN EN MAJUSCULES / NAME AND RANK OF MEDICAL OFFICER IN BLOCK LATIN CAPITALS / Name und Dienstgrad des Arztes in großen, lateinischen Buchstaben

RENSEIGNEMENTS PARTICULIERS DE DISCHARGE
Entlassungsvermerk

LA PERSONNE A LAQUELLE SE REFERENT LES RENSEIGNEMENTS CI-DESSUS A ETE DEMOBILISEE LE
THE PERSON TO WHOM THE ABOVE PARTICULARS REFER WAS DISCHARGED ON
Die Person, auf die sich obige Angaben beziehen, wurde entlassen am   30 OCT 1948

DE / FROM THE / vom / von der HEER

GRADE / RANK / DIENSTGRAD SOLD

CERTIFIE PAR: / CERTIFIED BY: / Beglaubigt durch:

EMPREINTE DU POUCE DROIT / RIGHT THUMBPRINT / Abdruck des rechten Daumens

LE COLONEL BAILLOUX
CHEF DE L'ARMEE DE LA B.G.P.G.
ALLEMAGNE-AUTRICHE
P. O. Le Sous-Lieutenant KRETZ

Kretz

*. „ARMEE", „MARINE", „ARMEE DE L'AIR", „VOLKSSTURM" ou organisations paramilitaires telles que „RAD", „NSFK", etc.
„ARMY", „NAVY", „AIR FORCE", „VOLKSSTURM" or paramilitary organizations, « „RAD", „NSFK" etc.
Wehrmachtteil oder -Gliederung, der die Einheit angehört: „Heer, Marine, Luftwaffe", Waffen-SS, RAD, NSFK." etc.

1. 48. 200000. F. Kübler-Tuttlingen.

Mein Entlassungschein aus französischer Kriegsgefangenschaft

189

Es ist soweit. Dem Leutnant lege ich meinen Abschluss zur Unterschrift vor, die er nach kurzer Kontrolle vollzieht. Nun haben wir es eilig. Auf fünf Uhr ist die Abfahrt des Zuges festgelegt. Der Leutnant, der Fahrer und ich besteigen das Führerhaus, die Fahrt geht zum Heimkehrerzug. Dieser steht auf einem gesonderten Abstellgleis auf der Bahnanlage in Sedan. Davor ein großer Platz. Hier stehen die Heimkehrer in Fünferreihe vor den Waggons. Jeder hat seine „Sieben Sachen" vor sich auf der Erde ausgebreitet. Einige Offiziere gehen die erste Reihe ab und zählen. Sie wirken nervös! Wir stehen mit unserem Lastwagen in einem Abstand von achtzig Meter von ihnen und warten. Der Leutnant verlässt das Führerhaus. Er braucht eine Unterschrift für die Übergabe von dem Stroh. Es beunruhigt mich, dass die Kontrolle noch nicht vorbei ist. Das müsste längst erledigt sein! Ich begreife! Wie ein Blitz geht es mir durch den Kopf. Es fehlt ein Mann, der bin ich! Das habe ich in meiner Planung übersehen.

Ich schwinge mich aus dem Führerhaus auf die Ladefläche des Lastwagens und beschäftige mich dort oben mit den Strohballen. Den Fahrer, ein Marokkaner, schicke ich zu den Offizieren, um diesen mitzuteilen, dass der fehlende Mann auf dem Lastwagen beschäftigt ist. Die richteten ihren Blick auf mich, und schon war die Kontrolle abgeschlossen. Wir fahren mit dem Lastwagen zum Zug, verteilen die Strohballen in den einzelnen Waggons. Ich hole mein Gepäck von der Ladefläche, stelle dieses auf die Erde und reiche dem Leutnant zum Abschied meine Hand. Dieser schaut auf meinen Koffer und die zwei vollen Seesäcke. Nun wendet er seinen Kopf zu mir, schaut mir in die Augen und sagt: „Auf Wiedersehen. Du bist ein großer Filou!" Beide verziehen wir dabei unseren Mund zu einem verschmitzten Lächeln. Ich nehme meine Sachen und stelle diese in dem Waggon, in dem sich meine Freunde befinden, ab und grüße noch einmal zurück zum Leutnant, der sich inzwischen im Lastwagen zur Abfahrt bereitgemacht hat.

Die Schiebetüren der Waggons werden geschlossen, im Waggon wird es jetzt dunkler. Nur durch die kleinen Fenster in den Seitenwänden fällt noch schwaches Tageslicht. Jeder sucht sich seinen Platz auf dem Stroh. Es herrscht eine fröhliche Stimmung. Es wird viel und angeregt gesprochen. Schon setzt sich unser Zug ganz langsam in Bewegung, aber die Fahrt geht nach Westen. Dann hält unser Zug, um sich nun in östlicher Richtung zu bewegen. Er gewinnt an Fahrt, wir fahren in die Nacht, der Heimat entgegen! Von der letzten Nacht als französischer Kriegsgefangener habe ich nichts mitbekommen. Schon bald wird es im Wagen still. Ich bin eingeschlafen und erwache erst am Morgen, vermisse die Geräusche der Räder auf den Geleisen.

Unser Zug steht. Von draußen vernehme ich deutsche Worte. Es sind Frauenstimmen! Wir sind in Deutschland!!! Die Schiebetüren werden geöffnet. Wir sind in Tuttlingen. Es sind katholische Schwestern mit ihren großen, weißen Kopfhauben, die uns mit einer heißen Suppe versorgen. Es ist noch früher Morgen. Wir verlassen die Waggons und bewegen uns frei auf einem Bahngelände für Güterzüge. Einer ist dabei, der kann seine Notdurft nicht länger halten. Vor einem der Güterwagen lässt er seine Hose runter und verrichtet in der Hocke sein Geschäft.

Unser Zug setzt sich wieder in Bewegung und die Fahrt geht weiter nach Malmsheim. Hier werden wir noch am gleichen Vormittag entlassen. Das geht ziemlich schnell. Zuerst werden wir einem Arzt vorgestellt. Der schaut mir kurz in meinen Rachen und stellt bei mir Struma fest. Wir durchlaufen noch einige Stellen, unterschreiben eine Erklärung und erhalten vierzig DM, eine Starthilfe, die nach der Währungsreform in Westdeutschland jeder erhalten hat. Zum Schluss erhalten wir unseren Entlassungsschein. Nun sind wir frei !!! Ja, als freier Mann verlasse ich jetzt das Lager.

In einer Gruppe begeben wir uns in den Ort. Mit meinem schweren Gepäck habe ich meine Schwierigkeiten. Einer meiner zwei Freunde aus der Verwaltung hilft mir beim Tragen. Vor einem Gasthaus machen wir halt. Viele wollen nach Jahren ihr erstes Bier trinken. Die Wirtsleute sind noch am Reinigen. Die Stühle stehen noch auf den Tischen,

doch die Wirtschaft ist schon voll. Der Wirt kommt mit dem Aus-
schenken nicht nach. Ich verzichte und suche mir jemanden, der mir
meine Sachen zum Bahnhof bringt, um mit dem nächsten erreich-
baren Zug nach Frankfurt zu gelangen. Das gelingt! Für ein Stück
echte Kernseife fährt ein älterer Mann mein Gepäck in einem Handwagen zum Bahnhof. Wir erreichen den Zug und sind gegen ein Uhr in
Frankfurt auf dem Hauptbahnhof. Ohne Aufenthalt gelange ich zu
meinem Anschlusszug und bin gegen drei Uhr in Fulda. Der nächste
Zug nach Hilders geht erst um 6 Uhr heute Abend. Ich stehe an der
Eingangstüre vom Bahnhof auf dem Bahnsteig neben meinem Gepäck
und hoffe, dass jemand hier vorbeikommt, den ich kenne. Aber keine
bekannte Seele ist an diesem Feiertag unterwegs. Die Leute, die durch
den Eingang an mir vorbei von ihrem Zug kommen oder gehen, sind
mit sich selbst beschäftigt und haben es eilig. Nur ein Mann bleibt
kurz stehen und fragt mich, von wo ich komme.

← Ankunft in Tuttlingen →

Die Abfahrtzeit des Rhönzuges rückt heran. Schwer bepackt begebe ich mich zum Bahnsteig. Dort steht auch schon mein Zug, in den ich mein Gepäck verfrachte und mich daneben niederlasse. Der Zug ist heute Abend fast leer. Pünktlich setzt er sich in Bewegung, damit ich in ihm das letzte Stück dieser langen, unfreiwilligen Reise bewältigen kann. Unfehlbar findet er auch in der Dunkelheit dieser letzten Oktobernacht seinen Weg und schlängelt sich durch das Tal, vorbei an den Bergen der Rhön, um in jedem Dorf seiner Strecke zu halten. Selten steigt jemand ein oder aus. Gemächlich schleicht er sich am Schloss Bieberstein vorbei, das mich mit seinen vielen beleuchteten Fenstern von der Bergeshöhe herab begrüßt! Es vergeht wenig Zeit, da ertönt von der schnaufenden Lokomotive dieses langgezogene Pfeifen, das uns Fahrgästen anzeigt, dass wir nun im Milseburgtunnel, unter dem Berg auf einer Strecke von zwei Kilometern, hindurchfahren. Gleich hinter dem Tunnel hält der Zug. Wir sind auf dem kleinen Bahnhof „Milseburg".

Nun bin ich in der „Hohen Rhön" angekommen, den Bergen meiner nahen Heimat. Nur noch zwei Stationen, dann bin ich in Hilders! Der Zug hält in Eckweisbach. Jetzt habe ich es eilig. Ich trage meine Sachen hinaus auf die Plattform und warte dort mit Sehnsucht darauf, dass der Zug die langgezogene Schleife nach rechts erreicht. Weit beuge ich mich über die Plattform hinaus, um gleich hinter dieser Kurve die ersten Lichter von Hilders zu erspähen. Noch einen Kilometer, dann hält der Zug auf dem Bahnsteig. Ich schultere meinen großen Seesack, hänge mir die Aktentasche an einem Gurt so um den Hals, dass diese vor meiner Brust hängt, schultere meinen zweiten Seesack auf der linken Schulter und trage in der rechten Hand meinen schweren Koffer. Ich steige die Treppe hinab zur Unterführung und komme auf der anderen Seite nach oben.

Wer steht hier auf dem Bahnhofsplatz? Eine Schar junger Mädchen! Eine ehemalige Schulkameradin und meine Kusine Hildegard sind auch dabei! Das ist ein unerwartetes, freudiges Hallo mit einer herzhaften Begrüßung. Wir sprechen miteinander in unserem Dialekt, den ich so lange vermisst habe. Meine Schulkameradin, dee Frankemöllersch Elisabeth spricht zu mir, „Du bist de lätzt, där von de Franzose hei kömmt. Eue woade scho lang of dich." Sie nimmt meinen Seesack, den ich abgestellt habe, auf ihre Schulter und eilt in schnellen Schritten zum Dorf. Meine Kusine, die Mädchen und ich, machen uns erzählend hinterher. Die Elisabeth ist zu uns nach Hause in die Gastwirtschaft geeilt, lässt den Seesack von ihrer Schulter gleiten, um diesen mitten in der Gaststube abzustellen, schaut meine verdutzte Mutter an und spricht „Euern Hugo kömmt gläich!", dreht sich um und geht zurück auf die Straße. Im Dorf treffen wir sie wieder. Hinter ihr her kommen in eiligen Schritten meine Schwestern Elfriede und Martha. Wir umarmen uns und freuen uns über das Wiedersehen.

Wir sind Zuhause angekommen. Meine Schwestern, mit meinem Koffer in der Hand, und ich betreten die Gaststube, die heute Abend leer ist. Meine Mutter steht wie gebannt im Zimmer. Bei meinem Anblick leuchten ihre Augen freudig auf. Ich selbst strahle über das ganze Gesicht, breite meine Arme aus, laufe mit meinem Seesack auf dem Rücken auf sie zu, schlinge meine Arme fest um ihren Körper und gebe ihr einen langen, herzhaften Kuss auf ihre Lippen. Dann lasse ich sie los, um sie zu betrachten. Sie ist älter geworden, hat tiefe, sorgenvolle Falten in ihrem Gesicht, die ich bei meinem Abschied vor über vier Jahren nicht kannte. Sie hatte eine schwere Zeit. Kameraden, die mit mir an der Front waren, berichteten meinen Eltern, ich sei gefallen. Mein Vater ist kurze Zeit später im Oktober 1945 plötzlich an einem Herzschlag gestorben. Sie hat ihn tot in der Küche gefunden und bekam einen Schock. Danach litt sie lange an einer Krankheit, die sie über ein halbes Jahr an das Bett fesselte. Doch jetzt bin ich ja daheim!!!

Ein neuer Lebensabschnitt beginnt

Es ist spät geworden, bis ich in meiner alten Stube in mein Bett komme. Mit dem Einschlafen will es nicht klappen. Viele Gedanken beschäftigen mich und lassen mich nicht zur Ruhe kommen. Auch meine weiche Matratze mit der warmen Federdecke und den zwei Kopfkissen im Bett sind meinem Körper ungewohnt und hindern mich am Einschlafen. Mitten in der Nacht habe ich mich umquartiert! Ich habe eine Wolldecke über die Bettvorlage vor meinem Bett gelegt, und mein Nachtlager auf dem harten Fußboden aufgeschlagen. Hier, auf der gewohnten, harten Unterlage, habe ich bald meine Ruhe gefunden und bin eingeschlafen.

Nun bin ich schon einige Wochen daheim, aber richtig angekommen bin ich noch nicht. Oft stehe ich hinter einem Fenster, schaue gedankenverloren auf die Straße und mein Blick geht dabei ins Nichts. In dieser Verfassung nehme ich die Gegenwart nicht wahr. Über vier Jahre in einer rauen Männerwelt, das hat mich geprägt. Diese Jahre sitzen noch tief in meinem Inneren, in diesem Zustand bin ich mit meinen Gedanken noch in jener Welt. Ich weiß, dass ich mich umstellen muss, doch ich brauche einfach Zeit. Ob es anderen Heimkehrern auch so geht?

Auch mit meinem Körper ist etwas nicht in Ordnung. Wahrscheinlich ist auch er dabei sich umzustellen! Mittag für Mittag, immer um die gleiche Zeit, so gegen drei Uhr, werde ich müde. Müde ist dafür nicht der richtige Ausdruck. Ich bin dann schlapp, total kaputt, im Gesicht werde ich fahl und meine Gesichtszüge wirken viel älter, wenn ich in den Spiegel schaue. Es überfällt mich eine innere Hitze und ich bin innerhalb kürzester Zeit in Schweiß gebadet. Das hält zehn bis fünfzehn Minuten an, dann geht es mir langsam besser. Über einen Monat geht das so. Eines Morgens beim Ankleiden bemerke ich eine langgezogene Schwellung an meinem linken Bein, an dem ich damals die Verwundung erlitten hatte. Hier hat sich nun eine Krampfader gebildet. Bei meiner jetzigen, stehenden Tätigkeit, verspüre ich starke Schmerzen in diesem Bein. Doch die Körperumstellung ist jetzt abgeschlossen. Von meiner Abgeschlagenheit spüre ich nichts mehr. Nun bin ich ganz Zuhause angekommen! Dieses Kapitel ist jetzt abgeschlossen. Eine neue Zeit, ein neuer Lebensabschnitt beginnt!

Halt, einen kurzen Reim habe ich noch:

Anfangs wollt ich fast verzagen,
und ich glaubt ich trüg es nie.
Aber ich hab es doch getragen,
musste dabei manches wagen,
und erzählte Dir auch wie!

Anhang

Wie die Kämpfe um Klessin endeten

Klessin nach dem 10. März 1945. Das Schloss und der Weiler Klessin sind eingeschlossen. Oberleutnant Schöne übernimmt vom 10. bis 20. März auf Zeit die Führung der Reste des Bataillons, das uns nach unserem Durchbruch folgte und im Weiler Klessin sowie südlich vom Gut zum Einsatz kam. Zwei mal wird die Einkesselung noch durchbrochen. Auf zwei Panzer kommen zwölf Grenadiere, die zum Teil schon verwundet sind, als Ersatz.

Einige Tage später gelingt noch einmal ein Durchbruch. Fünfundvierzig Soldaten kommen zur Verstärkung nach Klessin. Ein Major ist dabei! Er übernimmt die Führung des Bataillons. Es gibt keine Verpflegung, kein Wasser. Ein paar mal werden die Eingeschlossenen durch ein Flugzeug aus der Luft versorgt, doch der größte Teil landet am Fallschirm bei den Russen. Verwundete kommen nicht mehr aus dem Kessel und sind sich im Keller der Schlossruine weitgehend selbst überlassen. Vom Rest der Einheit wird Klessin noch 12 Tage gehalten. Über Lautsprecher werden sie von den Russen aufgefordert, sich zu ergeben.

Am 22. März bricht der Russe erneut in das zerstörte Gut ein. Nach Einbruch der Dunkelheit sammeln sich die Reste der Besatzung und dem Weiler Klessin. Es sind die Letzten von einem ganzen Bataillon. In zwei Gruppen brechen sie mit Hurrarufen durch die russische Stellung und überwinden drei russische Gräben. Eine Gruppe mit dreißig Mann, die zweite mit sechsundzwanzig Soldaten. Ein großer Teil von ihnen ist verwundet. Die Schwerverwundeten im Schlosskeller kommen in russische Gefangenschaft. Am 23. März erhält Oberleutnant Schöne das Ritterkreuz verliehen.

Der Leutnant im Panzer hinter dem Bahndamm

Das Leben ist voller Zufälle, so auch an einem Tag im Mai 1960. Den Krieg hatten wir seit 15 Jahren hinter uns gebracht. Wir, einige Geschäftsfreunde und ich, trafen uns zu einer Besprechung in einem Dorf bei Fulda. Nach der Besprechung saßen wir noch in einem Gasthaus zusammen und unterhielten uns über dies und das. Wir kamen auch auf den Krieg zu sprechen, es wurden Kriegserinnerungen ausgetauscht. Ich erzählte vom 10. März 1945, dem Tag meiner Verwundung in Klessin. Am Nachbartisch befanden sich zwei Männer aus dem Ort, die dort ihr Bier tranken. Einer von den beiden, es war der Schmied des Ortes, wurde sichtlich aufmerksam, als das „Gut Klessin" von mir genannt wurde. Er hörte nun gespannt zu, ohne sich selbst zu äußern. Als ich beim Erzählen unsere Meldung bemerkte, die wir dem Leutnant im Panzer übergeben haben, sprang er plötzlich von seinem Stuhl auf, stand hinter dem Tisch und sprach laut „Das war ich!" Alle blickten auf ihn. Nun war er am berichten. Zur Bestätigung seiner Aussage sah er mich an und sagte noch: „Ich war es mit meinem Panzer, der euch nachts immer das Essen und auch den Schnaps ins Gut gebracht hat".

Die Wiederbegegnung

Im Frühjahr des Jahres 1985 war es, ein Besucher meiner Studioausstellung klingelte an der Tür meiner Ausstellungsräume, ich öffnete. Vor mir standen zwei Herren. Der Eine, sehr schlank gebaut, lächelte mich freundlich an. Seine Augen hatten dabei einen fragenden Blick und er sagte in seiner schlesischen Mundart: „Erkennst du mich nicht?" Den Tonfall kannte ich! Bei der Aussprache dieser Worte wusste ich sofort wen ich vor mir hatte. Es war mein Kamerad auf der zweiten Flucht. Die Freude über das Wiedersehen war groß. Über Stunden unterhielten wir uns über das damalige Geschehen. Auch er war nach Brüssel in das Internierungslager gekommen. Dort verpflichtete er sich als Bergmann und arbeitete zwei Jahre in Belgien als solcher. Für ihn war es damals das Beste. Er hatte keine Verbindung zu seinen Angehörigen, war in Belgien ein freier Mann und musste nicht zurück in die Gefangenschaft.

Da sind noch ein paar ehemalige Kameraden, denen ich noch einmal begegnet bin. 1959 war es. Seit einigen Jahren bin ich verheiratet und komme nachmittags von einer Geschäftsreise zurück. Als ich meine Wohnung betrete, sitzt dort ein Herr in Priesterkleidung an unserem Küchentisch und schaut mich mit einem strahlenden Blick an. Ich erkenne ihn sofort und begrüße ihn freudig. Es ist mein Freund und Kriegskamerad Walter, unser MG-Schütze I, der bei unserem Gegenangriff in Klessin verwundet wurde. Ursprünglich war er Bankkaufmann. Durch persönliche Umstände hat er diesen Beruf aufgegeben, absolvierte ein Priesterstudium und wurde Geistlicher. Von ihm habe ich die Anschrift von unserem Freund und ehemaligen Gruppenführer Wilhelm Amrhein erfahren. Er wohnt jetzt in Bad Kissingen. Eine Fahrtstrecke, die ich mit meinem Auto in gut einer Stunde bewältigen kann. Schon bei nächster Gelegenheit habe ich ihn aufgesucht. Er hatte immer noch Schwierigkeiten mit seinem rechten Arm, an dem er damals verwundet wurde. Noch im Lazarett wurde er zum Leutnant befördert.

Ende der Fünfziger Jahre habe ich über eine Postwurfsendung ein Zusatzteil für die damaligen Schwarz-Weiß-Fernseher angeboten. Mein Kamerad aus der Kriegsgefangenschaft, jener unerschrockene Gefangene in der Panzerjacke, „Salz", wurde durch diese Werbung auf mich aufmerksam. Ich bekam eine Karte von ihm. Er hat sein Studium abgeschlossen und nach einigen Jahren eine Professur an einer hessischen Universität angenommen.

Auch meinen Kameraden Paul Medler, jenen Helfer in der Krankenbaracke, habe ich noch zweimal getroffen.

Da ist auch noch der MG-Schütze II aus unserer Gruppe. An einem Sonntag kreuzte er unerwartet in meiner Wohnung auf. Später bin ich ihm durch Zufall noch zweimal begegnet.